有閒階級論

一種制度的經濟研究

The Theory of the Leisure Class: An Economic Study of Institutions

范伯倫—著

李華夏—譯

導讀

「計利當計天下利，難道是知識份子的魔咒？」

李華夏

伐冰之家，不畜牛羊

美國早在十九世紀末廿世紀初就已成為壟斷組織發展水準最高的資本主義國度，也就是說，一小部分壟斷資本的大集團（托拉斯）主宰著美國的經濟、政治、文化和社會生活。他們是美國的真正統治者，美國的經濟學家在這種情況下，不得不對壟斷統治表示自己的態度。范伯倫（1857-1929）對壟斷組織尤其是寡頭壟斷採取嚴厲的批評。制度的英文術語是源自拉丁字的 *institutio*，有風俗、習慣、教導、指示等意。范伯倫認為制度是由人們的思想和習慣形成的，而這又取決於人們的心理動機和生理本能；職是之故，制度不過是一種「思維習慣」或「精神狀態」。可是，體現人類本能的思維習慣並非固定不變，它會隨著環境刺激的變化發生相應的變化。范伯倫主張經濟學理應對技術變化所導致的社會、文化、心理、法律和組織形式的變化進行研究，且是針對這些變化的過程從事研究，並將社會發展的規律和生物進化的規律作一類比；循此得出，制度的改變和生物的進化一樣是一個逐漸、演進的過程。

十九世紀末至第二次世界大戰之前，市制度經濟學的萌芽階段，其使用的分析方法大致可分為三派：

（一）社會心理學派，強調對社會、文化、心理和習慣的分析，特別是科學技術進步對「制度」的影響；

（二）社會法律學派，強調集體行動在控制個體行動方面所起到的作用；

（三）經驗統計學派，認為經濟分析不應先有理論，再用它來整理事實材料，而應當先對事實進行統計分析，然後再下結論。

作為社會心理學派的領航人，范伯倫曾受教於克拉克（J. B. Clark），師承皮爾斯（C. Peirce）、伊利（R. Ely）、薩姆納（W. G. Sumner）等大師，致在學習過程中對哲學、心理學、自然歷史、考古學和生物學多所涉獵，1884年獲得耶魯大學的哲學博士學位，由於當時哲學職場蕭條，致沒能謀得一席教席，遂埋首研讀經濟學。范伯倫的第一部著作《有閒階級論》（1899）正是在這種情況下問世，據稱當時的知識份子幾乎人手一冊，悉是被其尖酸刻薄的用語和冷靜深度的剖析所吸引。自一八九〇至一九二六年這段期間范伯倫雖任教於康乃爾大學、芝加哥大學、密蘇里大學和紐約社會研究新學院，卻因范伯倫的個人作風類似南北朝的竹林七賢：不整理床鋪、不清洗碗盤、從地下室住處的窗戶進出等行徑；又放蕩不羈：既不關心系上會議、也不認真評比學生分數、對同行採刻薄的批評、甚至發生一班只有一名學生選修的憾事；加之常與女學生和同僚妻室鬧緋聞，以致教學生涯不甚順遂，終老仍是助理教授。

蘊之於內，形之於外

范伯倫是美國的挪威移民後裔，書中多處提到北歐的神話人物，北歐由於其所處的自然環境極其惡劣，所以北歐神話帶有英勇、悲壯又陰沉的特性。北歐神話另一個特色就是神明會死，而且神明之上還不乏有智慧的巨人族，因此，北歐神話的神族無法完全制伏巨人族，以致常身處強敵壓境的威脅而永無寧日，換言之，北歐的神明並不是超自然存在的，這些神明也會陷入和我們人類一樣的危機，這也是范伯倫分析經濟不會自動走向均衡的深層心理活動。此外，還有另一個饒富趣味的巧合，就是書中也有提到挪威芬蘭的神話，因為芬蘭人是屬中亞細亞的民族，他們的神話和瑞典、挪威不同，芬蘭人的信仰是巫術或泛神論，他們相信天地之間居住著無數不為人類所看見的神明或精靈，這可以讓讀者瞭解書中為何有這麼多的篇幅來討論萬物有靈論和神人同形同性論的另一種背景。

巧工能匠，進步之源

（表一）是本人對《有閒階級論》這本書的簡易推理之整理，提供讀者儘快掌握本書立論的精髓，以免陷入作者冗長繁複的文字迷障中致棄卷不顧。至於各章的論述，本人稍作申論以提昇讀者翻閱的興趣。作者在第一章開宗明義揭櫫「勞心者治人，勞力者治於人」的觀念。第二章則是描繪人類為求生存致先進行掠奪、後占有、再累積而從事財力的攀比，以追求舒適的過程。第三章則指出攀比的動機實屬進步的力量，尤其是勞動階級藉著攀比才能精進技藝的本能；而有閒階級雖重攀比卻因鄙視勞動則淪為腐蝕的力量，即便如此，仍有部分人士為表示其休閒是旨在提高生活的品質而從事學術及藝術的創作。第四章用「計利當計天下利」來界定揮霍的價值，實值得台灣社會深思。第五章，作者從經濟角度來闡述「由奢入儉難」的概念，和孔子對當時社會「先進於禮樂者，野人也」的描繪可謂有異曲同工之妙；作者並對現代社會之所以重視隱私權給予了經濟上的詮釋。第六章更是「竊國者侯，竊鉤者誅」的西方事例說明，並痛陳炫耀性揮霍如何破壞了私有財產制的不可侵犯性，作者在論及敬祀儀典流於以財為尚的矛盾，雖沒孔子「子愛其財，吾愛其禮」來的言簡意賅，卻是有系統論述了「好名者必作偽」無所不在的現象，及博取聲譽的各種手段如何推進了西方的物質文明。尚幸有了技藝的本能這種實用性強的理性主義，抵銷了炫耀性揮霍這種追求聲譽的感性主義，才造就了西方文明，而儒家恰恰是因堅持「玩物喪志」固然摒棄了炫耀性揮霍，但因貶低技藝的工巧，卻不幸壓折了理性主義的發展，致在民主化及現代化的路上走得如此坎坷！

第七章的分析對近年來在名牌精品的仿冒有很好的啟示，受薪階級喜用仿冒品令人有東施效顰的突兀與無奈，現代中產階級的婦女（尤其是以其服飾驕其同儕的婦女）表面上看來，她所擁有的地位是其勞動的成果（影劇界尤甚），好像已擺脫了過往有閒階級婦女對男性的依附，但其所展現的生活方式卻恰恰反映了「整個社會」賦予婦女「代位揮霍」的職責，表示這個社會在財

（表一）范伯倫《有閒階級論》的簡易推理表

非歧視性利益占優勢的文化階段		歧視性利益占優勢的文化階段	
未開化	蠻荒	準平易相處	平易相處
生產僅能自給自足或嚴重不足	生計已不虞匱乏	手工業興起略有積蓄	高度工業化
↓	↓	↓	↓
↓	↓	↓	工資勞動
↓	↓	↓	↓
崇尚和平、順從	＊好鬥、掠奪	＊財力攀比	欺詐橫行、武力威脅
↓	＊獵物（功勳）	＊炫耀式休閒	↓
勞動階級的特質	＊奴隸（功勳）	＊炫耀性消費（學術、禮儀）	高深學養、非歧視性關切
	＊婦女（功勳）	＊萬物有靈論→神人同形同性論	↓
	↓	↓	有閒階級的特質
	↓	講究身份制	
	個人所有制	↓	
	↓	↓	
	有閒階級的萌芽		

力文化的規範下負擔得起她們的「浮誇風」。換言之，以追求時尚為傲的婦女從依附個人轉換為依附集體而不自覺，兩性平等談何容易！第八章的論述可用來作為台灣處於過渡期出現各種亂象的系統性解釋，值得注意的是，作者的分析方法和馬克思對資本主義的批評相比毫不遜色！

雖然范伯倫和馬克思對資本主義的批判有其共同點，即：資本主義生產的唯一動機和直接目的就是攫取更多的剩餘價值，及追求最大限度的利潤；資產階級社會人與人之間除了赤裸裸的利害關係就再也沒有別的聯繫。可是范伯倫在所有的場合都表示自己和無產階級革命無緣。即便如此，范伯倫的學說仍被認為是侵犯了資產階級利益、蠱惑人心的言論，而遭到美國經濟學界的封殺。

制度演化，適者生存

一個崇尚權勢和掠奪的社會是不會尊重人類勞動的，物競天擇適者生存，固然說明成功者之所以出類拔萃的要件，但不能作為其奢華浮誇的護身符，更不是和理性自制力交互運作的結果。當炫耀性消費成為社會各階層競相攀比的規範時，整個社會都會為了自己並不真正需要的東西而產生了大量的債務，無論是個人的（如台灣近年來的卡奴）或整個社會的（因過量生產所帶來的生態浩劫），莫不如此（見第九章）。人類基於仿效及駕馭別人的私欲，所作決策的結果恰正是馬克思所謂的「異化」（Alienation），從而減少了人類的福利，包括個體的和總體的福利。作者在第十章對體育競賽活動的深入分析展現了其民胞物與的情懷。第十一章則對「不問蒼生問鬼神」是否乃統治階級的金科玉律有很精彩的推理；第十二章和第十四章有關高等教育和高深學養的正本溯源，說明了統治階級希望其所崇尚的價值永垂後世的企圖，而台灣近年的教改及廢用成語的爭論，正好為此做了最佳的佐證。

暮鼓晨鐘，歐風亞雨

「有而不貪，閒能益智」也許是二十一世紀的人類所要追求的目標，當社會大眾為資源的浪費（全球暖化）擔心不已，卻又不自覺追求全球消費一致性所顯現的矛盾現象而急燥不安時，范伯倫點出了習俗、嫉妒、甚至迷信等等制度上非理性的力量，對個體行為的影響遠比傳統經濟學所假設的理性均衡機制來得大。這種思維方式也許能為人類的危機擠出別的解決方法。讀者如果能將本書中基於階級對立所形成的歧視性，放在全球範圍來思考，則很容易發現已開發國家和發展中國家的關係，就像有閒階級之於勞動階級，當國與國之間競相進行經濟發展攀比時，國與國之間的關係並不是穩定的和平關係而是動蕩的主從關係，這種壓迫和被壓迫，對人心的影響及對地球生存環境的影響（即對自然資源的掠奪型經營）將提供很好的內省素材；「工具的理性」易達，「道德的理性」難守，全世界被壓迫的人們醒醒吧，光怪陸離現象的存在本身固然有某方面的合理性，但絕不代表其不容改變或這是可欲的，反而更應該被解讀為有很大的改善空間，人類才能永續存活。

本人在翻譯這本名著時心裡非常矛盾與不安，那是因為台灣這段期間所發生「匪夷所思」的「民主過渡期」現象是那麼的不符民眾向上提昇的期待，然而偽善卻是本書剖析有閒階級之形成的主要元素，西方一些慈善機構名義上是標榜提昇弱勢團體的福利，但為了符合有閒階級的標誌，卻不能對這些人的實況有所深層了解（至少表面上要如此），以免玷污了從事這些榮譽工作的人士之令譽（見第十三章）。推出這本書豈不是替台灣崇尚奢華、好大喜功的現象提供合理化的根據嗎？我們真的需要這種偽善的社會嗎？在經濟全球化的迷思中，世界的秩序真的仍需要以逐利攀比的原則為依歸嗎？正是這層顧慮令本人數擲譯筆！後來只好寄望讀者寧做一位能反省沒特定立場的「精神有閒階級」，捨只重立場不克自覺的「被壓迫階級」而不為了！

作者序

本書旨在探討有閒階級作為現代生活中一個經濟因素的地位和價值，但要將討論的範圍嚴格侷限在此標題之內，是有點不切實際。因此有關制度的起源和衍生的脈絡，還有一般不歸類為經濟項下的社會生活特徵，都不得不給予相當的注意。

討論的進行，在有些場合，是以經濟理論或民族誌（Ethnographical）通則為立論依據，而這在某種程度上或許會讓讀者感到陌生。在第一章裡將充分指出這些理論前提的性質，希望藉此避免理解上的混淆不清。至於理論的觀點，曾發表在《美國社會學學刊》（*American Journal of Sociology*）第四卷一系列的論文：如論〈技藝的本能和勞動的厭惡〉，〈所有權的濫觴〉和〈婦女的蠻荒地位〉，都有更詳盡的論述。但本書的論證並不全靠這些通則——因有部分是新創的——以致喪失了作為經濟理論一個細目的可能價值，因這些新創的通則，由於缺乏權威或資料的充分支持而不易取得讀者的理解。

本書用以說明或強化論證的資料，部分為了方便，部分為了讓大家對所熟悉現象的意義產生誤解的機會較少之故，都寧取之於日常生活，並且還盡量來自直接的觀察，或借重路人盡知的事物，而少求之於更深層次之極為深奧的來源。這種依賴平淡無奇的事例，或在處理一些世俗現象，或和人類生活密切相關卻往往不為經濟討論所取的現象時，有點信手拈來的方式，希望這類做法不致傷害到講究文學或科學妥當性的讀者之感覺。

本書舉凡取材自較迂迴來源的前提和確切證據，還有從人種學科學借來的學理或推論，都是取其比較為人熟悉和易於查考的那一類，這對閱讀涉獵甚廣的讀者而言，尋根究柢實屬易事。因此之故，列舉所引來源和權威著作的出處，也就付之闕如。同理，本書偶而採用的引文，主要是為了舉例說明，也就因此被視作隨手可得之事，而不另外以注記為指引。

目次

第一章
導 論

有閒階級的確立，發生在蠻荒文化的鼎盛時期，正如歐洲或日本在封建時代所顯示的那樣。在這類的社群裡，各個階級之間的區劃格外壁壘分明；而這種階級差異中，最具經濟意涵的表象，就是不同的階級均維持其專有行業的區隔。上層階級照例都可免除或不介入生產的行列，且都保有某些具備相當尊崇的職位。在所有封建社會中，最高的榮譽性職位就是從事戰鬥，而佈道服務通常次於戰鬥任務。要是該蠻荒社會不以好戰著稱，則傳教士職位或許躍居首位，戰士的職位次之。但無論是戰士或傳教士，這些上層階級免於生產勞役的通則少有例外，且這項豁免足以顯示他們在經濟方面的優越位階。印度的婆羅門族（Brahmin India）正是該兩個階級免於生產勞役的最佳例證。在蠻荒文化（barbarian culture）*發展到較高階段的社會裡，凡通稱為有閒階級者又可細分成幾個次層級，同時這些次層級間亦有其相應的職位劃分。有閒階級，實包含貴族與傳教士層級，還有他們很大部分的隨從。有閒階級的職務也因此呈現多樣性；但都具有非生產性的共同經濟特徵。這些非生產性上層階級的職務大略可歸類在公職、戰士、神職及娛樂界項下。

在蠻荒文化的早期（但還不是最早的階段），有閒階級的區隔倒不是那麼清楚。無論是階級之間抑或有閒階級職務間的區分，都沒有那麼嚴密和繁雜。時下波里尼西亞島民（Polynesian islanders）通常被視為此類發展階段的範例，唯一的例外是當地由於缺乏大型獵物，狩獵行為在他們的生活等級體系中並未享有正常的尊崇地位。在北歐傳說薩格（Sagas）所描述的冰島社會也提供一個很好的例證。在這個社會中，各階級間和每個階級所專屬的職務間有極其嚴格的區隔。體力勞動、生產活動以及所有需要每日工作才得以維持生計的活兒，都是弱勢階級的專屬職務。這類弱勢階級包括奴隸、僕從、一般還涵蓋所有的婦女。如果貴族階層中有若干等級，則高階貴族的婦女通常可免服生產勞役，或至少免於從事較為卑賤的體力勞動。上層階級的男性不僅免於從事所有生產性職務，而且是約定俗成的禁止。他們所能從事的職責範圍極其有限。這些職位正如前面提過的在較高層級中有公職、戰士、神職和娛樂界。該四項活動，實主宰著上層階級的生活等級；且對於最高層的人士——國王或酋長——而言，這些活動是社群的習俗或常識上所允許他們從事的僅有職務。實際上，在等級體系已井然有序的社群中，甚至連娛樂界是否適合由最高階的成員擔任都有待商榷。對於有閒階級中較低層次的成員來說，也可從事某些別的職務，但必須是從屬於上述有閒階級典型職務其中的一項。譬如，像武器、軍備及戰船的製造和保養，馬匹、鷹犬的打扮和照料，祭祀聖器的準備等類似的工作。下層階級是不得染指這種次級的榮譽性工作，除非這類工作帶有強烈的生產性質，而且和典型的有閒階級職務只沾上一點邊。

如果我們從此一典型的蠻荒文化往前回溯到未開化的低階期，就很難找到體系完備的有閒階級形式，然而這低階未開化期，卻展現了一個由有閒階級體制所產生的習俗、動機及氛圍，還指出有閒階級早期成長的步驟。世界各地逐水草而居的遊牧狩獵部落為此類不同分化的原始層次提供例證。隨便任何一支北美洲的狩獵部落都可引以為例。這些部落很難說存在著涇渭分明的有閒階級。職能的劃分，和據此而形成的階級區分是存在的，然而優勢階級所免除的勞役遠不足以達

＊編按：本書將 barbarian 譯為蠻荒人，將 barbarian culture 譯為蠻荒文化。

到適用「有閒階級」稱謂的程度。歸類在此等經濟水準的部落，在經濟的劃分上已到了男女的職務具有明顯差異的地步，而這種差異具有歧視的性質。婦女在這些所有的部落中幾乎約定俗成地從事勞役，而這些勞役再往前發展就成為生產性的職務。男性都可免服這些卑賤的勞役，以備從事戰爭、狩獵、文娛活動及敬祀儀典之用。這類事例中所普遍顯示的是一種非常鮮明的歧視。

這種形式的分工符合出現在高階蠻荒文化中勞工階級和有閒階級之間的區隔。隨著勞務朝多樣化和專業化的演進，工作的區隔就將生產性勞役從非生產性勞動中分離出來。男性在早期蠻荒階段所從事的行業和往後演進的生產職務沒有任何瓜葛。這些行業在往後的發展中只剩下並不歸類為生產性的勞務——作戰、行政、文娛、治學及傳道的職位。僅有的一些顯著例外，就是捕漁行業中部分的勞動和某些很難歸類為生產性的輕便勞動，例如從事武器、玩具及文娛器具的製造。本質上整個生產性勞動的範圍，都是來自原始蠻荒社會中劃給婦女的工作。

在蠻荒文化尚處於較低發展層次的時期，男性和婦女所擔任的工作，對族群生活而言都同屬不可或缺的。有時在為這個族群提供食物和其他必要的消費上，男性的工作甚至提供同樣多的貢獻。確實，由於男性的工作其「生產性」如此明顯，以致獵人的勞務在傳統的經濟論述中被拿來作為原始生產的型式。但這種想法絕非蠻荒人對此的看法。在他自身的眼中，他不是一名勞動者，並且他不能和婦女同屬在這個層次上；也不能將他的成果視為勞動，和婦女的繁瑣雜役相提並論，以致兩者的性質混淆不清。在所有蠻荒社群中，男性與婦女的工作存在著根深柢固的不相稱性。男性的工作雖說有助於族群的延續，但該工作是藉著優越性和有效率來完成，絕不可以和婦女平淡無奇的劬勞等量齊觀。

循著文化標尺再回溯一步——即處於未開化族群時期——工作的區別尚未如此細緻，而階級和工作的歧視性差異，更未達到前後一致及壁壘分明的地步。此一原始未開化文化還很難找到恰如其分的例證。那些被歸類為「未開化」的族群或社群，很少不是從較為先進文化階段中倒退所致。但，確有一些族群——其中有的很明顯不是由於退化的結果——仍忠實保有某些原始未開化的痕跡。這些未開化社群文化和蠻荒社群文化的差別，就在於缺少一個有閒階級，以及大多缺少有閒階級所賴以產生的敵視態度或精神狀態。這些沒有經濟階級科層的原始未開化社群，在人類群體僅占其中微不足道的一小份額。具有這類文化階段的實例，可推安達曼群島（Andamans）的部落，或尼爾吉里山脈（Nilgiri Hills）的圖達族（Todas）。這些族群在和歐洲人初期接觸時的生活體系，可被視為最接近缺少有閒階級的典型。另一個可資援引的實例尚有日本北海道的蝦夷族，及有待商榷的布什門（Bushman）和愛斯基摩族群。至於某些普韋布洛（Pueblo）社群能否歸類為未開化部落則更有疑問*。上述援引的族群，若非全部也絕大多數是由較高的蠻荒文化衰退下來的例子；一直秉持原有文化，以致從未超越其現今水準的可就絕無僅有。果真如是，這些社群作為未開化的實例可能須做點修正，可是用以印證他們猶如真正「原始」族群的效果還是

*安達曼群島位於孟加拉灣，島上的原住民在十九世紀中葉之前未曾與外在世界接觸。圖達族是南印度的一支遊牧民族。布什門族則為南非的一種遊牧民族。普韋布洛社群為美洲印第安人族群，散居在美國西南及墨西哥等地。

可以接受的。

這些缺少界限分明的有閒階級的社群，還有幾項在社會結構及生活態度上的類似特徵。他們都屬小型且結構簡單（遠古）的族群；他們大都平易相處與安土重遷；他們都一貧如洗；並且私有財產制在他們的經濟體系裡不居主宰地位。但與此同時，並不意味著他們是現存規模最小的社群，或他們的社會結構在各面向都是分化程度最低的；更不必然涵蓋一切不具明確私有財產制體系的原始社會。然而有一點值得一提的是，這是一個看起來包含最愛好和平——或許所有天性崇尚和平——的原始人類群體。確實，這類社群的成員最顯著的特質就是當他們面臨武力威脅或詐欺的場合時，仍然表現溫順的無所作為。

社會處於低階層次的發展時，所展現的習俗及文化特質足以點出，有閒階級制度的浮現是從原始未開化往蠻荒文化過渡期間逐漸演變而來的；或更精確的說，是從一個平易相處的生活習慣過渡到以好鬥為常的生活習慣中慢慢演變形成的。有閒階級以一種固定形式出現的明顯必要條件是：（一）該社會必須具有掠奪型生活習慣（從事戰爭或獵取巨獸，或兩者俱有）；也就是說，在上述情況下，那些組成初始有閒階級的男性，必須對經由武力及權謀所造成的傷害折磨要習以為常；（二）維持生計所需的物品必須是不虞匱乏的輕易取得，致該社會很大部分人能免於從事經常性勞務。有閒階級的制度是早期對職位有所歧視的結果，從而認為某些職位是有價值的，其餘則了無價值。正是這種古老的歧視性區分，有價值的職位是指那些可歸類為功動（exploit）*的工作；了無價值的是那些每日必要的勞動，絲毫沒有功勳的成分。

這項歧視性區分在一個現代工業社會實在不足道哉，因此在經濟學著作中也就沒有受到多大的著墨。若從經濟論述所依賴的現代常識來看，歧視性區分似乎流於形式和沒實質意義。然而，這種區分卻根深柢固的形成一個普遍的成見，即使在現代生活中也屢見不鮮，例如，我們對卑賤職業的習慣性厭惡。這是一種對私人性質——優越與低劣——的差別歧視。在文化發展的初期階段，當個人的武力對事件的演變具有立即而明顯的影響力，則功勳這項元素在日常生活等級體系中就愈顯重要。很多利益都以此為準。依據這種背景所進行的歧視性待遇在當時似乎就比今日更具強制力及決定性。因此，這項歧視性區分在日積月累的運作上是有其實質意義、並且是奠基在充分有效及具說服力的理由之上。

當觀察實際事務所慣用的利益取向有所變動時，則經常據此來判斷事務的理由也隨之改變。當事務的特質受到發生之時的主流利益所關注，就會因此突顯而具實質意義。要是有誰對現存的事務常從不同觀點來理解，並帶著不同目的來評價，則任何現有的歧視性區分理由對他來說都不具意義。對於行動的不同目的和方向進行區別和分類，是隨時隨地都需要的，因為這是建構有用的理論或生活等級體系所不可少的習慣。而對生活上的事務予以分類時，具規範性的特殊觀點或特殊內涵，可視區分該事務的利益所在而定。職是之故，歧視性區分的理由，及對事務進行分類的程序準繩，會隨著文化的成長而漸次逐級變動。因為體認到生活上事務的目的既已變更，觀點

---

*譯者按：該英文字有兩種意義，另一意則是剝削和占有。

必然也隨之有異。於是，在文化發展的某一階段，某種類別的行動或某種社會階級被認為具突顯且決定性的特質，到了隨後的文化階段卻不見得仍保有在分類上同等的重要性。

可是，這類標準和觀點的變更只能是漸進的，並且一個曾被接受的觀點，很少會被顛覆或完全廢止。生產性和非生產性職務之間的區分仍沿舊習；而這種現代的區分是蠻荒文化區分功勳和雜役的質變形態。諸如作戰、從政、司神職和涉及文娛活動這類的職位，在群眾的理解上，與辛勤提供物質生活手段的勞務，有著本質上的差異。確切的分割線雖和早期蠻荒時期的等級有所不同，但這種廣泛性的區隔卻從未消聲匿跡。

事實上，到了今天，這種區分已經成為心照不宣的常識了，任何的努力，只要其最終的目標是利用非人體（non human）的事物，就被視為是生產性的。人類脅迫他人利用他人的人體，不算具有生產性的功能；反而是所有善用非人體環境，以增進人類活動的各項努力，通通歸類為生產性活動。套用那些最能保存且符合古典傳統的經濟學者的話，人類「克服自然的能量」（power over nature）目前可斷定為具有生產力特質的事實。這項克服自然的生產能量，可包括人類制服獸類生命和駕馭一切元素力量的能力，如此一來，人性與獸性的創造就有一道鴻溝。

在不同時期，當人們各受不同的成見所浸淫時，這條鴻溝的劃分就和我們今日的劃分不太一樣。這條分界線在未開化或蠻荒的生活等級體系裡，所處的位置和劃分的方式是截然不同的。在所有處於蠻荒文化的社群裡，就兩類綜合現象之間——一類是蠻荒人包括其本身，另一類是他的糧食——瀰漫著一種警惕的對比意識。就經濟與非經濟之間，存在著一種感覺上的對比意義，但這有別於現代時尚的感受；這種對比意識不是以人性與獸性的創造來劃分；而是以活躍（animate）與慣性（inert）的事物來劃分。

如今要解釋此處以「活躍」來表達的蠻荒用語，不同於用「活生生」（living）所表達的意涵，或許有點過於小心。活躍一詞並不涵蓋所有活生生的事物，但卻包括許多別的事物。凡類似令人驚嚇的自然現象，如暴風雨、瘟疫、瀑布都被視作「活躍」；而水果及草藥，甚至一些不甚珍貴的動物像蒼蠅、蛆蟲、旅鼠、綿羊，除非是以集體形態出現，通常都不會被認為「活躍」。該詞在此的用法，不必然隱含事物本身具有靈魂或精神。在篤信萬物有靈論的未開化蠻人或蠻荒人理解中，包括靈魂或精神類似事物的概念，是極其可怕的，因其擁有實際或孕育啟動行為的習慣。這個分類項下包含為數眾多和範圍廣泛的自然客體和現象。這種對慣性和活躍的分野仍然存留在不求甚解的人們的思維習慣中，並對人類生活和自然演變進程的盛行理論仍有極其深遠的影響；但這種分野卻沒滲透進我們日常生活到這樣的地步，或沒有像其在文化和信仰的初期階段所造成的實際後果那樣明顯的深遠。

在蠻荒人的心智裡，對慣性自然所提供的事物進行精緻加工及利用，固然是一種活動，但和處理「活躍」事物及力量的那種活動，是有著天差地別的。其間的分界線或許有些含糊不清，也有些許的游移不定，但這種廣義的區別，確切並真實的影響了蠻荒人的生活等級體系。蠻荒人的癖好，會對列入活躍之林的事物展開帶有某種目的的活動。正是該項具有目的性的開展活動，賦予某些客體或現象一種「活躍」的面貌。每當心思單純的未開化蠻人或蠻荒人碰到突如其來的活動時，只能以其現有的說法來詮釋——而這種說法是直接從其自身動作的感覺中取得的。如此一來，活動本身和人類動作就變成一樣了，並且活動的客體在這個限度內就變成人類的代理人。具有此類特性的現象——就必須以有別於應付慣性事物的態度和技巧來迎戰。把類似的現象處理妥當是一種饒具功勳的工作，而非徒有生產的工作。它所肯定的是勇武而非勤奮。

就在這種將事物天真的區分為慣性和活躍的指引下，原始社會群體的活動就落入兩種類型，用現代的語彙來說，可稱之為功勳和生產。生產是通過其執行者的巧手將被動（「無意識」）的材料創造出一件新事物並賦予新用途的努力；至於功勳，光就其給執行人帶來有用的結果而言，是將別的執行人以前為了其他目的所耗的精力，轉化成是為了其本人的目的服務。我們將就「無意識事物」（brute matter）這個詞彙，依蠻荒人對該詞彙所體現的深層意涵進行討論。

功勳和雜役之間的區分是和男女兩性之間的差別相一致的。兩性的差異不僅表現在身材及體力上，或許在氣質上的不同更具決定性，而正是這個因素才在早期形成相對應的勞力分工。男性因較為壯碩、堅定、較能承受突發及劇烈的過勞，還有較長於自決、積極爭勝及進取（或攻擊），故舉凡歸類在功勳項下的大部分活動都落到男性的身上。在原始族群的成員中，兩性之間在體格、生理上特徵和在氣質上的差異也許是很細微的；事實上，在某些我們所熟知更為古老的社群裡，兩性在這方面的差異可說是微乎其微，且微不足道——舉個例子來說，像安達曼部落就是如此。但一旦從體能和敵視態度上的這類差異出發而展開的職能分化充分體現時，兩性間原來的差異就自然而然日趨擴大。尤其是當族群所處的自然繁衍地或動物區系，竟然一再需要堅忍不拔的個性才能克服時，一個為了適應新的職責安排所進行的選擇性過程*就一直推展下去。若以追捕大型獵物為日常活動的族群而言，就需要多些具有堅定、敏捷和兇殘的男性特質，如此一來很難不加快和擴大兩性之間的職能分化。倘若一旦某個族群和其他族群出現敵對狀況，這類職能的歧異就推動著功勳和生產之區分的定型。

在以掠奪為主的狩獵族群裡，戰鬥和狩獵成為健壯男性的專職。婦女則從事其他該做的工作——族群中不適合擔任男性工作的其他成員都因此而與婦女同列。不過男性的狩獵和戰鬥行動都具備同樣的一般特徵。兩者都具有掠奪的天性；戰士和獵人同樣是收割非其所耕耘的東西。他們這種憑武力及機警作為攻擊性的展示，和婦女對物資進行辛勤和平淡無奇的修整動作，當然有很大的不同；這種展示不能算作生產性勞動，反而是靠奪取來占有物資的一種行為。這類行為正是蠻荒男性的工作，當其和婦女的工作出現最大的分歧達到極至的時節，任何方式的奮鬥要是少了勇武的展示，對男性而言都不值得去做。一旦這種傳統得以持續，社會的常識上就將其列入行為的典範，因此在該文化階段裡，一個有自尊的男性，任何的勞役和任何的占有，除非是在勇武的基礎——武力或欺詐——上進行，否則都是道德上所不允許的。當這種掠奪型生活習慣經過長期浸淫而為族群所接受後，健壯男人在社會經濟體中獲得嘉許的任務，就是在力圖生存中殺害、消

*譯者按：selective adaptation常用的譯文是天擇或優勝劣汰，而此處以選擇性適應取代，實因前者屬負面意義表示人類無主動性，而後者帶正面意義表示人類為或不為操之在己。

滅那些企圖抵抗或逃避他的競爭者，以克服和減少降服於那些在環境中會帶來逆流的外來勢力。許多狩獵部落對功勳和雜役這種理論上的區分是如此的執著和細膩，以致男人絕不能將其獵殺的獵物帶回家，而必須讓其婦女去從事這種卑微的工作。

前已指出，這種功勳和雜役之間的區分其實是一種對職責之間帶歧視的區分，那些被歸類為功勳的職責都是有價值的、榮耀的、高貴的，至於其他不含這類功勳元素的職責，尤其是那些隱含屈從或投降意味的職責，都是不足道的、卑微的、不體面的。有關尊嚴、價值、或榮譽這類概念，當套用到個人或行為上時，在階級的演變及階級區分上，都占有一等一的地位，所以對這個概念的衍變和意義加以闡述是有其必要的。其心理上的依據或許可扼要說明如下。

基於選擇性的需要，男人是行動的執行者，從其自身的角度出發，男人是推展內在衝動活動的中心——「帶有目的」的活動。男人是一名在每一次動作中，追求實現某種具體、客觀、非私人目的的執行者。正是受到他是這樣一名執行者的驅使，男人遂帶有喜歡具成效的工作和不喜歡無效勞動的品味。男人看重的是實用性或有效率，鄙視的是不切實際、虛擲浪費，或無能。這種性向或偏好也許可稱之為技藝的本能（instinct of workmanship）。一待生活的環境或生活的傳統引起人與人間在效率上進行經常性的較量時，技藝的本能就會轉為人與人之間一種攀比式或分出高下的較量。這項較量會進行到什麼程度，很大一部分取決於該群體的氣質。在一個慣於對個人進行分出高下較量的社會而言，歷歷在目的成就，遂成為人們追逐的目標，因為這項成就本身的效用就是贏得令譽的基礎。贏得令譽和免於毀謗就靠將一己的效能放在顯處作為證據。如此一來，技藝的本能演變成力量的攀比式展示。

在社會發展處於初始階段時期，當團體仍安於和平、或許說是習於安土重遷的生活，並且私人所有制還沒成形時，個人的效能主要且最足以表現在擔任可促進族群生活的職位上。在這樣一個族群中，如果其成員間存有經濟類攀比的話，主要還是以生產的實用性攀比來體現。然而斯時攀比的誘因不是那麼強烈，並且攀比的範圍也沒那麼廣。

當團體從平易相處的未開化生活型態過渡到掠奪型生活型態時，攀比的條件就有所改變了。攀比的機會和誘因在範圍上和迫切性上，都有了很大的擴充和提高。男性的活動愈來愈帶有功勳的特質；而狩獵者或戰士彼此之間進行分出高下的較量，也就愈來愈容易和愈習以為常。勇武的實體證據——戰利品——在男性的思維習慣中，就作為生活的點綴品這一基本特徵而占有一席之地。在追獵或襲擊中所得的捕獲物、戰利品，就變成作為武功卓越的明證來嘉獎。侵略成為被嘉許的行動方式，而捕獲物則充當侵略成功後眼見為憑（*prima facie*）的證據。就像在此一文化階段裡所接受的一樣，自我肯定所被嘉許、值得尊敬的形式就是競技，並且經由奪取或強制而獲得的可供使用之物品或勞務，就理所當然的成為擴充競技成功的明證。如此一來，物品若由奪取以外的方式得來，情形則剛好相反，凡有地位之男人都不屑為之。基於同樣的道理，從事生產性工作，或側身於對私人的服務，都同樣受到嫌棄。於是乎，在這方面是經由奪取而獲得的功勳和占有，而在另一方面則是辛勞的勞役，兩者之間出現了帶歧視性的區分。勞動由於被賦予了侮辱的記號，遂帶著惹人嫌的特性。

在原始的蠻荒人看來，「榮耀」這個詞，在尚未受其本身的衍申意以及隨後興起的同類觀念所掩沒前，其簡單的內涵似乎就是指超強力量的肯定，別無言外之意。「榮耀」的意思是「難以匹配」；「具有價值」指的是「占有優勢」。一項尊貴的行動，分析到底充其量只是一項被承認的成功侵略行動，當侵略意味著和人類及獸類進行鬥爭時，這項活動若被認為是特別的和主要歸為榮耀，指的是對孔武有力的肯定。而依純樸、遠古對力量的一切展現，都喜冠以個人稟賦或「意志力量」來詮釋的習慣，更強化傳統上對這種孔武有力的抬舉。用以表示尊貴性質的形容詞，在蠻荒部落中一如在文化較為進化的民族中那樣都是蔚為時尚，通常都帶有尊崇這一樸素意涵的烙印。在對酋長的稱呼和向國王及上帝尋求慰藉所使用的形容詞和尊稱中，常體現出這些人物對祈求者實握有無限暴力和一股不可抗拒的摧毀力量這樣一種偏好。即使時至今日，在較為文明的社會中仍可見到某種程度類似的情況。喜在紋章設計上採用較為兇殘的肉食獸禽的這種偏愛，就足以佐證類似的觀點。

在蠻荒人對價值或尊崇這種常識性的理解下，奪取生命——將頑強的競爭者（不論是人或獸）予以殺害——是無比的榮耀。而殺戮這項高級任務，作為行凶者占有優勢的表現，給每一次殺戮的行動和該行動所使用的工具及配件蒙上一層價值的光彩。武器是榮耀的，而使用武器，即使是用在田野間索取最低賤生物的生命，亦成為一項尊貴的職責。與此同時，在生產上提供勞役相形之下就令人嫌惡，還不止此，在常識性的理解下，操作生產工具和器材是有損健壯男性尊嚴的。勞動遂變成招惹人厭。

此處是假設，在文化演進過程中，原始男性族群是從初始平易相處階段過渡到下一階段之後，戰鬥才成為該族群所認可及特有的任務。但這並不意味著這過渡期間曾發生突變，從一個未曾間斷的和平及和睦生活階段轉向稍晚或較高級的生活階段時，戰鬥才第一次發生。也不意味在過渡到文化的掠奪型階段後，一切平和的生產活動都不復存在。應該這麼說，在社會發展的每一個初期階段，總會發生一些戰鬥。戰鬥大概都是為了爭奪異性而起。原始族群已知的一些習慣以及類人猿的習慣都指向這種效應的存在，而人類天性中一些廣為人知的刺激因素所提供的證據，更加強了這個觀點。

於是，或許就會有人質疑：根本就不存在此處所假設的，有一個平易相處生活的初始階段。在文化演進過程中並沒有這樣一個時間點，即在此之前從未發生過戰鬥的轉折點。但現在的問題不在於是否曾發生過戰鬥，也不在於戰鬥是偶一為之或斷斷續續發生，還是經常發生及習慣性發生；問題在於何時出現一種好戰成性的心理架構——一種以戰鬥的觀點來評判事務和事件的普遍習性。唯有當掠奪型的態度已成為該族群成員習慣性和崇尚的精神狀態；當戰鬥已成為現時生活論述的主要特徵；當對人和事的常識性判斷一切都以戰鬥的角度來衡量時，才能聲稱已達到文化的掠奪型階段。

由此可見，文化的平易相處階段和掠奪型階段間的真正差別是一種精神上的差別，而不是機械式的差別。精神狀態的變化是族群物質生活發生變化的自然結果，當物質環境有利於掠奪型態度的形成時，精神狀態就逐漸起了變化。掠奪型文化的最低要求限度就是從事生產的限度。除非生產方法在效率上已發展到超過從事生產之人維生所需，並有餘裕到值得為此一戰的地步，否則掠奪不能成為任一族群或任一階級慣常的手段。因此，從和平向掠奪的過渡，實取決於技術知識和工具使用上的成長。同理，除非武器已發展到使人類成為難以馴服的動物這個地步，掠奪型文化在早期是不可能實現的。當然，工具和武器這兩者的早期發展，僅是從兩個不同角度來觀察的同一件事實。

某一族群即使習於訴諸武力，只要其未將戰鬥放在男人日常思維的最顯著位置，以作為男人生活的主要特徵，則這一族群的生活狀態還是列入平易相處之林。一個族群也許某種程度上已跡近達到掠奪型狀態，因此其生活方式和行為規範，也或多或少在該限度內受帶掠奪性敵意的支配。職是之故，文化的掠奪型階段是透過帶掠奪性的性向、習慣及傳統的累進式成長而逐漸形成的；這方面的成長實緣於該族群生活的環境起了變化，而這種變化在發展和保留那些人類天性的特質及傳統與行為規範方面，是有利於掠奪型生活而不利於平易相處的生活。

有關原始文化曾存在這樣一個平易相處階段的假設，其根據很大一部分是源自於心理學而非人種學的推論，在此不擬詳加述說。往後的章節，當討論到人類天性遠古的特質，在現代文化體系下的存活問題時，還會略作論述。

第二章

財力的攀比

在文化演進的歷程上，有閒階級*的興起是與所有權的萌芽同步。這乃勢必如此的情事，因為該兩套制度都來自同一股經濟勢力。該兩套制度在發展的初期階段，誠屬社會結構同一普遍事實的不同面向。

由於休閒與所有權作為社會結構的兩項元素——這是由來已久的事實——故為了有助時下的探討就得予以關注。一種忽視工作的習俗不會形成一個有閒階級；同理，純粹使用及消費的事實不會構成所有權。因此，眼前的探討與惰性的萌發無關，也和有用物資挪作個人消費的起因無關。該問題的重點一方面在於一個因襲的有閒階級之源頭及其本質，另一方面在於個人所有權作為一種因襲的權利或公正的訴求之起因。

形成有閒階級和勞工階級區分的早期分化，是一種男女在蠻荒文化低階時期的工作上所維持的分工。同理，最早的所有權形式便是社會中強健男性對女性的擁有權。這項蠻荒生活規律的重要內涵，若想用更一般及更為貼切的詞句來表達的話：這是一種男性擁有女性的所有權。

而在占用女性成為習俗之前，毫無疑問的，存在某種有用物資的占用。現存的原始社會不見擁有女性的所有權，足為這一看法提供確認。所有社會的成員，男女皆然，都有占用許多有用物品作為私用的習慣；但這些有用物品並不被視為屬那些占用者及消費者所有。這樣一種程度輕微的私下循例占有及消費一直都存在，並不構成所有權的問題；也即是說，不會引發對身外之物提出因襲、公正的訴求。

對女性的所有權始自蠻荒文化的低階發展時期，顯然和擄獲女性俘虜同時發生。擄獲婦女並予以占有的初始原意，似乎是將婦女的用處作為戰利品。把擄獲敵人的婦女作為戰利品的舉措，造成一種婚姻所有制（ownership-marriage）的形式，並帶來以男性為戶長的家計單位。隨後，奴隸制度的範圍遂從婦女擴展到其它的俘虜和弱勢族群，而婚姻所有制也從敵人處擄獲的婦女延伸到其他婦女。因此，在掠奪式生活環境中攀比的結果，一方面造成以脅迫為本的婚姻形式，而另一方面形成所有權的習俗。該兩項制度在其演進的初始階段並不是那樣涇渭分明的；兩者皆出於成功的男性藉著展現一些隨其功勳所取得的耐久財，而彰顯其勇武的欲望。兩者同時亦助長了所有掠奪型社會都追逐的征服偏好。所有權的概念從對婦女的擁有，展延到包括對這些婦女勤勞成果的占有，也因此形成了對人及對物的所有權。

一個以物品為財產的明確制度就這樣逐漸成型。然而，即使發展到晚近階段，物品供作消費的實用性已成為其價值中最強有力的元素，但財富絕未喪失其作為所有者優勢地位的尊貴表徵。

舉凡實施私有財產制的地方，其經濟演進過程中，即使是處於稍具開發的階段，都充滿了人與人之間為占有物品而鬥爭的特質。依經濟理論的慣例，尤其是那些奉新古典學派學說為圭臬的經濟學者們，將這種對財富的追逐，詮釋為本質上求生存的鬥爭。毋庸置疑，這種鬥爭在產業處於發展初期和效率不彰階段，大都具有此種特性。這也是在「物力維艱」的社會中，人們終日孜孜不倦討生活卻僅足餬口的鬥爭本質。但，大凡進步的社會，這種發生在技術開發早期階段的情

*譯者按：leisure class也有譯成休閒階級，此處取有閒階級正是著眼於其和所有權的關係。

形已有所改善。生產效率現今已進步到提供給從事生產活動的人們超過其維持生計報酬的程度。經濟理論在提到這種新產業基礎下對財富的進一步鬥爭時，認為這是對增進生活舒適的一種競爭——主要是增進物品消費所帶來的物質享受，也就一點都不顯得突兀。

獲取及累積的目的，經常被認為是在於把累積的物品消費掉——無論是由該物品的所有者直接消費，或由附屬於所有者的家庭來消費，且就此而言的消費，在理論上是等同於所有者本身的消費。消費至少在經濟上被認可為獲取之合法目的，而在理論上只要考慮這點就夠了。這類型態的消費當然可視作迎合消費者的物質需求——消費者的物質享受——或其所謂較高層次的需求——精神上的、美學上的、智力上的，或無以名之的需求；這後面的較高層次需求可藉由物品的消耗來予以間接滿足，其方式對所有研究經濟的讀者而言皆耳熟能詳。

然而，物品的消費只有透過和其原始意義相去甚遠的詮釋，才能權充不斷進行累積的動機。所有權的根本動機就是攀比；這項攀比的動機在所有權得以成為制度後，仍對其進一步的發展產生作用，並在受所有權制度影響所及的一切社會結構特質之演進上，起著積極的作用。財富的占有賦予個人的尊崇，這是一種帶歧視性的區分。可是，對於物品的消費就很難用上面的話來指責，即使是對其他任何為了獲取而想像得到的動機，也不能理直氣壯套用上面的話；尤其是對為了累積財富的任何動機，更不能如此。

當然，不能忽略的是，在一個其後所有物品都屬私人財產的社會裡，求取溫飽的必要性，是該社會較為貧困成員強有力及一直存在的動機。維持生存和增進物質享受的需求，在某段時間可能是那些習於從事體力勞動、寅吃卯糧、貧無立錐及家無恆產等階級追逐獲取的主要動機；但在往後討論的過程中就會發現，即使是這些身無分文的階級，物質需求動機的優勢並不像有些假說所認為的那樣具決定性。在另一方面，就以社會中那些唯累積財富為念的成員及階級而論，維持生存或物質享受的動機始終不居要角地位。所有權的發軔和成為人類的一種制度所憑藉的理由與維持最低生存無關。主宰性的動機自始就是依附在財富那帶有歧視性的區分，而且，其優勢地位在所有權演進的往後階段中沒有被其他的動機所取代過，偶一少許的例外不算。

財產原本是以擄獲物作為成功襲擊的戰利品而保有的。在族群剛從原始社會組織脫離不久的時期，還有在該族群和別的敵對族群仍處於密切接觸的時期，其所擁有的人與物之效用，主要表現在持有者與所奪取的敵人間分出高下的比較上。至於個人的利益有別於其所屬族群的利益之習俗，很明顯是稍後才發展出來的。族群內尊貴型擄獲物的擁有者與在成就上稍遜其一籌的鄰居之間分出高下的比較，毫無疑問是早期所擁物品效用的一項元素，雖然這項比較在剛開始時不屬於該物品價值的主要元素。男性的勇武仍然主屬族群的勇武，並且擄獲物的擁有者認為自己就是其族群尊崇的保持者。這種從社會觀點對功勳所作的評價，在社會成長的後期階段依然存在，尤其在牽涉到戰爭的勝利時更為明顯。

然而，一旦個人所有權的慣例開始堅定不移的實施後，私有財產所產生的那帶有歧視性以進行比較的觀點就慢慢有所變化。其實，該一轉變不過是另一轉變的反映。所有權的初始型態，即以單純的掠奪及侵占而變成擁有的型態，開始進入以私有財產（奴隸）為基礎之後續的產業初級組織階段；遊牧族群發展成大致上能自給自足的生產型社會；於是，財產不再那麼被視為是成功掠劫的明證，反而是突顯出這些物品的占有者比該社會其餘諸人來得優越。而今那分出高下的比較，主要是來自擁有者和族群其餘成員的比較。財產仍然保有戰利品的特性，但隨著文化的進步，財產愈來愈變成族群成員在遊牧生活中，以準平易相處（quasi-peaceable）*的方式進行所有權競賽時，所贏得的戰利品。

漸漸的，在社會日常生活上及民眾的思維習慣中，當生產活動進一步取代掠奪活動後，累積起來的財產就逐步取代了掠奪式功勳所得來的戰利品，以作為優越性和成功的約定俗成的表徵。所以，隨著安定產業社會的成長，作為習俗上的聲譽及尊榮的基礎而言，擁有財富相對就變得更加重要以及有效。這並非表示以其他更直接的勇武作為基礎的事例不再受人尊崇；也不是說成功的掠奪式侵略或征戰的功勳不復博得群眾的認同及贊譽，或再也引不起成就稍差的競爭者任何的妒忌；而是，藉著這類赤裸裸優勢武力的呈現來贏得另眼相看的機會，無論在範圍抑或頻率上已愈來愈少。與此同時，透過遊牧型產業準平易相處方式，來進行實業侵占及財產累積的機會，則在範圍和可行性上大為增加。再剴切一點，財產而今成為獲得某種可信的成功時最易識別的明證，而有別於英雄式或象徵式的成就。職是之故，財產遂成為約定俗成的尊榮的基礎。若想在社會上列入名流，擁有某種數額以上的財產已成必要。若想維持好名聲，累積、獲取財產已必不可免。當累積起來的物品循此途徑一旦成為公認的效能徽章後，財富的擁有也就順理成章具有單獨以此定奪尊榮的特質。物品的占有，無論是經由個人自身努力積極攫取得來的，還是透過繼承別人而被動移轉取得，遂成為約定俗成的博取聲譽的一種基礎。財富的擁有，在剛開始僅被當作效能的表徵，此時在群眾的理解上已成為一種令人豔羨的行為。而今財富自身已隱含榮耀本質並且令其擁有者共享此尊崇。經過進一步的淨化，承自祖上或其他前輩的移轉而被動取得的財富，如今甚至比擁有者自身努力所掙得的財富更令人尊貴；然而，此種區分實發生在財力文化演進的稍晚階段，往後講到時再予以論述。

雖說財富的擁有已成為日常聲譽及擁有不錯的社會地位之基礎，但勇武和功勳依然保有群眾最高尊榮的根基。對那些長期浸淫在掠奪式文化薰陶的人們而言，掠奪的本能以及因而對掠奪式效率的讚賞，已深深植根在他們的思維習慣之中。依照通俗的評比，人類所能企及的最高榮譽依然是藉著在戰爭中所展現的超強掠奪效率，或在治國宏圖中具有準掠奪效率；但如僅想在社會中有一個稍微不錯的地位，博取聲譽的手段已由物品的獲取及累積所取代。若是想在社會上揚名立萬，便必須擁有一筆難以估算且符合約定俗成標準的財富；正如同蠻荒男性在早期掠奪時期，必須擁有部落對於體能的持久力、靈活度及運用武器的技巧所設定的標準那樣。博取聲譽的必要條件，一方面是擁有一筆標準財富，另一方面則是符合勇武的準繩，任何超越該項正常規格的就算殊榮。

社會成員的勇武或財產，要是達不到這項雖嫌模糊卻屬常規的程度，就得忍受他們同儕的輕

*編按：關於文化發展階段由掠奪型階段進行到準平易相處階段，請參考導讀的〈表一〉和第三章。

視；結果他們自己也看不起自己，因為自我尊重通常是來自其鄰人對他的尊重。惟有那些性情詭乖之人能面對其同儕的輕蔑而始終保持其自尊。該項通則也有不少明顯的例外，尤其常見於那些具有強烈宗教信仰的人。不過，這些明顯的例外並非真正的例外，因為這類人通常依靠某種超自然的見證，來給其所作所為進行冥冥中的獎賞。

因此，財產的擁有一旦成為通俗尊榮的基礎後，也同時成為那種自滿——我們稱之為自我尊重——的要件。在任何一個社會，如果物品歸各人獨自保管，為求自我心境的安寧，個人勢必擁有與他平常歸為同類的夥伴相當的物品；要是能擁有比別人多得多則格外滿足。然而，當某人有了新的進帳，且已對由此所形成的新財富標準安之若素後，該項新標準所能提供的滿足感立即和前一標準所帶來的滿足感沒有差別。無論情況為何，總是有這樣一種趨勢，永遠以目前的財力標準作為追逐新一輪財富增加的起點；而該新增加的財富又反過來，提高了自己和鄰居們比較時之新的實力標準，並提供了一個新的財力等級。討論至目前為止，所呈現的問題是，累積物品所要追逐的目標是，在以財力的強度和社會其他人做比較時，能高人一等。一個正常的普通人在比較後明顯處於不利地位時，將會對其目前所取得的份額心懷不滿；當他達到所謂社會平均財力標準，或達到他這一級的平均財力標準時，這種長期的不滿就會讓位給永無休止的爭奪，以期不斷拉大他與該平均標準之間的財力差距。這種分出高下的比較，不可能讓某個人在做此項比較時，一直都居於有利位置，以致在這場以財力博取聲譽的鬥爭中，對仍比其競爭者僅略高一籌之事耿耿於懷。

就事論事，求財的欲望在任何情況下都難以撫平，於是顯而易見的，想要滿足於財富的平均或一般欲望，也是辦不到的。社會財富無論是如何廣泛的、均勻的、或「公平的」分配，社會財富的增加總難撫平這些需求，原因就在每個人都想在物品的累積上把別人比下去。倘若像有些人所設想的那樣，累積的動機是為了生存的需要或物質的享受，如此一來，整個社會加總的經濟需要，在生產效率進步到某一層次時總歸得到滿足；但因為這項鬥爭本質上屬於以分出高下比較為出發點的求名競賽，所以不可能有一條確實達成的方法。

上述所言絕不表示，除了這種在財力排名追求卓越，以贏得其同伴之尊敬及妒忌的欲望以外，再沒有其他追逐和累積物品的動機。現代工業社會在每個階段的累積過程中，隨時可見增進享受及免於匱乏的欲望，此即為動機；雖然滿足這方面能力的標準，常深受財力攀比習慣的影響。此項攀比在某種程度上，左右了謀求個人享受及舒適生活的方法和消費目標的選擇。

除此之外，財富所賦予人的能力也是累積財富的動機。人作為一名執行者，天性上喜好有目的的行動，並厭惡一切毫無建樹的努力，人類在脫離原始公社文化後，這種特性並未消失；當時公社文化的生活主軸，是個人與其生活所屬的族群呈現一種未曾計較也未曾分化的緊密結合。當人類邁入以掠奪為主的時期，狹義的利己就成為生活主軸，這項偏好一直伴隨著人類，成為形塑其生活方式的普遍特質。偏好成就及厭惡無成仍然是主要的經濟動機。偏好的轉變僅在於其表達的方式，還有主導人們行動的可能目標。在個人所有權的體制下，最能目測達成目標的可行方法是，藉著追逐及累積物品來完成；當人與人之間的利己對立已到了充分自覺的地步，追求成就的偏好——技藝的本能——就愈來愈演變成以在財力成就上超越他人為主的趨力。成功的高低，以與別人進行分出高下的財力比較來檢測，遂成為行動的世俗目標。現時被認可的合法努力目標，竟是與他人相比時處於優勢的成就；於是，厭惡無成的傾向竟在相當程度上和攀比的動機結合起來。這項結合，從財力成就的角度看來，對於所有的不足和所有處於劣勢的痕跡將予以堅決的排斥，會更加促進以財力博取聲譽的鬥爭。有目的的努力主要是指努力的方向或努力的結果，得有更令人欣佩的財富累積來表現。因此，在所有促使人類累積財富的動機中，永占鰲頭的就屬財力攀比的動機，從範圍之廣及強度之大而言，都當之無愧。

或許這段話有些畫蛇添足，本文在使用「分出高下」（invidious）這個詞語時，並不想對該詞語所描述的現象有任何的奉承或貶抑，也沒有讚賞或惋惜之意。該詞語在專門術語上，指的是人與人之間的一種比較，他們是根據彼此的價值或所值——從美學或道德角度——來為自己進行分等及分級，然後依此評定及確認彼此的滿足程度，這個滿足程度可來自於自身的感受或他人的感受。而分出高下的比較是人們對其所值進行評估的一種程序。

第三章

炫耀式的休閒

上一章提綱挈領式所陳述的這類財力鬥爭，如果在執行上沒受到別的經濟勢力或攀比過程中其它屬性的干擾，其立即的效果就是使人們勤奮及節儉。對於那些下層階級的人而言，他們獲取物品的手段通常就靠生產性的勞力，多多少少就會出現這種結果。這對一個以農為本、安土重遷社會的勞動階級而言特別真實，該社會的財產已有詳細的劃分，且其風俗及法律已保障這些階級或多或少擁有他們勤勞成果的確定份額。這些下層階級的人們無論如何都免不了勞動，所以勞動的這個污名並不會帶給他們太大的損傷，至少在他們階級內部並不以為辱。反倒是由於勞動乃他們所認可及接受的生活形式，他們以能在工作效率上出類拔萃而引以為傲，這通常是唯一能開放給他們攀比的底線。對於那些只能在生產效率及節儉方面進行獲取及攀比的人們而言，以財力博取聲譽的鬥爭多多少少會提昇勤奮及節儉的程度。然而，下文將論及在攀比過程中的某些次級屬性，會從幾方面來實質限制及調整攀比的進行，這不獨出現在財力處於劣勢的階級，即使是財力處於優勢的階級也一樣。

不過，這對財力處於優勢的階級而言，情況也不盡然如此，我們現在就要來說說。就這些階級而言，並非不存在勤奮及節儉的動機；但這項動機的作用受到財力攀比的附帶需求極大的約束，以致任何朝此方向進行的企圖，實踐起來都遭到壓抑，且任何勤奮的動機都顯得沒有效果。這些攀比的附帶需求中最具強制力、同時也是實施範圍最廣的一項，當屬不得從事生產性工作的要求。該項要求在文化處於蠻荒階段特別顯得真實。在掠奪型文化時期，男性的思維習慣中，勞動是和軟弱無能及臣服主子相連的。因此，勞動是卑下的符記，所以有地位的男性是不屑一顧的。拜這項傳統所賜，勞動被認為是足以降低品格的舉措，而這項傳統永不消失。剛好相反，隨著社會分化的演進，這項傳統由於古老及不容置疑的時效，遂取得其理自明的力量。

想贏得及維持人們的尊重，光靠擁有財富或權力是不夠的。財富或權力必須提出證據，因為唯有取得證據才享有尊榮。財富的證據不僅僅是讓別人對自己的權勢產生深刻的印象，及讓自己對權勢的意識保持活力和警覺，並且在營造和維繫本身的自我滿足方面的功能也不遑多讓。除了在文化處於最低階時期外，一個身心健康的人是要靠「高尚的環境」及免於「卑賤的職責」才能怡然自得和活得自尊。要是這個人被迫降低其慣常的身分水準，不論是從其生活的配套設施，或其日常活動的方式及數量來衡量，即使不在乎其友朋的毀譽，也是有損其尊嚴的。

上古時期對某人生活的態度所進行的低賤及高貴的區分，時至今日仍保有其強大的力量。這個力量之大，以致階級較高的人很少不對勞動的世俗形式抱著本能的厭惡。凡是我們忠維習慣中與卑賤服務有關連的職務，我們都特別給其安上某種儀式性的污名。所有品味高雅的人士都認為，傳統上由僕人所從事的某些特定職能，和精神的污染密不可分。粗俗的環境、簡陋（換言之，耗費不高）的住所、及一般的生產性職務勢必毫不猶豫的予以唾棄及避免。這些情事和追求精神層次上滿足的生活——及「高尚的思想」是不相容的。從希臘哲學家時代開始到現時為止，某種程度的休閒，和免於涉足類似供人類日常生活目的所需的生產性工序，一直被有思想的人認為是享受一個有價值，或美麗，或甚至是無可挑剔人生的先決條件。休閒的生活不論是就其本身及其後果而言，在所有文明人的眼中都是美麗和顯示高貴的。

這項休閒及財富的其他證據，其直接、主觀的價值，毫無疑問有很大一部分是具從屬性及衍生性的。有一部分反映了休閒的效用是作為贏得別人尊崇的一種手段，還有一部分是一種心理替代的結果。從事勞動已被視為位居弱勢的公認證據；因此勞動自然而然透過心理上的快速歸類而屬於具本質上的低賤。

在文化處於掠奪型階段，及特別是緊接其後、屬於準平易相處產業發展的初始階段，休閒生活是財力強度最順手可得與最具決斷性的證據，所以也是位居優勢的證據；只要這位休閒的紳士能始終過著明顯舒適及享受的日子就行了。在這個階段，財富主要的成份是奴隸，占有財寶及權勢所取得的利益，主要體現在人員的勞務和人員的勞務所直接製成的產品上。所以炫耀式的脫離勞動就成為有優越財力成就的公認符記，與博取聲譽的公認指標；而反過來說，因為從事生產性勞動是貧窮及臣服的符記，也就和在社會上享有的名氣格格不入。於是勤奮及節儉的習慣不是一律都受盛行的財力攀比所推動。恰恰相反，這類攀比是間接的不認同參與生產性勞動。從文化較早階段沿襲下來的古老傳統，一向視勞動為不合禮節，然而即使沒有這項傳統，勞動作為貧窮的證據，勞動遂不可避免的成為不夠光彩的。掠奪型文化的古老傳統，認為生產性辛勞不值體格健壯者一顧，理應退避三舍，而該傳統在生活態度從掠奪型往準平易相處型移轉時，不但沒被棄置，反而有所強化。

縱使有閒階級的制度不是隨著個人所有權的初次出現而同時興起，但透過依附在生產性勞務的不光彩壓力，有閒階級的制度無論如何都是所有權所產生的早期後果之一。值得一提的是，有閒階級在理論上固然打從掠奪型文化萌芽時就存在，但隨著文化從掠奪型過渡到緊接著的財力階段，這個制度有了一種全新及更充實的內涵。正是從這段時間起，一個「有閒階級」在實際上和理論上都是存在的。也正從該時點起，有閒階級的制度終於成形。

在掠奪型文化階段，有閒及勞動階級的真正區別，在某種程度上僅屬於一種儀式上的區別。體格健壯者戒慎的遠離一切據其理解屬於卑賤的苦役；但他們的活動實際上對該族群的生計頗有貢獻。緊接其後的產業準平易相處階段，通常是以具有確立動產奴隸制、牲畜群、以及放牧的奴僕階級而見稱；產業的演進，已發展到社會的生計不再依靠狩獵或其他可歸類為功動的活動型態。從此之後，有閒階級的生活特質就是炫耀式的免於一切有用的勞役。

該階級在其存活史上這段成熟期的正常及具特質的職務，與在其早期時的型式是非常相像的。這類職務有公職、戰士、娛樂界及神職。有些過度拘泥於複雜理論細節的人士，也許會堅稱這類職務仍然偶而及間接的具有「生產性」；可是目前問題的決定性重點在於，有閒階級之所以從事這類職務，其普遍性及表面上的動機，絕不是藉著生產性的辛勞來獲取財富的增加。政府部門與戰爭，在這個文化階段也和其他文化階段一樣，是為了那些側身其中的人謀求金錢利得而推動的，至少有一部分是如此；但這種利得是以擄掠及侵占的榮譽性手段來獲取的。這類職務是屬掠奪性而非生產性的工作。類似說法或可適用於狩獵，但也有點不同。當社會完全脫離狩獵階段後，狩獵逐漸分化為兩種性質各異的工作。一方面，狩獵是一種交易，主要為了利得而進行；從這一點開始功動這項元素已實質上不列入考量，或即使加以考量，也絕不到可洗刷追逐贏利勞動污名的地步。另一方面，狩獵又是一種娛樂——單純為了滿足掠奪性衝動的一種鍛鍊活動。如此一來，狩獵並不足以提供任何些許的金錢誘因，但仍多多少少保有明顯的功勳成份。唯獨後面這項狩獵的演進——不染一絲手工藝行業的氣息——才是值得豔羨的，並且列入已發育完成的有閒階級其生活方式之內也是恰當的。

遠離勞動不僅僅是一項尊貴或值得豔羨的行動，且在現時已成為具有身分地位的一個先決條件。在累積財富的早期階段，對財產作為博取聲譽基礎的主張是極其天真及迫切的。遠離勞動是公認的財富的證據，也因此是社會地位的公認符記；而這項對財富豔羨度的主張帶來對休閒更強烈的要求。事件引起注意的特點，正是事件本身的特點（*Nota notae est nota rei ipsicu*）。法規是依照人類天性中既定的法則，來界定這項公認的財富的證據，並使之在人的思維習慣中定位為公認的財富的證據本身，在實質上就有令人豔羨和提昇聲望的作用；而與此同時，生產性勞動循著相同的程序，便成為雙重意義上的毫無內涵價值。法規最終造成勞動在社會大眾的眼裡，不光是有壞名聲，並且就那些生而自由又高貴的人來說，是道德上的不可行，還有，勞動與有價值的生活是不相容的。

這類有關勞動的禁忌進一步產生了階級的產業分化後果。隨著人口密度日益增高，及以掠奪為業的族群成長為一個安定的產業社會，制定權責的機關及管轄所有權的風俗習慣，也因此擴大了其範圍和變得更具確定性。如此一來，僅憑簡單的擄掠以累積財富已行不通，還有，從邏輯的一致性而言，藉著勤勞來取得財富，對那些自命不凡及身無分文的人來說也同樣不可能。他們可做的另類選擇是行乞或窮困潦倒。大凡炫耀式休閒的規範能通行無阻的地方，就一定會冒出一個次要的，也可說是裝模作樣的有閒階級——窮途末路並過著寅吃卯糧、捉襟見肘的日子，但道德上又不能卑躬屈膝去逐利。這些享過榮華卻家道中落的紳士淑女，即使時至今日，卻也屢見不鮮。這種普遍對少許體力勞動所表達的不屑，在所有文明與及財力文化較低的民族中都已司空見慣。在那些習於舉止優雅而又感覺細緻的人當中，體力勞動所帶來的羞辱感，有可能強烈到在緊要時刻，甚至連為求自我存活而起的本能都會置之不理。例如，我們聽說過有些波里尼西亞的酋長受限於優美姿態，寧願挨餓也不願用他們自己的手把食物送進嘴裡。這種舉措或許是因為對酋長個人賦予了太多的聖潔或禁忌，至少有一部分如此，這確然是事實。這種禁忌有可能透過酋長的手來傳遞，也因此會使得所有被酋長的手接觸過的物品都不適於人類食用。可是，這種禁忌本身，就是由勞動的無價值論，或道德不相容性所衍生出來的；所以即使從這種意義來理解，波里尼西亞酋長的舉措，就遠比其首次出現時來得符合尊崇休閒之規定。有一個更好的例子，或至少是更不會引起誤解的一個例子，法國有位國王據說是因為道德上過份服膺保持優美姿態的規定而送命。這位國王在沒有侍從官在場情況下，坐在火爐前竟然毫不抱怨地忍受烈火的烘烤，使得他尊貴的軀體難以復原，而該侍從官的職責是移動其主子的座椅。然而，如此一來國王保住了其最神聖之軀免受卑賤之玷污。

要是重視生命甚於名譽，竟而喪失其生存的意義，是謂大愚。

（*Summum crede nefas animam praeferre pudori, Et propter vitam vivendi perdere causas.*）

前面已提過，本文所用的「休閒」這個詞並沒有懶慵或毫無作為的意涵。該詞所隱含的意思為非生產性的消耗時間。時間消耗在非生產性活動是因為：（一）認為生產性工作的無價值論，及（二）以此證明有足夠的財力來維持閒散的生活。但休閒紳士整個生活並非都在旁觀者的眼下度過，這些旁觀者會對尊崇的休閒美景留下深刻印象，並構成他理想的生活方式。休閒紳士的生活中必然有些時間不在大眾眼光底下，而這段私下消遣的時間為了維持其好名聲可要拿出令人信服的例證。他必須設法提出不在旁觀者眼光下仍度著休閒日子的證據。要做到這一點，唯有透過間接展示，某些在休閒時間所取得的有形且耐久的成果——類似我們所熟悉的，把受僱於休閒紳士的工匠及僕役為取悅主人所製作的有形且耐久產品展示出來一樣。

生產性勞動的耐久證據就是其製作的實物產品——通常為一些供作消費的物品。至於功動的耐久證據，同樣也可能並且通常會取得某些有形的結果，作為展示之用，像戰利品或擄獲物。發展到後來，常以配戴一些榮譽的徽章或動章作為公認的功動符記，並同時以此來顯示其所表彰的功動之數量或級別。隨著人口密度不斷增高，及人際間的關係愈趨複雜和頻繁，生活上一切的細節都得經過斟酌和選擇的程序；而戰利品的功用在這個斟酌程序上，就發展成一套級別、稱號、學位及動章的制度，最典型的例子像紋章的圖案、獎章及榮譽的飾物。要從經濟的觀點出發，休閒作為一種工作，是很符合功動生活的型態；這種以休閒生活為特徵及有其一定高雅標準的成就，與功動的戰利品有許多相同之處。但狹義的休閒，和功勳及任何表面屬生產性而惟其施力的客體沒有實際用處的工作有所不同，它通常不會留下實物產品。所以，休閒在過往表現的規範通常是以「非實物」物品的型態出現。這類過往休閒的非實物證據，有準學術或準藝術的成就及有關禮儀程序和突發事件的知識，這些知識對人類生活沒有直接的提昇作用。舉例來說，我們現時就有棄而不用的語言及玄學的知識；有關正確拼字及讀音的知識；有關造句及韻律學的知識；各類地方性音樂及其他家計藝術的知識；有關時尚服裝、傢俱及陳設的知識；有關遊戲、運動、及飼養動物諸如家犬、賽馬秘訣的知識等。在所有這些品類眾多的知識中，最初之所以汲取和由此蔚為時尚的動機，也許和以此展示某人的時間不是花在辛勤工作的想法大相逕庭；但除非這些成就業經自我證實，可當作非生產性消遣時間的證據；否則很難存留下來，並占有作為有閒階級公認成就的一席之地。

從某種意義來說，這些成就或許可歸類為學養的科目。但除了這種意義並且超出這個範圍之外，社會上有更多的事例指出這些成就已從學習的領域，逐漸溶入肢體習慣及靈巧技術的領域。這就是一般所謂儀態及教養、禮貌談吐、禮節和正式及儀式的禮數。這一類的情事更得立即且強制性的供人觀察，也因此，這些成就愈來愈廣泛和硬性的被認定是達到可敬的休閒程度之必須證據。有一點值得一提的是，所有被歸類為儀態這個大項目下的儀式性禮數，在人們的尊榮上占有很重要的地位，這情形在文化發展處於以炫耀性休閒作為博取聲譽符號的時尚之階段，比其在往後的階段來得嚴重。一位產業準平易相處時期的蠻荒人，在涉及禮節方面，是出了名的有教養紳士，僅比稍後時期的極端做作之士遜色。確實，眾所周知或至少是業已相信，社會自脫離父權制階段以降，儀態已日漸敗壞。許多老一輩的紳士，對於連現代工業社會的較佳階級，都顯現缺乏教養的儀態及舉止而感慨萬千；而在所有多愁善感人士的眼中，勤奮階級本身儀式性規範的敗壞——或是另一種稱謂：生活的庸俗化——已成為晚近文明主要暴行之一。這些規範敗壞在終日忙碌的人手上——置所有反對聲浪於不理——印證了一個事實，禮節是有閒階級生活的一項產物及一種象徵，且惟有在講究身分的制度下才得以蓬勃滋長。

儀態的起源，或稱儀態的出處更為恰當，毋庸置疑，沒有比從那群舉止優雅而孜孜不倦的在履行以顯示其儀態是花時間學來的人身上，看得最清楚。這種創新及精緻立即可見的目的，是著眼於就美觀或表情而言，新的出發點有較高的效率。禮貌談吐的儀式規範之所以萌芽及成長，很大一部分是來自於想要博得好感或展現善意，一如人類學者及社會學者所慣常推論的那樣；而這項動機在往後發展的各個階段裡，幾乎都出現在那些舉止優雅之人的行為上。我們聽說，儀態有一部分是屬精心規劃的姿勢，而有一部分是象徵性及約定俗成的遺風，代表著過去優越地位、或個人經歷、或個人閱歷的舉止。其中大部分都屬講究身分關係的顯露——一方面是主宰及另一方面是臣服的象徵肢體動作。現時，凡所崇尚的生活方式，是以掠奪型思維習慣及因而形成主宰和臣服的處世態度為特徵的地方，必然極端重視繁文縟節，並且在戮力遵守等級和稱號的儀式性禮數方面，與準平易相處遊牧文化蠻族所制定的理想相近。某些歐洲大陸國家正提供此類精神遺風的良好例證。在這些社會裡，其對儀態的推崇已到了當作內涵價值的地步，就如同遠古典型之類似態度，將之視為尊榮。

禮儀在開始原是一種象徵及肢體動作，並且唯有在作為其所表彰的事實及品質之象徵才發生作用；但現時禮儀已因人們在交往中，普遍忽視其所象徵的情事而變質。此時此刻在大眾的理解裡，儀態本身就具有實質的作用；儀態取得一種神聖的特性，很大程度上與其當初預想的事實無關。乖離禮儀規範已打從人內心裡厭惡，而良好的教養在日積月累的薰陶下已不僅是人性優越的外來（adventitious）符記，還是人類有價值靈魂的一個整體面貌。沒有比冒犯禮儀更能激起我們本能的反感；並且只要我們將遵守成規的儀式性禮數賦予具有內涵效用這方面有所成效，少有人能分清不守成規的犯行和冒犯者所體現令人不齒的感覺之差別。不守誠信尚可寬恕，不守成規則另當別論。「儀態塑造一個人」。

尤有進者，當實踐者和旁觀者都覺得儀態具有此項內涵效用的時候，禮儀，此項內在正當性的感覺，僅是儀態及教養蔚為習尚的近似基礎。另一種隱而不顯的經濟基礎可是來自將時間上和精力上用於休閒或非生產性這種尊貴的特質，少了時間和精力的投入就得不到好的儀態。良好身段的知識和習慣唯有經由長期不間斷的運用才能成形。精緻的品味、儀態及生活習慣是有涵養的有力證據，因為良好的教養需要時間、實踐及開銷，也因此不是那些時間及精力都消耗在幹活上的人們所能企及的。良好身段的知識是種眼見為憑的證據，足示那些優良教養的人，將其不被旁觀者審視的那段時間，花在獲取這種無利可圖的養成上是值得的。分析到最後，儀態的價值就在於其作為休閒生活的見證。所以，反過來說，正因休閒是以財力博取聲譽的公認手段，多少也得嫻習禮儀是所有企望在財力上有點身分的人該盡的義務。

不在旁觀者審視之下過著尊崇的休閒生活有多少可用來提昇聲譽，端看其能留下多少有形的顯著成果，這些成果可作為證據也可用來衡量，並與相爭者為追逐聲譽而展示的同級成果作比較。此類效果中有幾項，像展示雍容的儀態及風度等等，是來自單純的堅持遠離勞作，即使在那種與勞作沾不上邊的場合仍故意營造一種養尊處優的富裕及主宰氛圍。特別是，這種休閒生活經過幾世代的沿襲後，會給人類的形態留下持續而又能察覺的影響，至於個人的氣質及舉止所受的影響更有過之而無不及。但所有從休閒生活潛移默化而成的身段，及一切藉由被動習染而擁有的禮儀嫻熟度，如還有進一步改善的空間，那得對尊崇的休閒符記念茲在茲並且汲汲營營的去爭取，然後將這些免於勞動的外來符記，以嚴格及系統性的鍛鍊來表現出來。說白一點，要是有人能在這個時候全力以赴且不惜工本的去爭取，會在熟悉有閒階級禮數的應對上更上層樓。反過來說，嫻熟之程度愈高及浸淫在那些不會產生利益或沒有直接使用價值的禮數之證據愈明顯，就愈意味著花在這上面的時間及物質愈多，乃至其所贏得的名聲愈好。職是之故，為了突顯自身良好的儀態，就得忍受養成禮儀習性所耗的心力；於是禮儀的種種細節就演進為一種綜合性鍛鍊，任何人如想維持令譽必須予以遵守。由此之故，在另一方面，炫耀式的休閒漸漸形成品行上的辛勤操練及品味的培養並具有識別能力，像何種消費物品是合乎禮節的，還有如何消費這種物品才算中規中矩。禮節是這種炫耀式的休閒一個分系。

有關這點值得一提的是，經由用心的模擬及有系統的操練，會造成個人及儀態出現病態及其他怪癖的可能性，而這種可能性已造就了一個有文化涵養的階級——通常帶有極其歡樂的效果。循此，為數不少的家道中落家庭及世冑，藉由俗稱裝腔作勢的過程，越級進化成系出名門及有大家風範。這類越級的系出名門，起著構成有閒階級人口的作用，所帶來的結果，實質上絕不比那種花在財力禮節的訓練上時間長些但刻苦程度差些的人來得差。

尤有甚者，就合乎禮節的消費手段及方法而言，還要與新近崇尚的繁文縟節規定之相符的程度進行衡量。人與人在符合這些規定的理想程度上，所顯示的差異是可予以比較的，於是根據儀態和教養的遞增刻度，就可進行某種精確及有效的評等和排序。通常該項聲譽的授與是值得信賴的，這是根據候選人在相關事務上符合公認的品味規範程度，不會特意在乎任何候選人的財力排行或從事休閒的程度；然而，授與聲譽所據的品味規範是一直服從於炫耀性消費的法則，實際上也一直在進行修定和變更，以更符合該法則的要求。所以，區分等級的最近理由也許屬於另一類型，但通行的原則及良好教養的永恆測試，所需的是實實在在和清清楚楚的在揮霍時間。在該項原則範疇之內，或許有些細節變化幅度頗大，但都屬於形式和表達上的，實質上的變化則一點都沒有。

許多日常交往的禮貌，當然是一種關懷及善意的直接宣示，並且人類行為的這項元素，大都毋需回溯到任何強調博取聲譽的背景，來解釋其存在或其所以得到認可的理由；但這句話用在禮節的規範上就不對。禮節的規範是地位的宣示。任何一位細心觀察的人都很清楚，我們對卑賤者及其他在財力上得仰賴別人的弱勢族群，所持的態度是一種屬於優勢地位者所持的態度，只是通常它是透過大量修飾、軟性來呈現，不復原來赤裸裸霸氣的宣示。同理，我們對強勢族群，且在很大程度上對同級的態度，都多多少少表現出一種老於世故的謙卑。目睹那些心性高傲的紳士及淑女不可一世的表情，印證了其經濟環境是如何的優渥及獨立，並且同時散發一種令人覺得這才是正確及優雅的說服力。正是在這個既無更優又少匹配的最高層有閒階級裡，禮儀才有其最完備及成熟的伸展；也唯有這個最高階級才能賦予禮儀一種確定的形式，以作為下層階級舉止的規範。也就是在這個最高階級裡，最明顯的準則是一種講究身分的準則，並且最清楚地顯示與所有庸俗生產性勞動的格格不入。一種天賦神授的自信及頤指氣使的高傲，似乎這個人已習於別人的奉承及不計任何後果，是至高無上的紳士與生俱來的權利及準繩；而這種身段在大眾的理解上又更上層樓，因為這種身段已被視作身價不凡者內在的屬性，出身低微的平民在其面前都樂意臣服及退讓。

一如前一章所指出的，所有權的制度始自對人身的所有權，主要是對婦女人身的所有權，是於理有據的。獲取該項財產的誘因顯然是：（一）一種主宰及壓迫的偏好；（二）這些人可作為證明擁有者的勇武之效用；（三）這些人勞役的效用。

人身勞役在經濟發展上占據一個特殊的地位。在產業準平易相處的階段，以及特別是該籠統階段範圍內的產業發展初期，人身勞役的效用似乎是一般獲取人身財產的主要動機。奴僕是以其勞役來計價。但這項動機具主宰性，不是由於奴僕另兩個效用的絕對重要性在下降。反而是生活環境的變遷，加重了奴僕排序在最後這項目的的效用。婦女及其他奴隸以其作為財富的證據和累積財富的手段而獲得很高的計價。如果這個部落是以農牧為主，他們和牲畜一樣屬於普遍的逐利投資模式。女性奴隸在準平易相處文化階段裡，某種程度上負起經濟生活的重任，有時甚至是生活在此文化階段之民族的一個價值單位——例如在荷馬時代*就是如此。凡在這種情況下，必然出現的是勞動制度奠基在動產奴隸以及一般都是奴隸的婦女上。在這個制度下，人與人最重要而又普遍的關係是主人與奴僕的關係。被公認的財富證據是擁有許多婦女，現在還要加入那些負責服侍主人及為主人生產物品的奴隸。

勞動分工此時已經流行，提供私人服務及服侍主人成為部分奴僕的專職，至於那些全職投身於生產工作的奴隸，就愈來愈和他們的主人沒有直接關係。與此同時，那些專司私人服務，包括家居職責的奴僕漸漸免於為獲利而進行的生產性勞動。

這項免於從事一般生產勞動的漸進過程，通常從妻妾或元配開始。當社會進步到以安土重遷為生活習慣後，從敵對部落掠取妻妾已不能作為慣常供給的來源。在文化已進步到這個階段的社會，元配通常具有高貴的血統，也正因這項事實遂加快了元配免於世俗勞動的進度。這個高貴血統概念所源自的風俗，以及其在婚姻制度的演變上占有何種地位，無法在此討論。為了當下的目的，只須說明高貴的血統，是以長期接觸累積的財產或一直享有特權，才逐漸成為高貴的血統。擁有這種經歷的婦女是眾人渴望的婚姻對象，因為一來可與其有權有勢的親戚結為聯盟，而且承

*譯者按：希臘詩人荷馬的時代，約在公元前九世紀。

襲了豐厚物品及巨大權勢的血統，就帶來超值的感受。然而她仍將是其丈夫的動產，一如在未成交前她是父親的動產那樣，只不過她同時擁有她父親高貴的血統；因此，要是她親自從事有損身分的勞動，如同與她同類的奴僕一般，在道德上就與其身分不符。無論她是如何的順從其主人，也無論她在社會的階層上，由於她的性別而比男性成員低下，系出名門是可以傳衍的原則，總會令她高於一般的奴隸；並且這項原則一旦取得一種約定俗成的權威後，必在某種程度上令她享有休閒的特權，而休閒是系出名門主要的符記。受助於系出名門可以傳衍的原則，只要其主人的財富支付得起，元配免於勞動的範圍就得以擴大，這包括免於有損身分的卑賤服務及手工勞作。隨著產業持續的發展，財產就愈集中在愈少人的手上，上層階級的公認財富標準也水漲船高。正如免於手工勞作隨著時間推移而擴展到免於卑賤家居勞役的趨勢那樣，這種情形一定會延伸到其他妻妾，如果有的話，然後再擴及其他直接侍奉主人個人的奴僕。奴僕與主人私人所處的關係愈疏遠，則這項免於勞役就愈晚到來。

要是主人的財力情況支付得起，則對這種私人服務愈是重視，一種私人或貼身奴僕的特殊階級就應運而生。主人作為價值及榮譽的化身，其舉手投足皆至關重要。一是為了其在社會上顯赫的地位，另一是為了其自尊，擁有隨喚隨到的專業奴僕就是一件大事，這些奴僕對主人的服侍是不能受其他閒差干擾到他們主要的職責。這些專業奴僕用以展示的效果比實際提供服務的功能來得多。只要他們不僅是用來展示才被蓄養，他們就得討好其主人，主要得滿足主人發揮主宰的偏好。照顧日益增加的家庭用品也許確實需要添增勞力；但這些用品通常是作為博取聲譽的手段多於作為享樂的工具來添置的，因此奴僕用在這方面的份量不會很重。所有這類的勞役效用可以經由大量更專業化的奴僕來提供。如此一來，就形成家居與貼身奴僕不斷進行分化和衍生的結果，這類奴僕就漸漸地免於生產性的勞動。他們服侍的本質本是作為主人負擔得起的證據，因此這類家居奴僕所任的職責經常有愈來愈少之勢，最終他們的勞務徒剩一個虛銜。那些最接近、最受主人召喚的奴僕更特別如是。因此，這些奴僕的效用很大一部分包含在炫耀其免於生產性勞動上，並且藉著這項豁免足顯其主人的財富及權勢。

僱用一批負責特殊任務的奴僕以彰顯炫耀式休閒的態勢，這種做法有了顯足的進步後，男性從事這項非得亮相的服務，比婦女更受歡迎。男性，特別是體格健壯、外貌俊俏的小伙子，像充當跟班及其他賤役所應具備條件的人，很明顯要比婦女來得有權威及花費更高。在展現出更浪費時間及更耗費人力的方面上，他們顯得更能勝任。於是在休閒階級的經濟體系裡，早期父權制下忙碌的家庭主婦及其辛勞的女傭，現在搖身一變而成貴婦及其隨扈。

在所有的生活等級和生活方式，及在經濟發展的任何階段中，貴婦及其隨扈的休閒與紳士當享的休閒有所不同，她們的休閒是一種表面上看來屬辛勤勞動的職責。這項職責很大部分是以盡心盡力聽侯主人的差遣，或維護及精心製作家居的行頭這種形式出現；所以，這項職責所謂的休閒，指的是這個階級很少或不須從事生產性勞動，並非意謂免於所有勞動的參與。貴婦或家居或家事奴僕所肩負的責任往往是夠費力的，並且她們所要致力達成的，就是那些被認為對整個家庭的舒適有極端必要的結果。只要這些勞務有助於主人或家庭其餘成員的身心舒暢，都被算作生產性的工作。唯有在減去這類效率性工作後所剩餘的任務，才被歸類為休閒的表現。

但在現代日常生活中被列為家居管理的大部分勞務，及文明人過得舒適所必需的許多「效用」，實際上都具儀式性質。於是，將這些勞務歸入本文在此所意謂的休閒表現，這個詞是恰當的。縱然這些服務主要或完全都屬儀式性質，但從活得恰如其份的觀點來看是絕對必要的；這些服務甚至是私人舒適的要件。既然這些服務沾上了這項儀式性質，就是絕對和必要的，因為我們已被責成非有這些服務不可，否則就是犯了儀式上的瑕疵或有失分寸。少了這些服務我們就覺得不舒服，並不是因為少了這些服務會直接帶來身體上的不舒適；在尚未養成一種區別習俗的好與壞之品味時，沒有這些服務也不會心生怨忿。既然如此，花在這些服務上的勞動就可被歸類為休閒，並且要是這些服務是由別人來執行，而非該家庭中經濟方面寬裕自如又能自行定奪的戶長親自操作的話，就可歸類為越位休閒（vicarious leisure）*。

這種由家庭總管督導家庭主婦及僕役所進行的越位休閒，經常演變成苦役，尤其當名聲競逐處於接近且激烈時，更是如此。這種情形在現代生活中可是司空見慣。一旦這種情形發生，這些構成奴僕階級職責的家事勞務，也許稱為虛擲的勤奮要比越位休閒來得恰當。然而越位休閒這個詞的好處，在於指出此類家事職務何所出，並形簡意賅的展現此類效用的實質經濟基礎，因為這些職稱的主要作用，是藉此將財力名聲歸諸於主人或其家庭，那可是要有相當數量的時間與精力、炫耀性的虛擲在這個名目上才能如此。

這樣一來，又有一個附屬或衍生性休閒階級興起，其職務是為了正牌或合法的休閒階級之名聲而從事越位休閒，這類越位休閒階級與休閒階級本身的差別在於其生活態度的特性。主人階級的休閒至少在表面上屬於一種耽於好逸惡勞的癖好，且認為如此才能增進主人自身福祉及生活的美滿；而奴僕階級免於生產性勞動的休閒類似一種強加於他們的舉止，且一般來說或主要並不是為了其自身的享樂。奴僕的休閒不是其自己的休閒。只要他是名正言順的奴僕，且同時又不是休閒階級本身較低層級的一員時，其休閒一般是美其名為專業化服務，以提昇其主人生活的美滿而渡過的。這種從屬關係的明證，可見諸於該奴僕的身段和生活態度上。在漫長的經濟階段裡，類似情形也常發生在妻妾者身上——換言之，只要家庭依然由男性當權，她們在這期間主要的身分仍是奴僕。為了滿足休閒階級生活方式的需求，奴僕不僅要展示臣服的態度，而且還得發揮經過臣服的特殊訓練和實踐的效果。奴僕或妻妾不僅要執行特定的職責，及展示卑躬的身段，而且還必須展露在臣服技巧上所應有的手段——一種經調教能符合有效用及炫耀性臣服規範的表現。即使在今日，這種在卑屬關係上正式體現的素質，以及所習得的技巧，仍是構成我們高薪聘用奴僕的主要效用元素，也是教養有方的家庭主婦的主要裝扮之一。

一名好奴僕的第一要件是必須懂得炫耀他的身分。光曉得如何達到特定要求的制式效果是不夠的；他必須懂得以適當的形態來達到這些效果才重要。家事勞務與其說是一項制式功能，不如

＊譯者按：該詞也可譯成代位休閒，但考慮到執行休閒者的身分不一而足，往後還包括神職人員，故此處以越位休閒來彰顯其炫耀的程度。

說是一項心靈功能。一套精緻的良好形態制度，尤其在規範奴僕階級執行這類越位休閒的儀態方面，遂日益成形。任何違反這些形態的規範皆要避免，倒不是因為這種違反見證了制式效率的不足，或甚至披露了缺乏卑躬屈膝的態度和表情，而是因為分析到最後，會顯露出奴僕欠缺特殊的調教。進行私人服務方面的特殊調教是既費時又耗神的，每當私人服務有高水準的表現，無異說明擁有這項才能的奴僕，不是現在就是以前都未嘗從事過任何生產性工作。這是溯及既往的越位休閒其眼見為憑的證據。因此，調教過的服務所帶來的效用，不限於迎合主人喜愛美好精湛工藝之天性，以及其炫耀性支配那些以事奉主人而活的人們之偏好，比起僅由未經調教者當下所呈現的炫耀性休閒，還兼具擺出了這要消耗更多人力服務的陣勢。假如一位紳士的總管或馬夫，以不合規範的方式來打理其飲食或出入，以致意味著這些人日常的職責或許就是耕犁或放牧，可就夠苦惱的了。出現類似粗拙的舉措，就暗示主人在取得受過特殊調教的奴僕服務時，能力上有所不足；換句話說，這暗示主人沒有財力花費在需要消耗時間、精力及指示來完成適當調教的奴僕，即為了提供特殊服務而以嚴格規範所調教的奴僕。如果奴僕的表現指出其主人缺乏這方面的手段，就與其服務的主要實質目的相違；因為奴僕的主要用處，就在於能提供主人有財力支付的證據。

或許有人認為剛才所說的，意味著一個調教不足的奴僕的壞處，是在直接暗示不夠奢華或實用性強，那可就不對了。其中的關聯沒有那麼直接。此處所說的情況到處都會發生。凡是在一開始有理由讓我們認同的事情，到現在還是會讓我們感到稱心的；這種事情已在我們思維習慣上被定位為對。但任何特定行為準繩想要維持其能盛行不墜，就必須繼續受到人們習慣或癖好的認可，至少不能和這些習慣或性向格格不入，正是習慣或性向造就了行為準繩演變的常規。越位休閒的需求或炫耀性服務的消費是蓄養奴僕的主要動機。只要這項事實存在一天，毋須多加討論，就可設定任何違反眾所認同的常例，像刪減服務的見習時間等，就會被視為難以忍受。對昂貴越位休閒的需求，間接的、有選擇性的造成引導我們品味養成的作用——對於這些服務，養成何者才算是正確的判斷力——也因此透過不認可來清除不符規範的違背狀況。

隨著一般公認的財富標準不斷的提高，擁有及利用奴僕作為展示奢華的手段也經歷一番改進。擁有及蓄養奴隸用於物品的生產，固然宣示財富及勇武，但蓄養奴僕卻不從事生產更能宣示較高的財富及地位。在這項原則下遂興起了一個奴僕階級，奴僕人數愈多愈好，他們的唯一職責就是枯等其主人的使喚，並以此證明主人有能力耗用大量的勞務在非生產性活動上。伴隨而來的就是奴僕或隨從人員之間的分工，這些人一生都花在維護休閒紳士的榮譽上。於是，有一群人為主人生產物品，另一群人通常由其妻妾或元配領著，替主人消費炫耀式的休閒；從而證明主人有能力支應大量的財力耗費，而無損於其優越富裕的地位。

有關家事服務的演變及本質，這項帶有某種理想化及輪廓式的概述，在某個文化階段中最接近事實，本書稱之為產業的「準平易相處」階段。該階段的私人服務首次在經濟制度上占有一席之地，也正是在該階段，這項服務在社會的生活方式中佔有舉足輕重之勢。就文化的演變順序而言，準平易相處階段是後於掠奪式階段，該兩個階段形成蠻荒生活的相連狀態。準平易相處階段的特徵就是一種對和平及秩序的形式上尊重，可是在此同時，此階段的生活仍充滿高壓統治及階級對立，很難配稱為完整意義上的平易相處。為了許多目的及從有別於經濟的觀點來看，該階段或許可稱為講究身分的階段。人類關係在這個階段的處理方法，與人類在該文化水準的精神面貌，都足以用此詞句概括起來。可是作為一個敘述詞句，要刻劃通行的勞動方法，並且指出在經濟進化到這個時點的技術發展趨勢，「準平易相處」這個詞句似乎更為討喜。若就西方的社會文化而言，這個經濟發展狀態或許已成過去，除了為數極少但卻非常顯眼的部分成員仍囿於蠻荒文化特有的思維習慣而不能自拔者。

私人服務仍然是躋身經濟權貴的一項元素，特別是涉及物品的分配及消費方面更是如此；然而即使在這方面，其重要程度比起以往仍毫無疑問的相對遜色。這種越位休閒發展的極致是在過去而非現在；並且其目前表現最佳的，僅見於上層休閒階級的生活方式中。現代文化尚能保有遠古文化水準的傳統、慣例、及思維習慣，以其廣受接納及歷久不衰觀之，真多虧了這個階級。

在現代工業社會裡，供作日常生活的舒適及方便之用的機械裝置已高度發展。其發展的程度確實已多到很少有人雇用貼身奴僕，或任何形態的家事奴僕，除了基於遵守早期慣例所傳留的家風這個理由。唯一的例外，就是那些雇來照顧家中患有身心俱疲及神智不清者的奴僕。但，這類奴僕其實歸於訓練有素的護士，要比歸於家事奴僕這頭銜來得恰當，因此，這類奴僕是上述通則的表面例外並非實質例外。

舉例來說，今日的小康家庭蓄養家事奴僕的最貼切理由，（表面上）是家庭成員若要完成維持一個現代家庭所需的工作，將必然有不便之處。而家庭成員之所以不能完成這些工作的理由則是：（一）他們有太多的「社會責任」，及（二）所要做的工作太過繁重並且也太多。這兩個理由或許可以換個方式表達如下：（一）在強制的禮法下，這類家庭的成員其時間及精力必須在表面上全用於炫耀式休閒的實踐上，其方式是出訪、駕車、參與俱樂部、從事義務縫紉、出席文娛活動、加入慈善組織及其他類似的社會功能。那些將時間及精力耗在這類事務的人士私下招認，出席這些所有的儀典慣例，及偶發性需注意服裝及其他炫耀性消費的場合，非常令人厭煩卻無從迴避。（二）在滿足物品炫耀性消費的要求下，生活的道具，像體現在住宅、傢俱、古玩、服飾及餐飲各方面都變得如此精緻及繁複，以致在享用這些事務時，沒有別人的幫助很難達到動靜皆禮節的要求。對一家之主而言，與雇來協助其滿足禮節上例常工作的人親身接觸，通常都是不愉快的，但為了支使他們分擔這類繁重的消耗家庭物品的工作，就得忍受他們的存在並付工資給他們。家事奴僕的存在，及貼身奴僕這個特殊階級令人側目的存在，是以犧牲身體的舒適來換取財力禮儀的道德需求。

現代生活中越位休閒的最顯明表現，是在所謂家事職責上。這些職責很快成為一種展示服務，不完全只是為一家之主的個人名聲，反而是為了一個家庭的名聲來進行的服務；一個家庭被視作一個全體的單位——家庭主婦是其中的一份子且擁有表面上平等的立足點。只要這個如此運作的家庭一旦背離其遠古的婚姻所有制的基礎，這些家庭職責自然就脫離原始意義上之越位休閒的範疇；除非這些職責是由受僱的奴僕來執行。也就是說，因為唯有建立在講究身分或雇用勞務的基礎上，才可能有越位休閒，講究身分關係在任一時點的人類交往中絕跡，隨之而來的大部分生活也就沒有越位休閒。但，有一點要補充的是，作為這項限制條件下的限制條件是，只要這個家庭存續下去，即使戶長的權力已分散，這個為家庭名聲服務的非生產性勞動階級，仍應歸類為越位休閒，雖然意義上已有點變化。此時的休閒是為了準私人的全體家庭服務；而不像從前，是為了家庭的有產戶長服務。

第四章

炫耀性消費

上一章在說及越位休閒階級的演進及其與勞工階級總體之間的區分時，已提到進一步的分工——各種不同奴僕階級之間的分工。一部分奴僕，主要是那些職能屬越位休閒的人，遂從事一種新的附屬性職責範圍——對物品的越位消費。該項消費最明顯的型態是見諸於身穿特定服飾（livery）及坐享廣大的奴僕住處。另一種越位消費的型態，其強制性及功效和前面不相上下，卻更為廣泛普遍流行的，就是貴婦及家庭其餘成員在食物、衣著、住所、及傢俱上的消費。

但早在貴婦的角色出現前的某一個經濟演進點，以專業化的物品消費作為財力證據，已開始形成一個稍為精緻的體系。消費上分化的萌芽，甚至比任何可稱之為財力強度的出現來得早。這種消費上的分化可回溯至掠奪型文化的初始階段，並且有人甚至認為這方面的最初分化，遠在開始有掠奪型生活時就存在了。這種物品消費的最原始分化，和後來我們眾所熟悉的分化相似，那就是大都屬於儀式性質，而與後者不同之處，在於原始的分化不是基於累積財富的差異上。以消費的效用作為財富的證據，可歸類為一種衍生的成長。這是透過一種選擇性的程序來適應一種新的區分目的，人類的思維習慣中早就存在並且編列好這類區分。

在掠奪型文化的早期階段，唯一的經濟分化是一種泛泛的區分，一邊是以健壯男人組成的榮譽優勢階級，另一邊是勞動婦女的卑賤弱勢階級。按照當時所實行的理想生活方式，男人的職能就是消費婦女所生產的東西。婦女唯有在工作時才附帶奉上此類消費；這是讓其繼續勞動的手段，並非直接為了其自身的享受及生活美滿而進行的消費。非為生產而進行物品消費是榮耀的，最初是作為勇武的符記及人類尊嚴的獎賞；後來消費本身就變成實質上的榮譽，特別是對令人嚮往事物的消費。享用精美的食品，通常還包括稀有的飾品，都成為婦女及兒童的禁忌；並且如果存在一個男性卑賤（奴役）階級，進行這類物品的消費也是他們的禁忌。隨著文化的進一步提昇，此項禁忌或許變成多多少少是有點嚴格特性的風俗；但，無論維持這種區分的理論根據為何，也不管這是一項禁忌抑或是一種廣為接受的慣例，這種沿襲已久的消費體系所具有的特質不易改變。當步入產業準平易相處的階段，動產奴隸制是其基本型式，一般或多或少得嚴格遵守的原則是，卑賤、辛勞的階級只能消費其維生所需的物品。奢侈品及生活享受屬於休閒階級是理所當然之事。有了這些禁忌，有些特定的食品，尤其是有些特定的飲料乃專為優勢階級所用。

飲食在禮法上的區隔就以麻醉性飲料和麻醉劑的使用表現得最淋漓盡緻。如果這類消費物品的價格不菲，更令人覺得此物高貴不凡及備覺尊貴。因此，卑賤的階級，主要是婦女，在有關這些興奮劑的使用上是謹守分寸的，除非是在那些可以極低價格取得此類物品的國度才有例外。自遠古時代以降，貫穿整個實行父權制的時期，準備及保管這些奢侈品屬婦女的職責，享用這些奢侈品則是出身名門及受良好教養男士的犒賞。所以，無節制使用興奮劑，而造成酩酊醉態及其他病態的後果，反而成為無比尊貴、並進而作為那些足以從事這種放縱行徑之人優越地位的符號。由於過度放縱所帶來的虛弱，在某些民族竟被公認為男性的特質。甚至曾發生把某些肇因於此的身體染病狀況名稱，當作日常用語「高貴」或「優雅」的同義詞。這也只是在文化相對早期階段，才會將奢華惡習的症狀視作優越地位的符記，並進而衍成美德及博取社會的尊崇；但這種附著在特定奢華惡習而享有聲譽的效用竟延續得夠長，以致能稍為減輕一般對富有或高貴階級男士從事任何過份放縱行徑的非難。而正是那帶歧視性的區分，遂加重了對同時期婦女、未成年人及弱勢族群涉足任何放縱行徑責難的力度。這種帶歧視性、而又淵源留長的區分，甚至在今日較為進步的民族裡並沒喪失其力度。凡是有閒階級所立下的範例，對習俗規範仍具強制力的地區，尚可觀察到大部分的婦女對興奮劑的使用，還遵守著傳統的分寸。

這項對有聲望階級的婦女在使用興奮劑上更謹守分寸的刻劃，也許在邏輯上有過度修飾致違反了常識。不過任何關心此事的人，都很容易發現婦女較為節制的部分理由，可歸因於強制性習俗的各種事例；而這項習俗大體上在父權制傳統——婦女是一項動產的傳統——愈是根深柢固的地方就愈有強制性。即使在某種意義上，這項習俗所涵蓋的範圍及執行的嚴度已大為改善，但絕不意味其已失去原意；這項傳統認為婦女作為一項動產，理應只能消費其維生所需——除非其進一步的消費有助於其主人的享樂或贏得好名聲。說得真實點，奢侈品的消費是一種為了消費者自身的享樂所做的消費，也因此是身為主人的符記。別人要想從事任何類似的消費唯有經過主人的容許。在大眾思維習慣深受父權制傳統箝制的社會裡，我們還看到對奢侈品的禁忌餘緒，至少某種程度上，對不自由及從屬階級在使用奢侈品時，有習俗上的責備。這情形在使用特定的奢侈品時更特別如此，從屬階級若使用這類奢侈品會相當挫損其主人的舒適或情趣，再不然會基於其他的考量而質疑此舉的合法性。在西方文明大部分保守中產階級的觀念裡，使用這些形形色色的興奮劑是違背上述兩項，或至少是其中一項理由而遭到厭惡；並且有一件不容忽視的事實是，這種觀念在日耳曼文化的中產階級裡，夾著其殘存的強烈父權制禮節意識，認為婦女要盡量地受制於麻醉劑及酒精飲料的享用資格的禁忌。經過許多的修正——隨著父權制傳統的日漸式微，修正的次數也就愈多——作為正當及具約束力的普遍法則是，婦女只應為其主人的福祉而進行消費。當然，持反對論者會認為，花在婦女服裝及家居行頭的開銷，是該通則的一個明顯例外；然而，到頭來，該項例外在表面上卻比實質上來得強。

在經濟發展的早期階段，毫無節制的物品消費，尤其是較高等級的物品消費——觀念上大凡超出維生最低需求以外的消費——通常都歸於有閒階級。及至經濟進入稍晚的平易相處階段，配合著物品的私人所有權及奠基在工資勞動或小家庭經濟實體的產業體系，這項消費上的限制才漸趨消失，至少形式上是如此。但在經濟處於早期準平易相處階段，許多傳統尚在形成及鞏固當中，而有閒階級的制度正是藉此來影響往後的經濟生活，該項限制原則已具有一種慣例法律的效力。此項原則已成消費所必須遵守的準則，任何稍微違背此原則的行動，就被視為大逆不道，在其往後的演進過程中，遲早會被泯除於無形。如此一來，準平易相處的有閒紳士，不僅生活的用度要超出維生及體能所需的最低限額消費，且還要就所消費物品的質量，達到一個專業化的消費水準。他在食物、飲料、麻醉劑、住宅、服務、裝飾、用具、武器及裝備、娛樂、護身符、和偶像或神祇上的消費，是無限制並且是最好的。在其消費的物品上所進行的逐步完善過程中，創新的動機原則及其最近目的，無疑著眼於改良過及更精緻的產品，以滿足個人享樂與幸福方面的更高功效。但更高功效並不是其被消費的唯一目的。

符合博取名聲的規範是現成的目的，還有追逐此類的創新，就是要讓取得的名聲，根據標準一直沿續下去。因為消費這些更優質的物品是一種擁有財富的證據，於是，這種消費是值得尊崇的；但相反的，不能適量及適質的消費就成為下賤與罪過的符記。

這種日益在飲食等方面進行品質優良與否的吹毛求疵式辨識，現時不僅是左右了有閒紳士的生活態度，也影響其在養成上及心智上的活動。他不再僅僅是一位成功的、企圖心強的男性——有勢力、有資源及有膽識的男人。為免流於愚笨無識，他還必須要培養其品味，因為要能就所消費的物品，在高貴與低俗上進行某種精準的辨識，現已成了他的義務。他在價值不等的山珍海味、男性飲料及配飾、適當的衣飾及建築、武器、競賽、舞藝和麻醉劑方面成了一名鑑賞家。這類審美技巧的養成需要時間及勤奮，於是紳士要想符合這項需求，就得將其休閒生活轉為或多或少得認真學習，如何恰如其份地過著表面休閒的生活這種情事上。紳士除了必須滿足無限制消費適合的物品這個條件，與其緊密相關的另一個條件是，他必須知道如何以恰當方式來消費這些物品。他的休閒生活必須與其身分相稱。職是之故，乃造就了上一章所指出的良好儀態。系出名門的儀態及過生活的方式是作為符合炫耀式休閒及炫耀性消費準則的評比項目。

炫耀性消費貴重物品是有閒紳士博取聲譽的手段。當財富累積在手上時，任憑個人如何努力，若沒有旁人的協助，僅以這種方式尚不足證明其富裕。於是藉著貴重禮物的饋贈，和安排昂貴的宴席及娛樂，遂將朋友及競爭者的助力帶進來，禮物及盛宴可能有比單純的誇耀更好的緣由，但以此作為目的來取得效用卻起源甚早，並一直到現在還保有這項特質；因此，禮物及盛宴在誇耀方面的效用，現已是使用這類習俗的實質理由。豪華的宴會像是集體犒賞（potlatch）*或舞會，特別適合這項誇耀目的之需要。設宴人透過這種設計，將想挑出相比的競爭者邀請過來，作為達到這個目的的手段。這位競爭對手在為其東道主進行越位消費的同時，他也見證了僅東道主是無法單獨應付如此超額之美好物品的消費，並且還是東道主善於禮節的見證人。

安排豪華宴會當然也有其他較為宜人的動機。節慶聚會的風俗，或許源自喜愛酒宴及宗教的動機；這些動機在往後的經濟發展過程中仍占一席之地，但不再是唯一的動機。近代有閒階級的慶祝活動及宴會，可能還有少許是為了宗教奉獻的情懷，而多的是滿足消遣和喜慶的要求；但舉辦這些活動同時還拖著一種比出高下的目的，並且又頗能得遂所願，因為在這些堂而皇之的動機中，找到一個掩人耳目卻又不招人厭的理由。這些社交歡慶的經濟效用卻毫不受損，無論在物品的越位消費方面，抑或在禮節安排的困難度及舖張程度的呈現方面，都物有所值。

隨著財富愈來愈累積，有閒階級在功能上及結構上都有進一步的發展，因而該階級的內部就起了分化。那是一個或多或少以等級和品秩來區分的精緻體系。這種分化藉著財富的傳承，及由此而來的門第世襲，就愈演愈烈。隨著門第的世襲就有了義務休閒的承襲；並且一個具有相當權勢足配過著休閒生活的門第，所傳襲的可能是一種沒有相應財富來維持尊崇的休閒。系出名門或許所承襲的是沒有足夠物品來輕鬆支應的無限制尊崇消費。如此一來，就形成一個身無分文的有

*譯者按：集體犒賞是美洲太平洋岸印第安人在冬季的習俗，由某人向其同族及鄰族依特定的儀式分送禮物並享以飲宴。

閒紳士階級，這在前面已附帶提到。這些半特權的有閒紳士歸入神職階級品秩的體系。那些在血統上，或在財富上，或兩者愈靠近富裕的有閒階級中較高及最高品秩的人，就比那些血統較為疏遠、財力較為薄弱的人排名高。這些品秩較低，尤其是身無分文或邊緣的有閒紳士，藉著依附或效忠的方式而附屬於身分較高的人，如此一來，就可從其主子那得到聲望或財力的提高，以進入有閒的生活。他們成為其主子的奉承者或侍從、奴僕；並且由於受主子的豢養及支助，他們是主子等級的指標及主子多餘財富的越位消費者。許多這些附屬的有閒紳士本身也就是較小的金主；所以他們當中有些不是越位消費者，其他的則是部分越位消費者。然而他們當中有太多是由主子的侍從及食客所組成，或可歸類為不具條件的越位消費者。再說，許多這些附屬的有閒紳士，還有許多其他級別較低的貴族，反過來也多多少少有一群形形色色的越位消費者，那就是他們的妻妾及子女、他們的侍從奴僕等，作為他們的附庸。

這套越位休閒及越位消費的評等架構都遵守一個通則，那就是，這些職掌必須按照某種特定方式，或在某種特定場合或佩戴某種特定徽章來執行，從而明白的顯示這類休閒或消費是屬於主人，因此坐享隨之而來的新增好名聲的權力也歸主人。這些人替其主人或主子所從事的消費及休閒，反映了該主人著眼於增添令名所做的一筆投資。這一點在慶宴及犒賞上是最明顯不過的，在這種場合所有的美譽來自於有目共睹的稱許，而立即歸於東道主或主子。至於這些休閒與消費是由隨扈及食客的越位執行時相應而來的美譽，要歸於主子就得是靠近主子本人的那些人，才能向他人明示其源頭。當這群要藉著此種方式來博取美譽的人日益增多時，為了指出從事這項休閒令名的歸屬，就需要更別出心裁的手段，而要達到這個目的，於是乎制服、徽章及特定服飾就蔚為時尚。穿上制服或特定服飾就暗示著有相當程度的依附，並甚至可說是一種奴役的符記，實質上或表面上都算在內。穿著制服及特定服飾的人大概可分為兩個階級——自由的及奴性的，或高貴的及寒微的。他們所從事的勞務也依此而有高貴及寒微之別。當然，這種區分在實際上並不是切割得那麼嚴格及堅定不移；卑賤勞務中不甚卑下的工作，和高貴功能中不甚尊榮的工作，落在同一人身上也是常見的。可是這種一般性的區分不能因此而予以忽視。但有件事實會增添稍許的困惑，那就是這項依其執行公開勞務之性質，作為高貴及寒微的基本區分，會受到依該勞務所服侍對象之級別，或穿著誰的特定服飾這種附帶性的尊榮及羞辱之別所干擾。因此，大凡依禮應由有閒階級所擔任的職務就是高貴；諸如公職、戰爭、狩獵、武器及裝備之保管、和類似的職掌——一言以蔽之，所有外表上可歸類為掠奪型的職責。另一方面，大凡理應落在勤奮階級頭上的工作都屬寒微；像手工藝或其他生產性勞動，卑下勞務和類似的工作。不過，一項為品級非常高的人所提供的卑賤勞務，很可能成為一項非常尊榮的職務；例如，皇后的宮女或其貼身女官，或國王的御馬長官或其御犬飼養官等職務。該最後列出的兩種職務提供某種普通涵意的原則。就像此處所舉例的，每當該項卑賤勞務直接涉及戰事及狩獵的主要休閒工作，很容易贏得一種反映尊榮的特質。如此一來，極大的榮幸很可能就依附在本屬卑下性質的工作上。

在產業平易相處的後段發展時期，雇用一個無所事事而全副武裝士兵的軍團的習俗，逐漸悄然消失。穿戴主子或主人徽章的依附者所進行的越位消費，縮減至由穿著特定服飾的一群奴僕來進行。所以，誇張的說，特定服飾成為奴役的標誌，或奴僕的標誌更來得貼切。佩帶武器的隨扈所穿的特定服飾通常還附上點尊榮的性質，但當特定服飾成了奴僕專用的標誌後，這種尊榮的屬性已蕩然無存。幾乎所有被要求穿上特定服飾的人，對特定服飾都厭惡不已。我們脫離奴僕制度盛行的時間還不太遠，以致尚能完全體會被歸屬為奴僕的刺痛。這類反感甚至在有些公司規定其員工穿著制服或特定服飾以示區別時，也會暴露出來。在本國，此種厭惡甚至會形成恥辱——只不過以較為溫和及不確定的形式表現——對那些政府的雇員、武官及文職，凡是需要穿著特定服飾或制服的人員而言，都是如此。

隨著奴役制度的消失，依附在任何一位紳士進行越位消費的人數，總體上而言，趨於減少。至於為這位紳士進行越位休閒的人數當然也在減少，且或許還有過之而無不及。一般情況下，這兩群人數是重疊但不見得完全相一致。首先被委派執行這些職能的依附者，一定是妻子或元配；可以預見的是，當制度發展到後期，慣常去執行這些職能的人數逐漸削減，妻子終歸留到最後。在社會的較高級別層次裡，這兩種類別的勞務是有大量的需求；為妻者當然多多少少仍要有一群奴僕來協助工作。但是當我們沿著社會層級逐步往下看，總會出現妻子獨自負起越位休閒及消費職能的場景。在西方文化的社會裡，這個場景就發生在較低層次的中產階級。

這個階級在此卻出現了一個奇妙的逆轉。這個較低層次的中產階級裡，一家之主竟沒有休閒的託辭是一個普遍觀察得到的事實。出於環境的壓力，休閒已被棄而不用。但中產階級的妻子為了家庭及其主人的好名聲，仍得從事越位休閒的工作。在任何現代工業社會中，順著社會層級而下，一家之主從事炫耀式休閒，這個主要現象在相對高的層級裡已消失無影無蹤。中產階級家庭的戶長已被經濟環境逼迫得轉而用其雙手從事某種行業以謀求生計，這些行業通常大都具有經營者的性質，和當今一般商人無異。然而，由妻子展示越位休閒及消費，還有由奴僕提供輔助越位休閒所需——這種衍生的事項仍蔚為時尚，以致形成為博取聲譽而絲毫不容大意的習俗。一個男人極盡刻苦的投身工作，以切合妻子替他中規中矩的展示出當時公認必須有的越位休閒程度，這種情形比比皆是。

當然，為妻者在這種情況下所展示的休閒，絕不是單純的出之以懶散或怠惰。這種休閒其後常藉著某種工作的形式或家居職責或社交應酬，來掩人耳目，這些活動細究起來，除顯示其沒有及不需要致力於任何有利可圖或有實質用途的事情外，並不帶一絲絲不可告人的企圖。正如前面談及儀態時所曾指出的，一個中產階級家庭主婦，將其時間及精力放在打點家事的日常範圍，大都屬於此種性質。並不是說為妻者用心在有關家庭佈置及清淨事務的結果，不能取悅在中產階級規矩中薰陶出來的男人；而在於這種家庭裝飾及整潔效果所體現的品味，是一種在禮節規範選擇性指引下所形成的品味，而該禮節規範要求此類不惜虛擲精力的證明。這種效果之所以能取悅我們，主要是因為我們曾受過指導，認為這些效果是令人愉悅的，於是家事職責中又多了對格局及顏色適當搭配的講究，也為了想達到某種附庸風雅這層意義上的目的，而無可否認的，有時的確達到某種實質美學價值的效果。對於這類生活的樂趣而言，此處所要堅持的大都是家庭主婦的精力必須受傳統的約束，而傳統是通過炫耀性揮霍光陰及物資的法則來形成的。要是達到美倫美奐或舒適怡人的效果——假使真的如是，多多少少有點妙手偶得之的情況——這些必然是經由符合不惜虛擲精力這偉大經濟法則的手段及方法而取得的。中產階級家庭行頭中最令人豔羨，「可示之於人」的部分，一方面是炫耀性消費的項目，而另一方面，則是證明家庭主婦有在從事越位休閒的工具。

藉為妻者之手從事越位消費這項要求，即使在財力排位滑落到較低一點時，也要比藉為妻者之手進行越位休閒的要求，能發揮作用。當財力排位下降至這一點後，禮節上的整潔及類似的虛擲精力即使有，也沒多少矯飾的空間，此時更不會有意去展現表面的休閒，然而禮俗仍規定，為妻者要炫耀性的去消費某些物品以維護該家庭及其戶長的聲譽。於是，此種遠古制度演變到後來，為妻者由開始時，無論實際上及理論上都是男人的苦力及動產——生產物品供男人消費——一變而成其男人所生產物品的儀式性消費者。但在理論上，她依然不折不扣的是該男人的動產；因為循例從事越位休閒及消費的人，是不得自由的奴僕揮之不去的符記。

此項由中產階級和下層階級家庭所實踐的越位消費，不能算做有閒階級生活方式的直接體現，因為該財力級別的家庭並不屬有閒階級之列。倒是有閒階級的生活方式在這裡有了第二層級的體現。就博取聲譽這點而言，有閒階級處在社會結構的頂層；以致於其生活態度及其價值標準，給社會提供博取聲譽的準繩。遵從這些標準，力求盡可能接近這些標準遂成為所有比這級別差的階級應盡的義務。在現代文明社會裡，社會層級之間的分界線，已愈來愈模糊及飄忽不定，而且在這種情況下，上層階級所設定的博取聲譽準則，就得以輕易延伸其強制性影響，貫穿整個社會結構到最底階層。其結果是每一階層的成員，把上一階層的時尚生活方式作為其禮儀的理想境界，並且竭盡所能按照這個理想來生活。要是一旦無法達到這個理想就會有損其令譽及自尊，因此他們必須符合這公認的準則，至少在表面上也得如此。

在高度組織化工業社會裡，良好聲譽的基礎終歸是財力強度；而展現財力強度的手段及由此贏得或維持一個好名聲的方式，就是休閒及對物品的炫耀性消費。如此一來，順著級別往下只要有可能辦得到，這兩種方式都被奉為時尚；在較低層級使用該兩種方式時，這兩項職責大部分都落在家庭的妻子及子女身上。更下一層，當任何程度的休閒，即使是表面上的休閒都不是為妻者所能負荷時，對物品的炫耀性消費仍是由為妻者及子女來進行。家庭的男人也可以循此方向有所作為，而通常確實也會這樣做，但再往下到達貧困的層級——瀕臨赤貧的邊緣——男人，而此時還有其子女，實際上已不會為了體面來消費貴重物品，婦女就成為該家庭財力禮儀的唯一實際代言人。社會上沒有一個階級，甚至是最窮途末路的貧戶，會捨棄所有慣常的炫耀性消費。除非受制於迫切的需要，這種消費範疇的最低項目是一點都不會放棄的。在拋下財力禮儀最後一項點綴或最後的巧飾前，得忍受許多的髒亂及不便。在物質需求的壓力下，此類更高或精神層次的需求得不到絲毫的滿足，沒有一個階級也沒有一個國家會感到比這個更卑屈的了。

從以上有關炫耀式的休閒及炫耀性消費的成長回顧看來，該兩者之所以能同樣贏得聲譽的效用，全在於共同享有揮霍這項元素。在前一情況所揮霍的是時間及精力，後一情況所揮霍的是物品。二者都是展現擁有財富的方式，並且在習俗上也是眾所接受的對等物。兩者之間的選擇，僅僅是在宣揚上何者較便利的問題，除非有時候受到來自不同來源，以致產生另類禮節標準的影響。基於便利的考慮，在經濟發展的不同階段，選擇的方式會有所側重。問題在於當要取得別人的認同時，兩種方式中何者最為有效。這類問題，在不同環境下，已由慣例以不同的方式來解決了。

只要該社會或社會族群的規模夠小，並且分布夠集中到連雞毛蒜皮的事都能有效傳開——也即是說，只要任何個人在博取聲譽方面所要顧及的人情環境，還侷限在其相熟者與鄰里閒話家常的範圍內——則兩者中任何一種方式，都和另一種方式同樣有效。因此，在社會成長的初期階段，每種方式都能發揮同等的效用。但當社會更呈分化時，就必然要接觸更寬廣的人情環境，消費開始比休閒，更適宜作為保持身分的正常手段。尤其在往後的平易相處經濟階段更是如此。這時交通工具及人口流動，使任何個人都曝露在眾人的觀察之下，這些人要評斷某人的聲譽，沒有比某人在眾目睽睽之下所能展示的物品（或許還加上教養）更直接的了。

現代工業的機構還透過另一種途徑產生同方向的作用。現代工業體系的緊張兮兮，常將個人和個人及家庭和家庭拉在一起，但他們之間除了並列一處外，少有別種意義的連繫。某人的鄰居，制式來說，通常並不是社交上的鄰居，或甚至於互不認識；然而這些人一時的好評卻有著高度的效用。某人要想讓日常生活所遇到的漠不相干的旁觀者對其財力留下深刻印象，唯一可行方法，就是不停地展示其支付的能力。在現代社會，出席大型聚會的機會更為頻繁，而出席者對某人的日常生活都一無所知；這些場所諸如像在教堂、劇院、宴會廳、旅館、公園、商店及類似的場合。為了要讓這些萍水相逢的旁觀者印象深刻，還有在這些人的注視下維持一已的恬然自得，某人的財力強度必須極盡彰顯，以致任何人瞬間即了然於胸。所以，顯而易見的事實是，目前事態發展的趨勢，朝著重視炫耀性消費的效用，有甚於朝炫耀式休閒的方向走。

還有一點值得一提，在人際之間的接觸最廣，以及人口的流動最大的社會裡，以消費作為取得名聲的手段，及以此作為維持身分元素的堅持，更是發揮得淋漓盡緻。炫耀性消費支出在都市人口收入所占的份額，要比在鄉村人口收入所占的份額大得多，並且城市人口對炫耀性消費的需求，也比鄉村人口來得具強制性。結果是，為了維持一個適當的門面，城市人口習於過著僅夠糊口的比例，也較鄉村人口高。於是就出現，舉例來說，美國農民及其妻女的衣著及舉手投足，就比同等收入的城市工匠家庭顯得不合時宜及不夠文雅。這並不表示城市人口天性就比較熱衷於從炫耀性消費中取得財力上的自滿，也不表示鄉村人口不在乎財力方面恰如其份的表現。而是這類景象所挑起的反應，及其造成的短暫性效果，在城市裡較為明確。因此，這種以消費來見證財力的方法就廣為城市人口所採用，又為了要在互相攀比中取勝，城市人口將其炫耀性消費的正常標準往上推得更高，結果為了顯示某種程度的財力禮儀，城市人口就得多往這方向開銷，凡事得符合這一較高的慣例標準，就成為理所當然。維持身分的標準隨著階級的提升而愈來愈高，並且維持適當門面的要求一定得遵守，否則就要喪失應有的身分地位。

消費在城市，要比在鄉村，成為生活水準中較大的元素。消費在鄉村人口中的地位，某種程度上被儲蓄及家居舒適所取代，後者藉著鄰居閒話家常的謀介，同樣達到類似財力聲譽的一般目的。這類家居舒適及恣意的休閒——要是有所放縱的話——當然也有很大部分可歸類為炫耀性消費的項目；而儲蓄大都也可作如是觀。工匠階級所提存的儲蓄數額較小，毫無疑問的，是因為就工匠階級而言，以其所處環境用儲蓄作為宣傳工具，在效率上就比那些住在小鄉鎮以務農為生的人所提存的儲蓄差得多。在後者中，每一位的家務事，尤其是每一位的財力狀況，都是所有人耳熟能詳的。只單憑消費作為生活水準中較大的元素這一點來考量——就以最低程度來說——工匠及城市勞動階級皆受其挑撥，也許不會那麼嚴重降低儲蓄的數額；但其所累積的動作，透過提高適當開銷的標準，其對儲蓄傾向的干擾作用毋寧是很巨大的。

此類博取聲譽的規範影響到人們行為的一個最恰當例證，就看那些在公共場所淺酌、「做東」、及吸煙的舉措，這都是市鎮的勞工及手工藝匠，還有城市人口中，屬下層中產階級的經常活動。按日計酬的印刷工人，或許可稱得上是以此類炫耀性消費為風尚的這樣一個階級，而且他們這種行為常帶來令人詬病的觸目驚心後果。該階級在這方面的特殊習氣，多被認為是由於該階級專屬的某種不受拘束的道德瑕疵，或由於其職業，以某種不確定方式對受僱者產生道德上有害的影響所致。在普通印刷廠的排字房，及印刷間工作之人，其大致狀況可概述如下。凡在任何印刷廠或任何城市所習得的技能，幾乎很容易轉用到任何別的印刷廠或別的城市；也即是說，由專業訓練而形成的惰性是很輕微的。還有，該職業所需的智力及一般資訊，要高於平均水準，也因此，受僱者對其勞力在各地區間需求的細微變化，通常就比其他人更能逐利而遷。於是由念鄉情懷而形成的惰性，也理所當然的薄弱。與此同時，該行業的工資高到足以令四處遷徙相對的容易。其結果是印刷業所僱用的勞工流動性大；或許大於任何其他同等界限分明與人數眾多的工人團體。這些人經常得和新認識的群體打交道，並且彼此之間所建立的關係也是一時的或短暫的，然而這些人的好評在當下是很有價值的。人類喜愛浮誇的癖好，藉著友好的感情而變本加厲，使人們朝向能滿足這類需求的方向任意揮灑。此處和其他場合一樣，慣例一經蔚為時尚則成為約定俗成，就和所崇尚的禮節標準融為一體。下一步就是讓該禮節標準成為新一輪往同方向推動的出發點——因為僅憑無精打采的墨守該行業中每人都視為理應如此的揮霍標準，是得不到喝采的。

由此看來，印刷工人之所以比一般工人來得揮霍成性，至少在某方面可歸因到該行業職場的移動較易，及其人際間相識與相處較屬暫時性。但這種揮霍的高度需求，其實質理由歸根究柢無非是來自那展現優越及財力地位的性格偏好，這卻同樣促使法國自耕農呈現吝嗇及簡僕，和引誘美國百萬富豪創立大學、醫院及博物館。如果這種炫耀性消費的規範，沒有被人類天性中其他與此相反的特質所抵銷到相當程度的話，則以目前處於像城市的工匠及勞動階級的人口來說，不論其工資或收入有多高，在邏輯上是不可能進行任何儲蓄的。

不過，除了財富及其展示之外，還有其他聲譽的標準，與別的多多少少帶有強制性的行為規範，而其中有些是產生助長或限制炫耀性揮霍這項廣泛、基本的規範。從宣揚的有效性這項簡單的考驗著眼，我們理應期望休閒及物品的炫耀性消費，在財力攀比開始時必定平分秋色。隨著經濟的往前發展，還有社會規模的擴大，休閒或許會逐漸式微以致棄而不用，而物品的炫耀性消費，無論是絕對的和相對的重要性，都與日俱增，直到吸收所有現存的產品只剩僅足維生的需求為止。可是，事態發展的實際過程和這個理想的架構有些出入。在準平易相處文化階段，休閒剛開始是居於首位，無論作為財富的一種直接標誌及作為構成顯示身分標準的一個元素，休閒所占據的等級遠高於物品的浪費性消費。從那之後，消費已贏得青睞，直到目前，毫無疑問已穩居榜首，雖然距離吸收一切超過維生最低標準的產出差額還早。

休閒在早期作為贏得聲譽手段，所享有的優勢地位，可回溯到遠古對高貴與卑賤業務的區分。休閒之所以榮耀並且具有強制性，部分是因為其顯示了免於從事卑賤的勞動。遠古對階級進行高貴與卑賤的分化，是基於一種對業務做了崇高或卑下帶歧視性的區別；而這種傳統區分在準平易相處階段初期進而形成禮儀的強制性規範。休閒在當時仍和消費一樣，充分有效地作為擁有財富的證據，以致更強化了其優勢地位。在那個文化階段，個人正處於人情環境比較狹小及穩定的情況下，休閒確實是如此的有效，加上鄙視一切生產勞動的遠古傳統，遂產生了一大群身無分文的有閒階級，甚至還出現了將社會的工業生產限制在最低維生標準的傾向。這種對工業的極端禁制之得以避免，乃因奴僕的勞動被迫生產所取得的成果，超出勞動階級最低維生的標準，奴僕的勞動是在壓迫之下工作，其嚴厲的程度比為博取聲譽而工作的要求來得高。炫耀式的休閒作為博取聲譽的基礎之所以相對沒落，部分原因固然是以消費作為擁有財富證據的效果相對的提高；但有部分可追溯到另一股勢力，這股勢力和炫耀性揮霍的慣例相反，而且在某種程度上還有些對立。

此項相反的因子就是技藝的本能。要是環境許可，該本能會使人們看重生產效率及有益於人類的事物。該本能會使人們反對物質或精力的揮霍。人人都具有這項技藝的本能，即使在非常惡劣的環境之下，這項本能也依然能發揮自如。因此任一項開銷不管在實際上是多麼的揮霍，也至少會有個冠冕堂皇的目的作為粉飾的藉口。在特殊環境下，這項本能會演化成一種追逐功勳的品味，及一種對高貴與卑賤階級比出高下的歧視心態，這在上一章已闡釋過。這項本能一旦和炫耀性揮霍的法則相抵觸時，技藝的本能對實質效用的堅持，仍遠不及對明顯無益的事物所展現的厭惡感和抱著「無用則不美」態度那樣的認真。這項本能既然在性質上屬於一種直覺的感受，其指引的方針，主要就在立即對明顯違反其要求的事物做出反應。正因這種要求惟有經過反省才能體會，當事物達到實質違反其要求前，這種反應通常較為遲頓且缺少約束力。

只要所有的勞動一直都指定或通常由奴僕來承擔，則一切生產型勞力的低賤性就盤存在人們的意念中，使得技藝的本能很難往生產效用的方向認真發揮；但當社會從（以奴僕制及身分制為特徵的）準平易相處階段進入（以工資勞動及現金給付為特徵的）平易相處階段時，這項本能就愈來愈發揮作用。這項本能從那時起，就積極形塑人們對何者才是值得尊崇的觀念，並且至少讓其成為自我肯定的輔助規範。先擱置一切毫無相關的考慮，時至今日，像那些不想在某方面有所成就，或不曾立志對人類有益的事、物、情理方面有所建樹的（成年）人已絕無僅有。這種技藝本能的傾向在很大程度上，或許被追逐尊榮休閒，及避免帶來失禮的用途，這些更具直接約束力的動機所掩蓋，也因此唯有以掩人耳目的方式發揮出來；舉例來說，像打著「社會義務」，準藝術或準學術成就，住家的經營及裝飾，婦女義務縫紉活動或服飾改良，精於衣著、牌藝、駕駛遊艇、打高爾夫及各式娛樂的名號來進行。但用這些在環境的壓迫下以無聊告終的事實，來否定這項本能的存在，無異於讓母雞孵在一窩瓷製蛋上，來否定母雞的孵卵本能。

近代要想從事某種有目的的活動，而同時又不產生失禮的生產性利得（無論是歸個人或集體）誠非易事，這正是現代有閒階級和準平易相處階段的有閒階級在態度上的差異之處。誠如前面說過，在較早階段，居主宰地位的奴僕制及身分制，除了單純的掠奪式目的外，輕而易舉地排斥為其他目的所做的貢獻。那時，仍有可能找到某些活動，傾向於從事武力侵略或壓制敵對部落，或武力鎮壓部落內的從屬階級的方式，來作為日常的工作；並且以此來舒緩及宣洩有閒階級的壓力及精力，而不須求助於實際或甚至只是虛有其表的有效益活動。從事狩獵活動在某種程度上也具有同樣的目的。當社會演進成一個平易相處的產業組織，還有當土地經過更充分的利用，已把狩獵的機會縮減到微不足道的地步時，從事有目的性活動以舒緩精力的這股壓力，只好往其他方向去找出路。隨著強迫勞動的銷聲匿跡，附著在實用勤奮的恥辱感也不再那麼尖銳；技藝的本能也因此開始發揮作用並日益穩定及鞏固。

對休閒活動而言的最簡便路線，已起了某種程度的改變，而早期以掠奪式活動為宣洩口的精力，現在有部分轉往帶有表面效益目的的方向。外表上顯然漫無目的的休閒已漸被唾棄，尤其顯現在那些很大一部分來自平民的有閒階級中，他們的作風和傳統的悠然自得（*otium cum dignitate*）格格不入。不過，排斥一切帶有生產性勤奮性質的職務，這種博取聲譽的規範仍然有效，任何涉及實質效益或生產的職務，除非是嘩眾取寵偶爾一試，都不在允許之列。結果是有閒階級所實踐的炫耀式休閒有了變化；而變化的內容，形式比實質居多。這兩項對休閒相互矛盾的要求，之所以能調和全靠掩人耳目得宜。許多繁文縟節及儀式性質的社交義務應時而生，許多組織帶有官方色彩及官方頭銜，標榜某種似是而非的改良課題也陸續創立；於是人際交往頻繁並且話題不斷，以求言談者沒時間去反省如此熙熙攘攘的實際經濟價值在哪。順著這類具有目標性任務的掩人耳目活動，通常但並不能說一定都摻雜著一種或多或少為了某些嚴肅目標而進行值得推崇的努力成份。

同樣的變化也發生在越位休閒這個狹窄的領域當中。平易相處階段後期的主婦，不像在父權制政權的全盛時期那樣，鎮日在眾目睽睽下無所事事來打發時間，取而代之的是終日勤奮的打理家務。居家勞務的這項發展，其顯著的特質已在上文予以指出。

貫穿炫耀式支出的整個演化過程，無論是就物品或勞務或人類的壽命而言，其中最明顯的含義就是為了有效提升消費者的好名聲，必須進行奢侈品的支出。為了要博取聲譽，就必須揮霍。單是進行生活必需的消費，是不足掛齒的，除非是和那連維生最低限額都短缺的赤貧相比；而這種比較，很難有個開銷的標準，頂多是維持身分最無聊及最沒吸引力的水準。生活的標準除開富裕的較量外，仍有可能在其他領域進行分出高下的比較；例如，像在道德、體格、智力、或審美能力的表現等不同方向的較量。所有這方面的對比，今日仍是很時髦；而進行這方面的比較，通常和財力較量是如此的密不可分，以致與後者難以釐清。這種情況用在目前對智力及審美能力，或專業程度的表現，進行排序時尤顯真實；因此我們常把實質上僅是財力的差異詮釋為美學或智力上的差異。

使用「揮霍」這個詞，在某一方面來說，是一種不幸的運用。日常生活的談話中，在使用這個詞時都帶有貶意。此處之所以使用這個詞，是找不到更好的詞，來恰當描述相同範圍內的一些動機及現象，而且在論及人類產品或人類生計的開銷時，並不隱含不當的厭惡之意。以經濟理論的觀點，此處所提的支出與任何其他的支出，在正當性上並無高下之分。這裡之所以稱其為「揮霍」，是因為這項支出從整體而言，並無益於人類生活或人類福祉，而不是因為從個別消費者的角度來說，其做這樣的選擇是精力或支出的浪費或誤用。如果消費者做了這樣的選擇，相較於別種不會遭到浪費指責的消費形式而言，實已點出該選擇對其相對效用的問題。不管消費者選擇何種形式的支出，或不論其在下決定時是抱著何種目的，他的偏好本身就決定了對他的效用。若以個別消費者的觀點來說，浪費與否的問題是不在純經濟理論討論的範疇之列。所以使用「揮霍」這個詞作為專業術語，並不隱含對消費者在此項炫耀性揮霍規範下所追求的目標或動機有貶損之意。

但，根據另一個理由，有一點值得注意的是，日常生活用語中「揮霍」這個詞，確實對具有過多耗費性質之情事含貶損之意。此種常識的含意本身，正是技藝本能的一種裸露。這種對揮霍的普遍排斥意味著，一個普通人要想心安理得，必須能從任何一項及一切的人類努力及人類享受中，體現出整體生活及福祉的提昇。任何一項經濟事物要想獲得徹底的認可，必須通過具備非個人益處的測試——從全體人類觀點來衡量的益處。任何個人和別人對比所取得的相對利益或競爭優勢，並不符合這項經濟良心，也因此競爭型支出得不到這類良心的認可。

嚴格說來，除了類似基於分出高下的財力較量理由所產生的支出外，其他的支出不應套上炫耀性揮霍的大纛。但為求把任何已知的項目或要素列入在該大纛底下，進行這種支出的個人，並不需要承認其屬於這種意義的揮霍。生活標準的某項要素在開始時原屬揮霍性質，往往到最後在消費者的理解中，竟演變成生活的必需品，這種事屢見不鮮；並且循此以往還變成不可或缺的地步，就像消費者經常性的支出中任何別種項目一樣。這種有時落入炫耀性揮霍的大纛，並可用來說明符合前項原則的項目，計有掛氈及地氈、銀製餐具、侍應生的服務、絲質禮帽、上漿的襯衣、許多珠寶飾品及服裝配件等。這類事物一經形成習慣並沿襲成例後，就屬不可或缺，但對是否可將這種支出列入揮霍或不揮霍的（這個詞所代表的專業術語意義）範圍並無多大關係。所有支出是否屬於揮霍，所必須面臨的測試，在於其是否直接有助於增進整體人類的生計——是否能在非個人獨享下推動生命的進程。因為這是技藝的本能據以裁定的基礎，而這種本能是回應經濟真理，或經濟適當性訴求問題的最終法院。這是一個依常識不帶感情做出裁定的問題。因此，問題不是在處於個人習慣及社會風俗的環境下，某一項支出是否令某一特定消費者滿足或心安理得；而是在於，撇開習得的品味，及慣例與固有的禮數不談，該支出的結果對生活的舒適或生活的充實是否有淨利得。慣例的支出，只要其風俗起源可追溯為進行分出高下的財力較量的習慣，就必須被歸類為揮霍這個大纛之下——只要被認為在缺乏以財力博取聲譽或以其相對的經濟成就這項原則來支撐時，就不可能成為習俗及規定。

很明顯的，某項支出的標的物並不必然要完全屬於浪費性質，才被歸類為炫耀性揮霍這個範疇。一件物品可能是有用與浪費兩兼，而其對消費者的效用，可能是以最富變化比率的有用與浪費所組成。消費性物品，還有甚至生產性物品，通常都包含該兩種要素，作為其效用的組成分子；雖然，在一般情況下，浪費的要素在消費的物品中傾向居優勢地位，而在供作生產性用途的物品中則情況相反。甚至在某些乍看之下純屬虛有其表的物品中，也總會找到滿足某些實用至少是表面上堪用的目的；而在另一方面，即使是專為某些特定生產工序設計的特別機械及工具，和人類生產所使用的最簡陋器具，細察之下往往會留有炫耀性揮霍的痕跡，或至少是講究浮飾的習慣所遺下的痕跡。任何一件物品或任何一項勞務的效用，姑且無論其原始目的及主要成份，是如何明顯的帶有炫耀性揮霍，就斷定其不具備一絲的實用性是極其不妥的；而斷言任何一項基本屬實用性質的產品，其價值中完全與浪費成份無關，不論是從立即或迂迴角度來看，也是不妥的，只不過程度稍差而已。

第五章

生活的財力水準

任何現代社會的民眾，其大多數人之所以在支出上超出其物欲舒適所需的程度，與其說是刻意在有形的消費上以奢華傲人，倒不如說是出於一種欲望：想在所消耗財貨的數量和等級方面，實踐習俗所認可的禮節標準，更來得貼切。這種欲望並不受制於某種非得如此的硬性標準，而逾此標準則毫無動機走下去。此項標準是具有彈性的；尤其是當財力能量有所增加，而時間又足夠得讓人們習於此種增加，以及在隨之而來的新一輪、規模更大的支出中享有便利時，該項標準是可以無止境地提高的。然而縮減既有的支出規模，遠比為適應財富增值而提高行之有素的規模來得困難。許多慣常的支出細究之下幾乎純屬浪費，因此也僅是帶有榮譽性，但是一經納入與身分相配的消費範疇，並由於成為某人生活方式中必要的組成部分之後，要想中斷這項支出的困難度，一如得要放棄許多直接帶來物欲舒適的消費項目，或甚至像中斷那些為生活及健康所必備的消費項目那樣困難。換句話說，大凡賦與精神上滿足的炫耀性奢華型尊榮式支出，也許變得比許多為照顧物質享受「較低」的需求所要的支出，或僅為維持生存所需的支出，更為不可或缺。要從一個「高」生活水準往下調降的困難度，就好比要在一個已相對較低的生活水準再下降一級那樣的難，已是眾所周知；雖然前者的情況其困難是道德上的，而後者的情況，則可能牽涉到物質生活享受的實際刪減。

正因為返回原點的消費令人難受，而從事更進一步的炫耀性消費相對而言則比較容易，確實，後者的發生幾乎被視為理所當然。偶而也有這樣的情況，某人已具備增加顯目消費的財力卻沒予以實踐，在一般的認知上，是需要當事人加以解釋，要是在這方面有所欠缺，則難免被冠上吝嗇的不名譽動機。反過來說，若對財富增加帶來的刺激立即有所回應，則被視作正常的結果。由此可知，通常指引我們努力謀取的支出標準，並非那業已達到的平均、正常的支出；而是那剛巧屬於我們力所難及，或是需要使點勁才能達到的消費理想境界。此舉的動機是攀比——一種分出高下的比較，為促使我們超越平常自認是屬於同一階級的那些人所需要的刺激。實際上這個論點以日常用語來表示，就是每個階級都在妒忌和攀比社會層次較其高一等的階級，而很少和比其低或高不可及的階級做比較。換句話說，支出上恰如其份的標準，就像其他目的的攀比一樣，是由聲譽上較我們高一級的慣例來決定的；依此類推，一切贏得聲譽和禮節的規範及一切消費的標準，乃不知不覺的逐層上溯到社會地位和財力都屬最上層的階級——富裕的有閒階級——所習以為常的用度及思維為止；這種情況，在階級劃分有點模糊的社會裡，特別會發生。

正是這個階級，對於社會該以何種生活方式可稱之為恰如其分或尊榮的，定下了一個梗概；而以言教和身教來為社會改造方案設下最高的、理想的規則和示範，正是該階級的職責。但這個高人一等的有閒階級只能在特定的物質限制下，才可能執行這種準神職的職責。該階級在任何禮儀方面的要求，都不能隨意給約定俗成的思維來一個革命或顛覆。任何深入群眾的變革及扭轉民眾日常的態度需要點時間；尤其是想改變那些社會地位離光鮮體面有段距離的習性更需要時間。人口的流動性愈低或不同階級之間的級距愈寬，及差別愈懸殊，則改變的過程愈緩慢。然而，如果假以時日，有閒階級在有關社會生活方式的形態及細節方面，所能著墨的範圍會愈來愈大；但在有關榮譽的實質原則方面，該階級所能發揮的影響就僅侷限在可容許的界限內。該階級的言行舉止作為示範和規則，對所有位於其下的階級而言，都有指示的效力；但當要擬定規則讓較低階級在贏得聲譽的方法及形式上——即形塑其用度及態度——有所遵循時，這種權威式指示，通常還得在炫耀式揮霍規範的選擇性指引下才能運作，而這種選擇性指引是以技藝的本能作不同程度的調整。除了這兩項準繩外，還要加上另一項人類天性的廣泛原則——具掠奪性的敵視態度——這無論在普遍性和心理內涵方面，都介於剛才所說的炫耀式揮霍及技藝的本能之間。這項原則在形塑公認的生活方式上所發揮的作用，容後討論。

因此，贏得聲譽的規範作為某一特定階級所要遵循的生活方式時，必須與該階級的經濟狀況、傳統、及心靈的成熟度相適應。還要格外注意的是，贏得聲譽的基本要件，無論在初始時是如何的具權威性及如何的切合實際，要是隨著時間的推移，或是在傳衍至財富稍弱的階級時，已被視為與文明群眾間顯示身分的終極基礎——那就是，可用財力成就來進行分出高下比較的這個目的——背道而馳的話，就不會有人繼續遵守這項規範。

這類支出的規範，對任何社會及任何階級在制定生活水準時都有重要的影響，是很清楚的。而任何時期或任何特定社會階級所屬意的風行生活水準，對尊榮的支出以何種形式出現，及這種「高人一等」的需求左右民眾的消費到何種程度，所發揮的影響也是不言而喻的。就此而言，現成的生活水準所體現的支配力，主要屬消極性質；它幾乎僅止於阻擾從炫耀式支出的尺度上滑下來，因為這項支出已成為日常生活的一部分了。

生活水準的本質屬於習慣的性質。它是回應一些刺激所採取的一種方法，及形成習慣的尺度。從一項已習以為常的標準滑下的困難度，在於要打破業已養成的習性。而生活水準的提昇之所以相對易於接受，表示生活進程是一種推展活動的進程，且無論何時何地，只要自我表現的阻力減弱，生活進程就會好整以暇的往新方向延伸。然而這種沿著既有低阻力發展的表現習慣一旦養成，即使外在阻力已顯然增強，致環境有了變化，這股動力依舊循慣常的出口展現。此種朝既定方向尋求表現所帶來的便利，當上升到所謂習慣的地步時，可能會抵銷外部環境對生活朝既定方向推展所增長的可觀阻力。正如習慣、或展現習慣的方式及表現的方向，因人而異所形成個人的生活水準那樣，不同的生活水準，會在面臨逆境的堅持度，及在尋找既定方向展現的迫切度上，有明顯的差異。

用時下經濟理論的說法，也就是說，當人們抗拒削減其在各方面的支出時，總會在某方面顯現比其餘的更不容削減的傾向，因此，當要勉強放棄任何例行的消費時，總有幾種特定消費，相對而言是極其不願放棄的。而消費者最執著難捨的消費項目，或消費形態，通常就是所謂生活必需品或維生的最低要求。當然，這維生的最低要求，不是嚴格限制之下的物質定額在種類及數量上不容變更的意思；但為討論方便，不妨暫指某一維持生存所需的特定消費總量，或多或少都有一定數額。該最低要求萬一在支出不斷削減的情況下，一般是到最後才予以放棄的。也即是說，在通常情況下，這個主宰個人生活最源遠流長，又最根深柢固的習慣——那些與其作為一個有機體存在呈密切相關的習慣——是最為堅持及最迫切的。超出這些習慣的，就成為高一層的需求——個人或種族稍後形成的習慣——其等級的順序比較不規則也絕非一成不變。這類較高一層的需求中有一部分，諸如特定興奮劑的慣性服用，或救贖的需求（來世論的說法）、或求得好名聲，也許在某些場合，還比那些較低或更為基本的需求來得優先。一般說來，積習愈久，習慣愈難中斷，還有，愈是和生活進程中原有習慣形態契合，這類習慣就愈是堅守不移。如果某些習慣的行使，牽涉到人類天性中特殊的稟賦，或在實施時，體現出某種特別傾向，而這些稟賦及傾向已深深融入生活進程中，或已和某一特定族群的生存歷史息息相關，則該習慣就更形穩固。

就憑著各色人等養成不同習慣的容易度各異，還有革除不同習慣的抗拒度也都不一這點，足以說明，特別習慣的養成，並非僅僅是浸染時間長短的問題。氣質上的遺傳性向及各種特質，足以決定何種習慣的類別將支配個人的生活方式，這與浸染時間長短具有同樣的份量。而當前盛行的遺傳性向型態，或換言之，任何社會中屬於優勢種族元素的氣質型態，足以決定該社會日常生活進程中展示表現的範圍及形式。遺傳得來的性向特異性，對個人習慣迅速而確實的養成究竟有多大的影響，可舉出酗酒無度的習慣有時極易養成這個例子來說明；又如某人天賦的一種特殊信仰性向，以致輕而易舉及無可避免的養成從事敬祀儀典的習慣。至於有人特別易於沉溺在所謂浪漫愛情這一人類際遇的理由也和此極其相似。

各人遺傳性向不同，或各自在特殊方向，推展其生活作息的相對難易上有所差別；於是有些習慣與相對較強的特殊性向相契合，或需要借重相對較強的表現能力，遂給個人的福祉帶來重大的後果。生活水準的構成，依賴的是某些習慣的堅持，而上述遺傳性向這一要素在決定習慣的相對堅持性上，具有相當的作用，該作用足以解釋人們之所以極度不願放棄充當炫耀性消費的經常支出。這類習慣所藉以形成的性向或偏好，正是那些靠互相攀比才能運行的性向；而互相攀比的偏好——為了進行分出高下的比較——可說源遠流長，且是人性中普遍的特質。該特質極易以新型態積極活動，並且一旦找到經常性表現的型態後，就一直以該型態頑強的持續下去。當某人已養成在某特定尊榮支出中追求表現的習慣後——當遇到某一類型的刺激，就慣性的以受此敏感及一觸即發的互相攀比偏好所指引出的方向與型態，來從事活動作回應——要想放棄這類經常支出，其抗拒之巨可想而知。但反過來說，一旦某人財力強度累積到可以將其生活進程推往更寬廣的領域，此時種族的遠古偏好，將錦上添花的為其生活開展出新的方向。當個人的綜合實力有新的增長，要在表現的型態及方向有所展露時，某些偏好，即那些原就在某種相關的表現型態領域中活躍的、得到時下所崇尚生活方式極力推薦之助的、且操作起來所需的物質條件和機會都是現成的偏好，就特別產生形塑的作用。具體來說，也就是，任何一個社會只要炫耀性消費成為其生活方式的一環，則個人支付能力增長時，最有可能採取的支出型態，就是從事某些被推崇的炫耀性消費。

撇開自我保護的本能，互相攀比的偏好，大概是所有經濟動機中最強烈、最敏感且最持久的一項。在工業社會裡，這項互相攀比的偏好表現在財力攀比上；而以目前西方文明社會而言，這實際上等於是說，這項互相攀比的偏好是以某種炫耀性揮霍的形態來表現。所以，當社會的生產效能或財貨產量有所增長，在扣除最基本的物質需求後，增長的部分都會由炫耀性揮霍的需要來全部吸收才對。然而在現代的條件下，假如這種結果並沒發生，其之所以有此矛盾的理由，通常歸因於個人財富增長速度過快，而支出的習慣無法跟上；或者是因為當事人把增量部分的炫耀式消費稍延時日——一般是著眼於提高策劃已久的總體支出之驚人效果。當生產效能的增進，使得以較少的勞動獲得生活所需成為可能時，社會成員的勤奮精力，是致力於擴大炫耀性支出的實際效果，而不是鬆懈下來放緩腳步。生產效能提昇，令減輕身心過勞成為可能，卻沒有讓過勞減輕，反而是增量的產出轉作迎合這種炫耀性的需求，根據經濟理論，通常將之歸類為更高層次或精神層次的需求後，更是無限制的擴展。正是因為生活水準中存在着這項要素，才使得密爾（J. S. Mill）說出：「迄今為止，所有已製成的機械發明是否已減輕任何人類的每日辛勞，仍值得商榷。」

某人所屬的社會或階級，其所能接受的生活水準，大致上就決定了這個人的生活水準將是何種景象。之所以如此，有直接的原因，這個人以其常識認定這套生活水準是正當的和美好的，然後予以潛移默化，並將這套生活水準吸收到其所屬的生活方式中；但也有間接的原因，公眾堅信遵從這套社會認可的支出規模事關禮節，不如此可得遭受鄙視及排斥之苦。接受及實踐社會風行的生活水準是既愉快又合時宜的，從個人的舒適及生活上的成就而言，通常是不可或缺的舉措。任何階級的生活水準，就以炫耀性揮霍這一因素而言，一般總是高到該階級收益能力所能允許的地步——而且還有逐步增高的趨勢。職是之故，這對人們認真活動的影響，在於指引其活動的只剩單一目標，那就是盡可能的謀求最多的財富，並對不能帶來金錢利得的工作不屑一顧。同時，這對消費的影響就是，只集中在某類最能獲得旁觀者好評，屬於別出心裁又明顯的事物上；至於那些實踐起來，不屬時間或物質上尊榮支出的性向及嗜好，則因派不上用場而趨於沒落。

透過這種對顯目消費情有獨鍾的差別待遇，就會使得大多數階級的家居生活，比起其生活中展現在旁觀者眼中公開部分的光鮮，就相對的寒傖。此等差別待遇帶來的另一後果，就是人們自然而然將其私下生活隱藏起來，不讓旁人觀察到。大凡可以私下進行而又不受指責的那部分消費，人們就切斷與其左鄰右舍的連繫。因此，在大多數工業發達的社會，有關家居生活這方面，人們是處於排他狀態的；也因此，再往深一層推衍，注重隱私及態度保留的習慣，就成為所有社會較高階級在禮儀上的一個顯著特徵。那些正急需進行事關體面支出的階級，其人口出生率低下的原因，實可追溯到這種基於炫耀性揮霍的生活水準所帶來的迫切性。以榮耀的方式，來培養一個小孩所需的炫耀性消費，及相繼而來的額外支出是非常可觀的，於是也成了一個強有力的遏阻源。這或許是馬爾薩斯（Thomas Malthus）慎重控制人口最有效的一招。

生活水準這個要素所帶來的影響，一方面是使得物質享受及維持生計這類較為隱晦的消費成份有所節約；另一方面又令子女數減少甚或沒有，也許在以從事學術研究的階級中最為突顯。因為他們的生活，是被賦以在天賦及成就上都高人一等及鳳毛麟角的特性，所以這些階級依照慣例，都被列在比他們財力品秩所應有的社會等級之上。在這種情況下，他們恰如其分的支出規模就相應的訂得比較高，以致能留作生活其他用途的那一部分就格外的捉襟見肘。出於環境的壓力，他們本身對這類事務何者為正當、何者為佳的習慣性觀念，以及社會對有學問的人在財力禮儀上的期待，都是格外的高——這是以該階級擁有財富及賺錢能力的普遍性，相對於那些社會地位和經濟地位相若的非學者階級來衡量的。在任何一個現代社會裡，只要學術研究工作這類職業，不是像神職人員般成為被壟斷的職業的話，從事學術研究工作的人們，就難免要和財力在其之上的一些階級打交道。這些財力較佳階級所通行的高水準財力禮儀就隨之滲進學者階級中，而且是原封不動的照搬，少有閃失；如此一來，社會裡沒有一個階級比學者階級會將其財力的這麼大部分用在炫耀性揮霍上。

第六章

品味的財力

有一點已經再三提醒要注意的，雖說消費的約束性準則大部分出自炫耀性揮霍的要求，但絕不可被理解成消費者在任何既定情況下所行使的動機，就是本著該原則中最原型、單純的型態。正常情況下，消費者的動機僅是一種願望，遵守行之經年的習俗，避免惡意的注視及不利的指摘，在所消費的物品上，無論就種類、數量及等級而言，還有其所耗費的時間與精力都符合公認的禮儀規範。在普通場合，消費者的動機裡確有這種照章辦事的意識，特別是對在眾目睽睽下所進行的消費更有直接的強制力。然而即便是在很難讓外人得知的消費上——例如，像內穿衣物、某類食品、廚房用具以及其他旨在實用多於陳設的家居設備——都會發現相當明顯的規範性奢華成份。仔細審視所有這類實用物品，就會查出可增加這些物品的成本及提高其商業價值的某種特點，但並沒有在實質用途上等比例的增加該物品的實用性，而實質用途正是該物品表面上應有的功能。

在炫耀性揮霍法則的選擇性監督下，就產生消費崇尚規範的準則，其影響所及，就讓消費者在進行物品消費時及在時間與精力的使用上，都維持奢華及揮霍的標準。這種照章辦事之風的蓬勃興起，立即影響到經濟生活自不待言，但對於其他方面的行為也有間接和較為迂迴的影響。對各方面生活的表現所產生的思維習慣，也必然影響到對生活各層面有關是非善惡的習慣看法。思維習慣構成個人意識生活的實體，在這個思維習慣的有機複合體內，經濟利益的考量絕非孤立並與其他利害關係保持距離的。例如，前面提到某些與贏得聲譽規範的關係就是。

炫耀性揮霍的原則指導著思維習慣的形成，進而對生活上及物品上何者為正，何者為榮有所取捨。如此一來，這項原則勢必妨害到其他行為的準則，而這些準則原本和財力榮耀的準則毫無瓜葛，只不過直接的或附帶的含有某種程度的經濟意涵。因此尊榮式揮霍的規範，可能直接或迂迴的影響到責任感、審美觀、效用觀、信仰虔誠度或禮儀遵守度，還有追求真理的科學觀。

尊榮式支出的規範和道德行為的規範，究竟常在那一點或在那一情況下格格不入，在此沒有加以討論的必要。那些以監督及規勸別人不要離經叛道為己任的人，已就這個問題給予足夠的關注和闡述。在現代社會，若說社會生活中最居主導地位的經濟與法律特徵就是私有財產制的話，那財產的神聖不可侵犯就是道德規範中最顯著的特徵之一。這項維持私有財產不可侵犯的習慣，已被其他為了追求財富的習慣所蹂躪，後者是以其炫耀性消費來贏得好名聲，這類命題已毋需反覆論證或舉例說明才能得到認可。大多數對財產的侵犯，尤其是為數可觀的侵犯，都屬於這類。至於罪犯因侵權而取得大宗財產，根據簡單的道德規範，這種罪行都得受到最嚴厲的懲罰或譴責，但通常情況卻非如此，這已是眾所周知而成為話柄的事實。那些經由其罪行而取得大宗財富的竊賊或騙子，就比小偷有較好的機會逃過法律的嚴厲制裁；而且由於其驟增的財富，並以優雅的方式揮霍其不當得利，還博得些許好名聲。用不義之財從事冠冕堂皇的開銷，對深受禮節薰陶的人士來說特別受用，以致減輕這些人士對其惡行所持的道德鄙視。此外還有一點值得注意——而且是更直接切到重點——的是，我們對那些侵犯財產的動機是為了給其妻小提供一個「體面」生活的手段這種罪行，大都抱著寬恕的態度。如果再加上其妻子以往是在「極盡奢華的環境中長大」的話，就更是以其情可憫的可斟酌情況來處理。換句話說，當罪行的目的是為了讓罪犯的妻子能按照財力禮儀的標準，來替罪犯行使某一定額的時間及物資的越位消費這一崇高目標時，我們就傾向給予寬恕。就該一情況而言，嘉許在約定俗成標準下進行炫耀性揮霍的習慣，凌駕了反對侵犯所有權的習慣，其逾越的程度有時甚至達到對罪行的褒貶無從定奪的地步。當惡行包含可觀的掠奪或剽竊成份時，更是特別如此。

該議題此處不需進一步探討；但有一點要指出來，也許不見得是離題，那就是一切圍繞在所有權不可侵犯這一概念的一大堆道德架構，其本身即是傳統提倡財富至上論在心理上的沉澱物。還有一點要補充的是，這種以神聖的心態持有的財富之所以獲得重視，主要是借著其炫耀性消費所取得的良好聲譽。

至於財力禮儀的舉措對科學精神或知識探討所起的作用，將會在另一章予以細述。還有與此相關的虔誠度或儀式的優點及妥當性，此處也就毋需多談。這類議題稍後會連帶觸及。然而尊榮式消費的這種習慣，在形塑類似宗教事務何者為正當及何者算功德的大眾品味上，是有其舉足輕重的地位，因此炫耀性揮霍原則對某些一般性敬祀儀典及信念所起的作用，也理應予以重視。

很明顯的，很大一部分可稱之為信仰消費，如宗教建築、教士聖袍及其他類似的物品，是和炫耀性揮霍的規範脫離不了關係。即使在那些現代的教派，其神格已落實在非以人手打造的寺廟上，但其教堂建築和宗教禮拜的其他道具，都朝向贏得揮霍無度的稱譽去建造和裝飾。稍作一點觀察或內省——兩者都可達到目的——就會確信禮拜場所的富麗堂皇，對朝拜者的心境有著無比振奮及撫平的作用。相反的，如果神聖場所出現破落或簡陋不潔的情景，會帶給身臨其境者的卑微難堪，也是可以感受到的。因此，任何宗教信仰上的配飾用品必須在財力上表現得無從非難。不管這類配飾用品在美觀上或其他實用性上有多大的出入，這項要求是一定要滿足的。

還有一點理應值得注意的是，所有的社區，尤其是左鄰右舍的住宅，其財力禮儀的水準不是很高的社區，當地的教堂寺廟就比其信徒的住宅，在建築和裝飾工藝上更講究、更呈炫耀性的揮霍。這種情況，幾乎所有的教派及分支，無論是基督教或非基督教都是如此，尤其是那些歷史較久及較具規模的教派，其情況更甚於此。然而，這些教堂寺廟通常對其信徒的個人享受甚少著力。的確，以莊嚴的建築和信徒簡陋的住所相比，就知其不僅甚少顧及信徒的個人福祉，而且大家還認為，要想產生一種正確而又具啟發性的真、善、美感覺，則大凡教堂寺廟的一切開銷，都應明確的免為信徒帶來任何的享樂。要是教堂寺廟的設施佈置有任何享樂的成份，至少得小心翼翼的用樸素表面予以掩飾及偽裝。晚近極負盛名的禮拜場所，所費不貲，樸素原則竟貫徹到使該場所的設施佈置，尤其是在外表上，成了抑制肉慾的工具這種程度。那些在信仰消費方面有精緻品味的人士，少有人對此樸素性揮霍有絲毫不安，並本能地視為正當及立意良好。信仰消費有著越位消費的本質。這類信仰樸素的規範，來自經得起炫耀性揮霍消費的財力聲譽，而這又是以越位消費理應明確地不會給當事人帶來享樂此一原則為後盾。

那些認為教堂寺廟供奉的神祇或聖徒並不在現場，也不會享用為祂而設、具奢華品味之專屬財產的所有教派，其教堂寺廟和相關設施就顯示出這類樸素特質。至於那些認為神祇之生活理應與塵世的父權制——他可是親自享用這類消耗性的物品——相接近的教派，其對教堂寺廟的配備性質就有不同的看法。以後者而言，這些教派的教堂寺廟和其相關設施的樣式，就更取法自專供俗世主子或業主從事炫耀性消費時所使用物品的形態。反過來，當這些宗教用品僅供禮敬神祇儀式之用時，換句話說，當宗教用品是由神的僕人以祂之名來越位享用時，這些宗教財產只能具有那些專供越位消費之物品的性質。

在後面這種情況，教堂寺廟和宗教用品的設置，就不能增進越位消費者生活上的舒適或富裕，無論如何，絕不能讓人有享用這些設施的最終目的是為了消費者自身的舒適這種印象。因為越位消費的目的，不是要增進消費者生活上的富裕程度，而是要提高主子的財力聲譽，所有的消費是為了主子才進行的。因此，教士的聖袍是出了名的昂貴、華麗及穿戴不便；並且有些教派不認為神祇的侍從是以僚屬的身分來進行儀式，所以神職服裝的式樣是樸素與毫無舒適可言。大家因此也就覺得神職服裝理應如此。

有關敬神儀式規範的領域中，染上揮霍原則的，不僅限於樹立一個虔敬的適當奢華準繩。揮霍原則還觸及所使用的方式和所使用的工具，並且旁及越位休閒和越位消費。教士舉止最佳的境界是超然物外、悠哉閒哉、照章行事、還有六根清淨。當然，這個境界隨著教派及會所的不同，而有程度上的差異；但所有主張神人同形同性論（anthropomorphism）的教派，其教士的生活中，時間上越位消費的跡象是顯而易見的。

敬祀儀典中形諸於外的各項細節，處處出現類似越位休閒規範的痕跡，只須稍加指點，旁觀者即一目瞭然。所有宗教儀軌都存在簡約成制式演練的明顯趨勢。這種制式發展在較為成熟的教派中尤其顯著，其教士的生活和服飾同時也更見樸素、華貴和莊重；在那些較為新興的教派中，對教士、服飾、教堂寺廟的品味還沒那麼講究，但其敬神禮拜的方式和形式亦依稀體現這種制式演練的趨勢。教派愈是歷史悠久、根深柢固，其敬神儀式的演練愈見一板一眼（「敬神儀式」〔service〕一詞的內涵對現下的論點有畫龍點睛之效），這種演練的行禮如儀是很對正規敬神品味的。正由於敬神儀式乃照章行事這一事實，恰足以說明，這位主子早超出要其僕從在為其舉行的敬神儀式上有實質得利這種庸俗的需要。他們都是無從取利的僕從（unprofitable servants），他們堅守無從取利對其主子卻有著尊崇的意涵。至此神職和僕役之間的極其類似就不言可喻了。在兩者之間任選其一皆能體認到，敬神儀式和貼身服務中所顯現的行禮如儀是但求執行上符合形式，就是以滿足我們對這類情事何者為宜的情緒。神職人員在執行任務時，絕不能顯露駕輕就熟或輕而易舉的神情，以致讓人對其工作有無足輕重的感覺。

凡此種種，當然和那些習以財力贏得聲譽規範的信徒們，公然以自身經驗賦與神祇之氣質、品味、好惡、及生活上的習慣有關。炫耀性揮霍的原則透過深入人們的思維習慣，乃展現在信徒們對神祇和對人神臣屬關係的概念上。當然，這種充斥著唯財是美的氣氛，在較為原始的教派最為顯眼，但此一氛圍在其他教派也是司空見慣。所有民族，姑無論是處在那個文化的階段或啟蒙的程度，對其神祇的個性和生活習性缺乏確實資訊，不得不建構一些合理情事來補不足。當藉助想像力以豐富和充實其對神祇儀態和生活方式的描繪時，他們就自然而然將其理想中有價值之人所應具備的特質賦與了神。並且為了要和神祇進行靈交，其交流的工具和方法是盡可能和人們當時心目中最神聖的理想方式同步。他們覺得按照某些特定公認的方式並配之以某些特定的物質環境，這在一般大眾的理解上是與神格特別的相稱——神祇就以最優雅的姿態和最具效果的方式顯靈。當然，在類似靈交的場合，要想恰如其份的達到一般大眾理想中的進退禮節和應有的行頭，很大程度上是形塑自人類在隆重場合，對舉止和氛圍上符合一般大眾所理解的本質高尚和美麗。純就此點而言，在分析敬祀舉措時，如果憑著所觀察到的，以財力贏得聲譽的證據，全都直接並單獨歸因於對財力攀比的重視，就有點偏差了。如果因此就像一般大眾所認為的，神祇很在乎其財力的排行，並且對簡陋環境與卑賤狀況有避之唯恐不及和任其自生自滅的習性，只因為他們在財力崇敬上的等級不足，其實也是一種偏差。

然而，即使各方面的因素都考慮進去，也得承認以財力贏得聲譽的規範，確實直接或間接地左右我們對神祇屬性的概念，還有在與神祇靈交時，什麼樣的態度和情境才算恰當及適宜。大家都覺得神祇享有的生活習慣必然格外寧靜和悠閒。當為了啟發或喚起敬神的渴望，虔誠的說教者理所當然的會以詩意的想像來描繪神祇的住所，並使得聽眾腦中浮起一張填滿富裕與權勢標幟的王座，以及被一大群隨扈圍繞著的景象。在此類描述天國住所的一般趨勢上，這群侍從的職責就是越位休閒，他們的時間和精力，大都放在認真頌揚神祇值得讚嘆的美德和功績這類非生產性的工作上；而在宏法的現場，總是充斥著貴重金屬的絢麗光彩和更為珍貴的寶石耀眼的光芒。財力規範滲入虔誠理想到這種極端程度，只是敬神渴望較為粗糙的表現。一個極端的例子發生在美國南方黑人族群敬神的想法上。他們的說教者無法將敬神的任何事物降到比黃金便宜的地步；在這種情況下，對財力之美的堅持，竟使黃色產生出驚人的效果——如此一來，是喜好素淨品味的人所不能忍受的。只不過，大概沒有教派不是用財力至上這套想法，來權充敬神儀式適當性的理想境界，這引導了人們對敬神禮器這方面何者為宜的概念。

同理，大家認為——而在情感上也是如此看待——神的帶職僕從不應從事辛勞的生產性工作；任何種類的工作——任何能帶來人類實體使用的勞動——絕不可在神祇面前，或在教堂寺廟的轄區內進行；大凡進入教堂寺廟的人，必須洗盡其儀容或穿著上所有褻瀆神靈的孜孜營營氣息，並穿戴上較平日光鮮的衣物；在假日除了朝拜或與神祇靈交，任何人都不得從事世俗用途的工作。甚至是關係疏遠之凡人的侍從，至少七天中也要有一天執行越位休閒。

人們對這些敬祀儀典和神人關係，自認何者為宜的所有論述中，在在顯示以財力贏得聲譽規範的實質影響是再明顯不過了，無論這些規範在上述兩方面，對於評價虔誠的影響是立即的或迂迴的。

這些博取聲譽的規範，對人們有關消費品的審美觀或實用性，也有類似卻更為深遠及更具決定性的影響。財力禮儀的要求，在很大程度上，左右了人們對日常用品或美術品的審美觀及效用。有些物品之所以讓人樂於使用，大都因為其具有炫耀性揮霍的性質；這些物品讓人覺得有用，是和其具浪費性質以及和表面用途不相稱，有很大干係。

大凡以美感定價的物品，它的效用和該物品的昂貴與否息息相關。這種依賴關係用一個平凡的例子就可以說明。一隻手工打造的湯匙，售價大約十到廿美元，通常不會比一隻同樣材質卻是機器製造的湯匙更具實用性能——依該詞的原始涵義而言。它甚至不見得比一隻用某些「賤」金屬——比如說鋁——為原料的機器製湯匙更具實用性，而後者的價值或許不超過十到二十美分這個範圍。其實，手工打造的湯匙通常在工具使用設計上還遠不如機器製湯匙那樣符合其表面的目的。於是，現成的反駁理由是，若從這方面來看問題，即使不是忽視了成本較高的湯匙之最主要的用途，也是其中一個主要的用途；手工打造的湯匙滿足了我們的品味、我們對美的感覺，而以賤金屬為原料的機制湯匙除了其樸質的實用效果外，別無可取之處。這段反對的論述誠如其所言都是事實，但若經仔細推敲，就可看出這個反對的論述只不過是說得過去而非定論。情形看來像是（一）儘管製成這兩隻湯匙的材質各自擁有其在使用上的美感及性能，手工打造的湯匙其材料價值比卑賤金屬的機器製湯匙其材料貴上百倍左右，但就實在本質或色澤之美而言，手工打造並不比機器製造卓越到那裡去，還有從器械的實用性能而言，前者也沒有比後者好多少；（二）如果這隻被設想為人工打造的湯匙經過仔細檢驗後，竟然是非常精緻的倣造品，只有受過訓練的專業眼光才不被其線條及外觀所迷惑，則該件物品的效用，包括使用者以其作為美術品來觀賞所帶來的愉悅感，將立即滑落百分之八十或九十，或許還不止；（三）假設這兩隻湯匙對一個相當細心的觀察者來說，在外觀上幾近相同，僅有贗品的重量較輕才露出破綻，但只要這隻便宜湯匙不是件新奇之物，只要在正常價位下就可買得到的話，其在形式及色澤上的相似度，既不能提高機器製湯匙的價值，也鮮少能增加使用者在觀賞其「美感」時所產生的愉悅。

湯匙的這個案例是很典型的。人們在使用和觀賞某些價值昂貴及認為具有美感的產品所帶來的高度愉悅，通常在很大程度上，是藉著美麗之名所呈現的高價感帶來的滿足。我們對優良物品有較高的評價，多半來自對其特殊尊崇性質的評定而不是純就其美感來論斷。炫耀性揮霍的這項條件，一般說來並非有意識地出現在我們品味的規範之內，但它確實是作為一個限制的準則而存在，有選擇性地形塑和維持我們的審美觀，並且指引我們辨別何者才是法定認可的美，何者不是。

正是在美麗和尊崇相交融這一點上，要對任何具體情況區分其實用性和揮霍度的成份是極其困難的。一件物品，在符合炫耀性揮霍的尊崇目的之同時，也是一件美麗客體，這種情況是所在多有；用以產生該物品尊崇目的之效用的勞動，可能並通常會賦予該物品在形式和色澤上的美麗。實際上，許多物品，例如用來佩戴和裝飾的寶石、金屬和其它材料，之所以能產生炫耀性揮霍項目的效用，就因其先前就具備美麗物質的效用，如此一來，事情就更為複雜。譬如說，黃金具有高度的感官之美；非常多——如果不是大部分——極為珍貴的藝術品本質上是美麗的，雖然常與其材料符合尊崇有關；某些用作服飾的材料、某些風景及許多其他事物亦莫不如此，只不過程度有別而已。要不是這些物品具有本質上的美麗，就不會這樣讓人垂涎或成為其擁有者及使用者藉以傲人的獨占物。這些事物對擁有者的效用，與其說是來自其本質上的美麗，還不如說是在於擁有和消費時所帶來的榮譽，或在於能避免受窘。

這些客體除了具有其它方面的實用性外，本身是美麗的且由此產生效用；如果能予以挪用或獨享則更是值錢；因此，這些客體就被覬覦為有價值的擁有，能予以獨享，除了能帶給擁有者財力優勢的滿足感，同時也充實了擁有者在觀賞時的美感。但客體之美，僅就其原始的字義而言，並非構成其被獨占或其商業價值的基礎，之所以如此純屬偶然。「以寶石帶給感官之美那樣的震撼，是由於其稀少性和價格令其特顯珍貴，如果價廉則無此待遇。」確實，光就這類美麗物品而言，除非其具有作為炫耀性揮霍項目的尊崇特質，在一般情況下很難引起人們專有和專用的動機。屬於這類性質的大多數客體，除開部分作為私人佩飾用品，所具備的其他性能遠超出尊崇的特質，不管持此看法的人是否擁有該項客體；即使是私人的裝飾品，也得是該客體的主要目的在於能讓佩戴者（或擁有者）和沒佩戴的人相比之下獲得更高的評價。美麗客體的美感性能，並不因其被擁有而大幅提高或普遍提高。

討論至此，得出一個通則，那就是任何貴重的客體要想引發我們的美感，必須符合美麗和昂貴這兩項要求。然而，事情尚不止於此。在這通則以外，昂貴這一規範也影響了我們的品味，當我們在評鑑某件客體時，常將該客體的美麗本質和其昂貴這一標幟混淆在一起，卻將這樣綜合的結果單純以美麗評價之名來涵蓋。如此一來，昂貴這一標幟竟被視為是貴重物品的美麗特質。這些物品之所以令人喜愛正因為其具有價值不菲的標幟，而在這方面所帶來的愉悅和該物品的美麗形式及色澤所帶來的愉悅，遂混在一起難以辨認；於是，我們常聲稱某一物品，例如一件服飾「十分可愛」，經分析該物件的美學價值之基礎，竟大都是著眼在其具有財力上的尊崇。

這種將昂貴和美麗兩個元素混在一起致帶來困擾的情況，大概以衣飾和家居傢俬這類物品最能顯現。就衣飾而言，博取聲譽準則決定了時下公認的人們服飾應以何種式樣、顏色、材質和綜合效果為宜；要是背離了這個準則就觸犯了我們的品味，也被認為是與美學的真理背道而馳。我們對時尚穿著的認同絕不能視為純粹的人云亦云。我們很容易從流行事物中發現其娛人之處，且大多時候是極為認真的。例如，當衣飾的時尚是講究細緻、光鮮潔亮和中性色彩時，我們對蓬鬆衣物和鮮豔的色彩效果就看不上眼。今年的花式女帽款式，對我們今天所帶來的感覺，毫無疑問會比去年同等的花式女帽款式來得強；雖然，如果以四分之一世紀的未來眼光來衡量，要想在這兩頂帽子中選出那一頂最具真正美感，則我認為是件極端困難的事。因此，還有值得一提的是，若純粹從其與人體外形的配合度來考量，一頂紳士帽或一雙漆皮鞋的細緻光澤，並不會比磨舊袖口的油亮更具真正美感；可是，所有（西方文明社會）有教養的人都本能的、毫不遲疑堅信前者的光澤就像是極頂美麗的現象，並對後者的光澤避之唯恐不及，這是不容置疑的。若是基於某些非屬美學的強烈理由，會有誰願意穿戴像文明社會的高頂禮帽這種玩意，是很令人質疑的。

隨著人們習慣於對物品的昂貴標幟抱持讚賞態度，同時又經常將贏得聲譽視同美麗，漸漸的，一件美麗的物品，如果不夠昂貴就不算美麗。如此一來，遂出現，例如，某些美麗的花卉在習俗上被視為惹人厭的莠草；也有些比較容易栽培的花卉，受到那些買不起更奢華品種的下層中產階級的認同和喜愛；但是這些品種卻被某些人斥之為庸俗，這些人有能力負擔昂貴的花卉，並且對花匠產品所呈現的財力之美，受過高等有計畫的薰陶；還有另一種花卉，不見得比前一種更具美感，但要花高成本來培育，卻贏得那些愛花成癖者的激賞，這些人的品味是在優雅環境的嚴格督促下成熟起來的。

這種品味的變化，隨著社會階級的不同而有所移轉的情形，在許多其他消費品上亦隨處可見，諸如，傢俱、房舍、公園和庭院也莫不如是。這些不同類別的物品以何為美，其觀念上的分歧，並不是依據單純的工藝美感而在規範上有所歧異。這項分歧，也不是物品的材質在美學領域上的素質差異，反而是博取聲譽準則的差異，該準則指定了所要評比的這個階級，哪些物品適宜列入其尊榮式消費的範疇。這項分歧是有關物品的屬性，在禮節的傳統上所呈現之差異，這些物品可以冠上品味與藝術之名來消費而不致貶損消費者的身分。這些傳統除了基於其他理由而稍予變通外，大都是嚴格受制於該階級生活的財力水準。

日常用品在展現財力之美的準則上，是如何隨著階級的不同而各異，還有習俗上的美感呈現，與未受到以財力聲譽為條件所薰陶的美感，是如何的背道而馳，都可在日常生活中找到許多令人嘆為觀止的例子。就像鋪有茵茵綠草或修剪整齊的庭院或公園，一向符合西方各民族的品味。這種品味在長顱金髮（dolicho-blond）因子居明顯優勢社會中的小康階級更是如此。茵茵綠草，單就其作為統覺（apperception）的客體而言，毫無疑問是具有感官之美的成份，也因此幾乎所有種族及所有階級皆一致視其為美；但，或許，茵茵綠草在長顱金髮的人種眼中，可能比在大多數其它人種眼中更具無以言宣之美。這項人種因子比其他人種對一望無涯的草坪之高度評價，是伴隨著長顱金髮在氣質上的其他特定特徵而來的，這些特徵顯示該人種因子曾是長期棲息在潮溼氣候區域的游牧民族。對一個承襲著草地氣息的民族而言，修剪整齊的草坪在他們的眼中，就聯想到一片妥善照顧的牧場或草原那樣令其心曠神怡。

為了美學的目的，茵茵綠草是一片牧牛場，而時至今日在某些情況下——即是，伴隨場景的奢華而容不下任何窮酸氣——長顱金髮的田園，就藉由引進一頭牛倘佯在茵茵綠草或私有土地上而重現。在這種場合之下，作為點綴品的牛隻通常屬於名貴的品種。然而俗世有關節儉的聯想，幾乎和牛隻是密不可分的，而且是站在反對該類動物作為點綴之用的立場。所以在任何情況下，必須避免以牛隻作為品味的客體，除非四周奢華的氛圍足以排解這種聯想。如果要平撫那種渴望有些草食動物來滿足其對牧場的聯想是勢在必行的話，牛隻的位置常讓位給某些或多或少不甚恰當的替代物，像鹿、羚羊、或某些異國珍獸。這類替代物在西方人士的游牧者眼中，雖然比不上牛隻的美麗，但在這種情況下，由於其異常的昂貴或毫無用處，以及因此帶來的聲譽，反而為人們所喜。這類替代物無論在實際上或在聯想上，都不是世俗認為可以生財的工具。

公眾的花園當然和茵茵綠草屬於同一類別；於是公園充其量也不過是牧場的模擬。保養這種公園最好的方式理應是放牧，而牲畜倘佯在草地上，本身就是對公園的美加分，可是大凡曾見過妥善保養牧場的人，卻少有此要求。值得注意的是，為了在大眾品味中體現財富的要素，卻很少採用這種保養公共場地的方式。熟練的工友在訓練有素的管理員監督下，所能做到的最好狀況就是跡近牧場的翻版，卻只能以缺少放牧的藝術效果而告終。因為在一般大眾的想法中，一群牲畜是節儉和實用的鮮明象徵，而在公共娛樂場所出現其蹤影則是難以忍受的庸俗。相較而言，這種保養公共場所的方式既然如此的不事奢華，所以是不合禮節的。

公共場所的另一個特徵也具有類似的普及心態。那就是在刻意表現奢華的同時，還帶著平易和自然實用的偽裝。某些私人庭園，當其管理人或擁有者的品味是在中產階級的生活習慣下養成，或當下這一代在孩提時就浸淫於上層階級的傳統，也會呈現類似的品相。至於那些新進的上層階級，以迎合的觀點所啟發出來的品味，其庭園就缺少這種顯著的特徵。上一代和新進的菁英在品味上出現這種差異的原因，就在於變動中的經濟局勢。類似這種表現在娛樂場地所公認的典範差異，在別的場合也同樣感受得到的。以本國而言，一如大多數其他國家那樣，直到最近這半個世紀為止，居民人口中只有極少一部分人所擁有的財富能使其免於儉樸。由於聯絡工具的不完備，該一小撮人乃散居各處且彼此難以進行有效的接觸。因此，「視奢華如無物」的品味就缺乏成長的基礎。良好教養的品味對世俗儉樸的反感方興未艾。在有些場合中，耗費不大或樸實無華的氛圍偶而體現出單純的美感，卻仍得不到「社會的認同」，因為「社會的認同」無他，惟有為數眾多且持相同觀點的人才能賦予。於是，在上層階級尚未形成「忽視公共場所的經營可能出現不事奢華」的意識下，自然而然的，有閒階級和下層中產階級對娛樂場地在品相上的典範，就沒有太大的分歧。這兩個階級在構築其典範的過程中，都同樣懼怕遭到財力上力有未逮的恥笑。

今日階級間出現典範的分歧已愈來愈明顯。有閒階級中有超過一代以上毋須為工作及財力費心的人數，現已多到足以就品味的課題形成輿論並堅持下去。階級成員日益增強的活動力同時也為階級內達成「社會的認同」添加助力。對這個得天獨厚的階級來說，免於儉樸已是司空見慣的一件事，乃致以其作為財力禮儀之基礎所帶來的效用已喪失殆盡。因此，這批新進的上層階級，其品味規範不再堅持無休止的展示奢華及極力的排斥儉樸。於是，在這批具有較高社會及智力層級的人群中，就出現了公園及私人庭園展示鄉野氣息及「渾然天成」風貌的癖好。這種癖好很大部分來自技藝本能的展露，其所產生的成果，體現了與規範不同程度的一致性。這種癖好並非全然境由心生，且有時逐漸轉化成和前文提到的野趣偽裝沒多大差別的東西。

即使是在中產階級的品味中也可發現，這類旨在強調即時和毫不浪費的用途，其原始實用性設計中的缺陷；但其仍牢牢遵守講求華而不實的規範。如此一來，自會導出一系列方法和手段來粧點實用性——諸如帶鄉村野趣的籬笆、橋樑、涼亭、帳蓬和其他與此類似的裝飾性事物等等的設計。最足以表現這種實用性的矯情之作，就是用鑄鐵打造鄉村野趣的籬笆和格子棚架，或在平坦的地面上修條宛延的車道，這或許早就和當初體現儉約之美的用意大相逕庭了。

至於那得天獨厚的有閒階級，早已不借用這類準實用性以展現財力之美的變形手段，至少在某些方面是如此。但新近加入的有閒階級和中產階級以降，其品味仍要藉助財力之美來襯托藝術之美，即使對那些純因具天賦之美而獲得欣賞的事務也復如是。

這類情事的大眾品味，從人們普遍對公共場所的制式花壇及其修剪裝飾的手工之高度讚賞，可得知一二。最近對哥倫布博覽會舊址進行的改造工程，或許可視為中產階級此類重視財力之美超過藝術之美的品味最貼切的寫照*。該例證足資證明，即使在一切浮誇浪費的展示都已盡力避免的情況下，體面的奢華這個要件仍鮮活地呈現。要是同樣的場地交由不受品味財力規範約束的

*譯者按：一八九三年五月至十一月在芝加哥曾舉辦哥倫布博覽會，以紀念哥倫布發現美洲大陸四百周年。

人士，來主持該項重建工程，其所顯現的藝術效果也許會和我們實際所看到的迥然不同。甚至連該城市人口中的上層階級在觀賞重建工程的進行時，也對其讚賞不已，這適足表明，就此事例而言，該城市的上、中、下階級，其品味即便有些差異，也是微不足道的。在這財力文化具有領先地位的標誌性城市中，其居民的審美觀不敢稍微背離其炫耀性揮霍的偉大文化原則。

對自然的喜愛，也許其本身就來自於上一層階級的品味準則，在這種財力之美規範的導引下，有時候會以出人意料之外的方式來呈現，而產生的結果或許會令不加細究的旁觀者覺得格格不入。例如，本國行之有年，在缺林地區種樹的措施，已演變成在林木茂盛地區從事尊榮式支出的一個項目；所以在鬱鬱蔥蔥的地區，整個村莊或整個農戶，會將其土地的原生樹種全部砍伐，並立即在其中庭或街道旁重新植上某些從國外引進品種的樹苗，也絕不是那麼的不尋常。如此一來，整片生意盎然的橡樹、榆樹、櫸樹、白胡桃樹、鐵杉、椴木和樺樹林，往往遭到剷除以騰出空間給楓科、白楊和柳科的樹苗。人們的想法是，讓這些森林的原始樹種不花分毫的矗立著，會有損尊貴的形象，而尊貴必須投資在專供裝飾和尊崇目的而設的事物上。

類似這種以財為尚對品味導向的深遠影響，在時下對動物之美的標準上，也是有跡可尋的。此項品味的規範，對於牛隻在眾人審美的等級排行上所起的作用，前面已有所論及。同樣的影響也適用於其他馴化的動物，只要牠們對社會有著相當程度的生產貢獻——例如，穀倉前的家禽、豬、牛、綿羊、山羊、馱馬。這些動物都有著生產性財貨的本質，且以專供使用、通常是以謀利為目的；因此美麗的辭語不會輕易落在牠們身上。至於那些原就不以生產為目的而飼養的馴化動物，諸如鴿子、鸚鵡，及其他籠養鳥類、貓、狗及善跑的駿馬等，情況就大不相同。這些動物一般屬於炫耀性消費的項目，也因此在本質上具有尊榮性，故可順理成章地被歸類為美麗。這類動物一向備受上層階級所喜愛；至於那些財力稍遜的階級，以及有閒階級中那得天獨厚的一小群人——他們已不太在乎這套摒棄節約的嚴厲規範，都能欣賞這兩類動物之美，就不大會逕以財力來給美醜劃出一道嚴格的界線。

有關那些被歸屬為尊榮性和號稱美麗的馴化動物，有些輔助性的優點基礎值得一提。鳥類在馴化動物中屬於尊榮性一類，而其所以能在這類中占一席之地，純歸因於其非謀利性的特性，除了鳥類之外，其他格外引人注目的馴化動物有貓、狗和善跑的駿馬。貓的名聲比起剛提到的那兩類要來得差些，因為貓的揮霍性弱些；甚至貓可為實用目的服務。同時，貓的氣質並不符其供作尊榮性目的的身分。貓與人類的相處是一視同仁的，完全不涉及身分地位的關係，而這種關係一向是被視作價值、尊崇和名譽之所以有差別的基礎，並且貓又不能讓主人在和鄰居進行歧視性的對比時，做出出色的貢獻。不過就最後這項規則而言，像安哥拉貓那種罕見和令人驚艷的產物可算是個例外，安哥拉貓由於身價不菲致稍具尊榮性價值，也因此在財力基礎上，能博得某些稱之為美的特別權利。

狗具有無實用性的優點，一如其在氣質上的特別天賦。就以最為人樂道的秉性而言，狗常被稱為人類的朋友，其聰慧和忠誠更是備受讚賞。這意謂著狗是人類的僕役，並具有毫無保留的奉承天賦，及善於揣摹主人心情的奴隸敏感度。這些特性——就此處而言，即可視之為具有實用特質——除了使狗和主人的身分關係非常配合外，狗還具有某些在美學價值上較為模糊的特質。狗是馴化動物中性格最猥褻而習性最齷齪的。正是這種特質，狗對其主人總裝出一副卑躬屈膝、諂媚討好的姿態，而對其他事物隨時擺出惹人厭煩和橫加破壞的架勢。如此一來，狗藉著滿足人類的支配偏好之同時，博取人類的歡心，又由於狗是一種開銷的項目，且通常不負有生產的任務，遂使得狗在人類的認可中，確保其作為贏得令譽的一種工具。與此同時，狗又和人類有關打獵的想像聯繫在一起，打獵是一項值得誇耀的體力活動，又是抒發榮譽性掠奪衝動的表現。

處於這種有利的條件下，不管狗在形態上和動作上具有何種美感，以及狗具有何種可讚許的智力特質，都能受到人類習俗上的認可和誇大。甚至於那些由愛狗成痴的人所培育出來奇形怪狀的變種狗，也都被許多人衷心地嘉許為美。這些變種狗——其他為奇情雅興而飼養的動物變種也是如此——在美學上的等級和評價，大體上是和其在既定的畸形情況下，怪異的程度及特別款式的不穩定性呈正比的。光就目前討論的情形而言，這種基於怪異程度和結構的不穩定性所產生的差別效用，可簡化為其稀有性的條件和連帶出現的開銷。這類犬科怪胎，就像時下供男性及女性作為寵物犬的品種，其商業價值是以其培育的高昂成本來考量，而對於飼主的價值，主要在其能成為炫耀性消費項目所產生的效用上。透過尊榮性奢華的反映，間接的體現出狗的社會價值；於是乎，藉著字辭和觀念的簡單轉折，狗遂成為眾所艷羨的寵物，也贏得美麗的稱號。因為對這些動物再怎樣照顧，也絕不意味著想從中得利或別有用途，這只會帶來好的名聲；正由於細心呵護這些動物的習慣並不受到質疑，所以就會演變成極為強韌又極具仁慈性質的耽迷。由此可見，奢華的規範在對寵物的鍾愛中，或多或少的迂迴性起著準則的作用，而指引和形塑其鍾愛對象的感情和選擇的正是這個準則。往後我們將會指出，有關人對人的感情也有類似的情況，只是在這種情況下，上述準則起作用的方式有所不同。

善跑的駿馬，其情況大致和狗的情況相類似。總體來說，就生產目的而言，駿馬是屬價昂、或揮霍和不具實用性的。駿馬要說有什麼生產性的用處，足以增進社會的福祉或改善人類的生活舒適度，大概就在於其力量的展示和行動的敏捷，能滿足大眾對美感的需求。這一切當然是屬於本質上的實用性。馬並不具有像狗那樣程度的奴性依賴這種精神性向；但馬能有效地促成其主人想要將周遭的「活力」化為己用且任其支配，並透過這些來展示其意欲掌控個性的這種衝動。善跑的駿馬至少在潛質上是匹賽馬，也許潛能的高低有別；正因其能如此，這對主人就特別的具有實用性。善跑的駿馬所帶來的效用，大都在作為攀比工具的效能上；駿馬滿足了主人想要其坐騎凌駕於鄰居坐騎的征服慾和支配慾。這項用途不屬於謀利性質，且總體來說，還是頗為揮霍甚至有點炫耀性意味，正因這屬尊榮性的，遂給善跑的駿馬一個強而有力的榮譽性推定地位。不僅於此，賽馬本身作為賭博工具，也同樣是具有非生產性卻具尊榮性的用處。

因此，善跑的駿馬以美學的角度來說屬於幸運兒，無論就其所具備的美感或實用性，都因符合以財為尚的規範而備受稱讚。駿馬的優點是以炫耀性揮霍這項原則為面子，還有支配欲及攀比欲這類掠奪型性向做裡子。況且，駿馬確是一種美麗的動物；雖然對某些品味尚未被啟發的人而言，競賽用的駿馬，其美感並不是那麼的出類拔萃，這些人既不屬於熱愛競賽用馬的階級，也不屬於那群對美的判斷已完全受制於駿馬狂熱者的道德所約束的階級。對於這種未受指引的品味來說，最美麗的駿馬似乎是那些體型沒受到多大改變的馬，而不是那些飼主刻意培育其成競賽用的馬。然而，每當一位作家或演說家——特別是那些文采最平庸無奇之輩——為了辭令上要說明動物之優雅和實用性，總習慣舉駿馬為例；並且還常常在敘述完成之前，直截了當的指陳其心目中所想的，正是作為競賽用的駿馬。

當談到為形形色色的馬和狗進行評等論級時，值得注意的是，即使有些評級符合對這方面的品味較為平實的人，但也可發現其他深受有閒階級博取聲譽規範的直接影響。例如，本國之有閒階級的品味，某種程度上是受到英國有閒階級正在流行的、或認為其還在流行的風俗及習慣所形塑的。這種情況在對馬的評級上，比對狗的評級來得清楚。就馬而言，特別是供乘用的馬——它充其量僅僅是為了達到揮霍性展示的目的——在一般情況下，總是越具有英國的品相就越美麗；英國的有閒階級，就尊崇的習尚方面而言，乃本國的上層有閒階級，因此成為其較低等級的範例。這種在美麗的統覺方法和品味的評判形成上所做的倣效，不見得帶來一種虛假的偏愛，或至少不是一種偽善或裝腔作勢的偏愛。在這項基礎上所形成的偏愛和在任何別項基礎上所形成的偏愛，都是同樣的認真和實質品味的成果；其間的差別只在於這類品味是符合聲譽上的正確品味，而不是美學觀點上的真實品味。

應該這麼說，此種倣效遠超出單就駿馬軀體之美來做認定的這個範圍。倣效的對象尚包括裝飾用的馬具和駕御的騎術，因此，舉凡正確的或有派頭的美麗坐姿或騎姿，莫不取決於英國的習尚，連騎乘的步伐亦復如是。其實在何種狀況下，哪些姿勢是受到財力之美規範，哪些則不然，是帶點偶然性的，為了說明這點，或許得注意這種英國式騎乘方式，和那特別彆扭的騎乘步伐（而正是這種步伐使得非要採取那種不雅的騎乘方式不可），那是當時英國道路泥濘不堪所殘存下來的印痕，因為英國道路是惡劣到很難令馬匹以一種較為從容的騎乘步伐好好的通過；職是之故，時至今日對騎術有著高雅品位的人士，還得以一種不舒適的騎姿和踩著彆扭的步伐，駕馭一匹被截短尾巴的矮腳馱馬；理由就是英國的道路在十九世紀很長一段時間，都不能讓一匹馬以較為像馬的步伐來馳騁，或者說英國的道路不是為動物而修，使得馬匹能如其本性的在既堅實又開闊田野上輕鬆的奔跑。

品味的規範長久染上以財力贏得聲譽此一規範的色彩，並不僅限於可消費的物品這方面——包括馴化動物在內。其對人體美的方面，也找到類似的影響。而世俗傳統上，大眾偏愛將成年男子的威嚴（悠閒）儀態及魁偉體態與其富裕連繫在一起的，為避免這類影響可能挑起的任何爭論，此處不擬就其間的關連多所著墨。然而這些人體特徵，已在某種程度上被視為人體美的元素。不過，在另一方面，有些特定的女性美的元素也屬於這個範疇，同時也由於其特質是如此的具體及突出，實值得予以縷述。當社會的經濟發展階段處於婦女的價值是由上層階級根據她們所提供的服務來衡量時，女性美的典型，是充滿活力的四肢健壯婦女，這幾乎是一個通則。評估的根據主要是體格，而面部的輪廓僅是次要的考量。這種早期掠奪型文化的女性美典型，最著名的例子就是荷馬詩篇中所吟詠的少女那樣。

這種典型，隨著後續的發展，當高階主婦的職責在習俗的分等上，只剩單純的執行越位休閒時，就面臨改變。這種典型也因此包含了理應由休閒生活長期實施，或伴隨著這種生活所衍生的特質。在這種環境下所認可的典型，或許從騎士時代的詩人和作家群對美麗婦女的描述中可略窺一二。那個時候，處在習俗分等表高位的女士們，被認為要予以終生的呵護，並且嚴守分際的免除一切實用的勞動。如此一來，騎士派或浪漫派的美麗典型主要注重顏面，並且強調五官的精緻、和手腳的纖細、體態的輕盈，尤其是腰肢的款擺。在那個時代有關婦女的圖像化代表作，和現今懷有騎士派思維及感覺的浪漫型倣效者的身上，腰肢已被緊縮到意味著弱不禁風的程度。同樣的程度仍殘存在現代工業社會裡頗大一部分人的心中；但也要指出這類典型，在那些處於經濟和公民社會低度發展的現代社會裡，以及殘存著最多等級制和掠奪制的現代社會裡，愈是根深柢固的維持著。換言之，將這類騎士派典型保留得最完整的現存社會就是那本質上最不現代化的社會。這類多愁善感型或浪漫派的典型，在歐洲大陸國家中的小康階級品味裡是司空見慣的。

在工業發展達到較高水準的現代社會裡，上層有閒階級已累積起大量財富，可令其婦女們擺脫所有世俗生產性的勞動。此時婦女作為越位消費者的地位，開始在人們對軀體的熱愛中退卻；如此一來，女性美的典型又開始走回頭路，從弱不禁風的纖細，白裡透紅和瘦可盈掌的苗條，轉向古代型態的婦女；再也不是四肢不勤的人體，或承認軀體上亦有粗壯物質的事實。西方文化民族對於美麗的典型，在經濟發展過程中，曾從講究體格的婦女移向纖纖仕女，然後又逐漸回復到婦女身上；而這一切都遵循著財力攀比中變動的條件。某段時間，競賽的當務之急需要精力旺盛的奴隸；另一時期，競賽的首務需要越位休閒的炫耀性示範，和隨之而來的明顯四體不勤；然而現在情勢正開始超越這項最後要求的地步，因為在現代工業的較高效率之下，婦女享有的休閒，很可能下滑至尊貴尺度頗低到不再能作為最高財力等級的決定性指標的地步。

炫耀性揮霍這類規範對於女性美的典型，除了產生上述一般性支配作用外，還有一或二個細節值得特別提醒，以顯示其對男人有關婦女之美的感覺所產生之無微不至的強烈約束力。前面業已指出，當經濟演進到炫耀性休閒多被視作獲取令譽的途徑這一階段時，女性美的典型就要求手和腳的精緻和纖細，以及腰肢的輕盈。這些特徵，加上其他通常會與此相伴而成的體格缺陷，足以顯示凡是受此典型影響的人，都不能從事實用性體力活動，且勢必無所事事的由她的主人所供養。她是個廢物而且所費不貲，乃因此具有財力雄厚之明證的價值。其結果就是處在這種文化階段的婦女，乃設法改變她們的形體以盡可能吻合該時代在品味指導上的要求；男士們在財力展示應恰如其份的這項準則指引下，也認為如此人為打造的病態特徵具有吸引力。正是這樣，西方文化社會裡，女子束腰曾經廣泛流傳且蔚為時尚甚久，而中國女子的纏足亦復如是，可資佐證。這兩種事例對於未經養成的感覺而言，都毫無疑問屬於令人厭惡的肢體毀損。要想對此安之若素，需要時間來適應。然而對於那些在生活方式中，已將這種肢體毀損列入滿足財力令譽所核可的尊榮項目之男人而言，是不會質疑其吸引力的。這些肢體毀損一旦屬於顯示財力和文化之美的項目，遂形成具有女人味之理想標準的元素。

當然，此處指出的各種事物，其美學價值和要比出高下財力價值間的連繫，並不出現在評價者的意識中。當一個人在做出品味的判斷時，往往只考慮到並且反映出美麗的客體本身是帶有揮霍性和榮耀性的，也因此該客體或許可被正式列入美麗之林；這種判斷並不是實質的品味判斷，也不是此處所要討論的這種連繫。此處所堅持的博取聲譽和所感受到客體之美間的連繫，要透過博取聲譽已形成了評價者的思維習慣這樣的影響。該評價者對其必須考慮的客體習慣上會從不同的價值觀——經濟的、道德的、美學的或名譽上的——來做出判斷，當他從審美角度出發來評價某特定客體時，他是抱著什麼其他角度來看待這特定客體，就會影響其對該客體的鑑賞程度。要是評價的基準像美學和名譽如此關係密切的話，影響的情況就更為明顯。從審美角度出發的評價和以名聲考量的評價，不是那麼可能的涇渭分明。這兩種評價特別容易引起混淆，因為從名譽角度來看客體的價值，在言語中向來並不使用一種專門的描述語彙來加以區分。其結果很自然就會把那些慣於用來表達美麗的類別或元素的語彙，套到涵蓋財力優勢這些未曾命名的元素上來，語言的混淆不清，勢必帶來相對應的觀念的混淆不清。這樣一來，贏得令譽的需求，在大眾的理解中，就和追求美麗感覺的需求合而為一，而且美麗若不帶有良好名聲所認可的標誌，是不能稱之為美的。然而，獲得財力信譽的要件和贏得美麗稱號的要件，在原始感覺上毫無一絲絲的吻合。因此，從我們周遭中剔除那不符合財力要件的部分，大概就會剔除掉美麗元素中與財力要件相左的很大一部分。

品味的基本準繩源起於甚早，也許遠在本文所討論的財力制度出現之前就已存在。美麗的要件，藉著男人對過去選擇性適應的思維習慣之力，其實大部分都能靠不尚奢華的裝扮設計和構造來完成，這些裝扮設計和構造，都很直接的表達其所要扮演的職責和為達到其目標所用的方法。

至此回顧一下現代心理學論點或許是適當的。形態之美看似是統覺運轉順遂的一個課題。這個命題稍作推衍也許還是說得通。如果將那界定為美麗元素的聯想、暗示和「表現」（expression）抽離之後，任何受觀察的客體之美，意謂著人的心智已循著該客體所提供的方向輕易展開其統覺活動。但統覺活動所輕易展開或呈現的方向，正是長期和揮之不去的習性使心智為之傾注的方向。光就美麗的基本元素而言，這種習性是如此的揮之不去和長久到已不僅僅是引導統覺對形體養成一種癖好，還有對生理結構和生理機能所產生的適應性。一旦經濟的利益考量成了美麗的構成分子，經濟利益的介入是以暗示或表現為滿足某一目的而存在，一個能對生活進程有著明顯而易於體現的助益。這種表現在任何客體上的經濟靈巧性和經濟實用性——或許可稱之為該客體的經濟之美——是透過其能對生活的物質目標，提供何種職能和功效而做出簡潔和明確的暗示來體現的。

基於這項理由，在使用的物件中，凡是簡單且樸實無華的物品，在美學上就是最好的，但因為博取聲譽的財力準則排擠了私人消費中使用廉價的物品，人們對美麗事物的渴求必須透過妥協的方式來滿足。美麗的準則必須用某種裝扮設計來掩飾，這些裝扮設計提供一種體面性揮霍支出的證據，但同時又符合人們對實用和美觀那臨界感的要求，或至少要能符合某些代行這類感覺的習慣上要求。品味的這種輔佐性感覺就是新奇感；而這項新奇感是靠著人們對精巧而又費解的設計抱持好奇心，來達成其推波助瀾的代理作用。於是就會出現這種情形，大多數號稱具有美感的客體或呈現出類似美麗職能的物品，設計上都呈現出令人刮目相看的匠心獨運，並存心以此來迷惑觀賞者——用一些不相干的暗示和不可能實現的隱示來使觀賞者不知所措——同時又彰顯其所耗費的勞力，實遠超出該物品在達成其表面上經濟目標所發揮的全部功效。

這或許可用我們日常習慣和平常接觸範圍以外的事物、因此也是我們偏差範圍以外的事物來舉例說明。就舉夏威夷那著名的羽毛大氅，或有些波里尼西亞島嶼那眾所周知的儀式用斧鉞上頭精雕細刻的把手來說。這些物品之美是毫無疑問的；不但在形體線條和色彩的構成上都令人賞心悅目，而且在設計和營造上，在在展示了其高超的技能和巧思。同時這些物品很顯然不能用來實現任何其他經濟的目標。但是在耗工準則的指導下，並非所有的匠心獨運和引人入勝的裝扮設計都能演進成如此美滿的結果。通常的結果是所有經得起推敲琢磨、能表現美感或實用性的元素，竟遭到徹底的抑制，取而代之的是由一股炫耀性愚蠢為支撐濫用巧思和虛擲勞力的痕跡；以致於日常生活中環繞著我們的許多事物，甚至連平常穿戴的許多衣著和服飾的用品，都淪落到如此不堪忍受的地步，要不是迫於約定俗成的傳統，早就遭人唾棄。這種以機巧和鋪張替代美感和實用性的例子隨處可見，例如，在家居建築、家庭工藝品或擺設，和各種服飾品，尤其是婦女和傳教士的服飾，都有這種情況。

美麗準則要求具有通性的表現。而「新奇性」則因炫耀性揮霍的要求而凌駕了美麗準則，就是這個「新奇性」，令我們品味的客體，其外貌呈現一種特異性的聚集體；更有甚者，這種特異性是處在昂貴規範的選擇性監督下決定的。

這種設計上符合炫耀性揮霍目的的選擇性調適過程，和以財力之美來替代美學之美的取向，在建築術的發展上特別風行。當任何人一旦將美麗元素和尊榮揮霍元素分清後，要想在現代文明化住宅或公共建築物中找到看得順眼的對象是緣木求魚。我們城市中較高等級的出租樓房和公寓住屋，其正門所呈現的千百型態，都是些建築上無窮盡的敗筆，並且給人華而不實的反感。純以美麗客體而言，倒是這些建築物側面和背面沒開窗戶的牆壁，未經藝術家之手染指的部分，通常都屬該棟建築最具特色的部分。

上面所講有關炫耀性揮霍定律對品味規範的影響，如果套用到美學以外的其他目的，炫耀性揮霍定律對我們的物品實用性觀念的影響也同樣正確，但要稍做詞彙上的調整。物品之所以被生產和消費，是作為人類生活得以更能拓展的手段，而其效用的首要之務，在於達此目的之手段的效率。這一目的主要的內容是絕對意義下之個人生活上的充實。但人類追求競賽的癖好，已利用物品的消費作為進行分出高下比較的一種手段，從而賦予消費財貨另一種次要效用——作為相對給付能力的明證。消費財貨這項間接或次要的用途，令消費行為具有尊榮的特性，與此同時，亦使得最能滿足此類消費競賽目的的物品也具有尊榮的特性。昂貴物品的消費是值得頌揚的，並且要是該物品的成本所包含的值得稱許元素，超出該物品外觀上的機械用途所賦予的實用性時，該物品就具有尊貴性。所以，物品中如具有過度所費不貲的標籤就是頗具價值的標籤——透過對該物品的消費，就能帶來高度滿足之間接、且又比出高下目的的功效；相反的，如果該物品在追求機械用途的調適中顯得過於節儉，並且沒有預留昂貴的餘地，以便進行一種能得意分出高下的比較時，此等物品就具有羞辱性，也因此不具吸引力。此項間接效用給物品的「優」級大大提高了價值。為了迎合這種被激發出來的效用感，一個物件必須包含一丁點這類間接效用。

人們剛開始也許只是不認同樸素的生活方式，因為這意味沒有大事揮霍的能力，同時也表示財力的成就稍嫌不足，結果人們就養成不認同廉價事物的習慣，僅僅是因為這些事物如此價廉，就認為其本質上屬於不光彩或毫無價值。隨著時間的推移，每一代人都從其上一代人中承繼這項出手闊綽的傳統，並且對所消費的物品，更進一步的予以闡釋和強化其在財力令譽上的傳統規範；時至今日，人們對一切價廉事物均不足取的態度，最後竟深信到對說出「便宜沒好貨」這樣的諺語不再感到任何不妥的地步。這種認同價昂並且排斥便宜的習慣已徹底的植根在人們的思維中，使得人們在一切的消費中，本能地堅持至少帶著某種程度的揮霍性奢華，甚至連最私密地享用且不帶絲毫誇耀之意的物品也是如此。即使在我們自己家裡的私生活中，如果每天進膳時用的是手工打製的銀質餐具和放在高價位的亞麻桌巾上的手繪瓷器（其藝術價值往往存疑），我們都會認真而毫不猶疑地覺得有點飄飄然。當我們習以為常的生活水準從視為理應如此的水準而有所倒退時，就會覺得這是對我們人性尊嚴的一種嚴重冒犯。因此，與此同理，近數十年來，在晚宴時，燭光一直比其他任何光源都來得賞心悅目。目前在良好教養者的眼中，燭光比煤油燈、瓦斯燈或電燈要來得柔和、不刺眼。不過，在三十年前，當蠟燭是家庭中最便宜的可用光源時，或在最近之前曾經是最便宜光源時，情形可不是這樣的。即便在今日，燭光除了供作儀式的照明以外，並未在其他場合被用作或視作有效的光源。

有一位現仍健在的政治耆老，曾就此地所探討的整個事情總結成一句格言：「衣賤令人賤」，大概沒有人會感受不到這句諺語的說服力。

這種只注意物品中過度奢華的標籤，並要求所有物品皆具有某種間接或分出高下效用的習慣，導致用來衡量物品效用的標準發生變化。消費者在評價貨品時，對其中的堂皇尊貴元素和赤裸裸的效率元素不會分開處理，該兩元素合併構成貨品未經分析的整合實用性。在經過這樣處理的實用性標準下，單純以物質能量取勝的物件是通不過考驗的。為了讓消費者產生完整感和全盤接受，物件必須兼具堂皇尊貴元素。這樣一來，消費物件的生產者，自會將物品的生產過程著重在符合堂皇尊貴元素的這項需求上。這些生產者將抱著極其機靈的態度和極具效率的方式來進行，因為他們本身也奉行著同一套物品價值的標準，並且看到物品未經適當的尊貴加工處理就出廠，也會深感懊惱。職是之故，現今任何行業所提供的物品無不包含某種程度的堂皇尊貴元素。任何一位消費者如果像迪奧茲尼斯（Diogenes）*般，堅持從其消費中摒除一切堂皇尊貴或揮霍的元素的話，在現代市場中，將無法找到能滿足其最最普通需求的物品。確實，即使是消費者靠其自身的努力來直接滿足其需求，他會發現要想擺脫時下有關這方面的思維習慣，如果不是不可能，也是困難重重；因此，他在準備一天消費用的生活必需品中，很難不本能的和不小心地在其

*譯者按：迪奧茲尼斯（公元前404-323年），古希臘犬儒派哲學家，極度輕視安逸的生活，曾以桶為家，白晝點燈尋找正直之士。

家庭製作的產品上，滲進某些費工的尊貴、準裝飾性這些元素。

眾所周知，在零售市場上挑選實用型物品時，購買者被物品的外型和製作技巧所引導，多於關心其任何真正實用性的標籤。物品若要銷售出去，除了盡心在物質用途上賦予其該有的效率外，必須花些可觀的精力，賦予其恰如其份的奢華標籤上。這種讓明顯的價值不菲成為實用性規範的習慣，當然會提高消費物件的總成本。這項習慣在某種程度上使我們常把物件的成本和物件的優質等同起來，而對便宜物件保持警戒。消費者這一方通常極盡能事以較為便宜的代價，來取得能提供所需的實用性物品；不過，明顯價值不菲的約定俗成規矩，卻作為該物品實用性的保證和組成部分，使得消費者面對沒有包含大量炫耀性揮霍元素的物品時，將之視為不符等級而予以拒絕。

有一點要補充的是，消費物品的這些特徵——指的是大眾所理解的實用性標籤，也即是此地所說的炫耀性揮霍元素，其中很大部分之所以能給消費者有好印象，除了價值不菲的原因外，還有別的理由。這些特徵通常展露出熟練和有效率的工藝，即使這些特徵並不會給該物品增添真正的實用性，但無庸置疑，正由於有了這類因素，才使其具有尊貴實用性的特別標籤而風行，往後則以構成物品價值的一個正規元素而維持其地位。有效率的工藝之展現所以能討喜，也僅限於此，甚至在久遠之後，由於未考慮到時間問題，其結果已毫無用處。醉心於巧工細活會帶來藝術感的滿足。不過，同樣要補充一點，長期而言，除非能得到炫耀性揮霍規範的認可，否則類似的熟練工藝、或為了達到目的所使用的機靈和有效的手段，這些表現仍很難贏得現代有教養的消費者之青睞。

此處所提的論點，剛好與以消費為主的經濟體指派給機器製產品的定位相互印證。就供作同一用途的機器製物品和手工製品而言，他們在物質上的差異，一般來說，正是前者更能恰當地滿足其原始的用途。機器製物品是較為完美的產品——顯示能以更完美的調適手段來達到目的。光憑這一點，並不能使機器製物品免於被輕視和被貶抑的處境，因為機器製物品通不過尊榮性揮霍的考驗。手工勞動是較為浪費的生產方法；因此以此種方法製作出來的物品，對取得財力令譽的目的而言較為管用；所以手工勞動的標籤，漸漸又具備了堂皇尊貴的性質，而呈現這些標籤的物品，就比相對應的機器製產品擁有較高的等級。即使不是一成不變，手工勞動這項堂皇尊貴的標籤，通常指的是手工製作的物件，在外形上帶有些許的瑕疵和不平整，顯示製作工在執行原設計時發生疏失。如此一來，手工製作物品的優越性其根基竟是呈現些許的粗糙空間。這個空間絕不能大到看出拙劣的工藝，因為這是低成本的證據；也不能小到唯有機器才能達到的理想精準度，因為這也意味著低成本。

手工製品這類尊貴粗糙的證據，其所以能有其優人一等的價值、所以能獲得有教養人士的青睞，實在於鑑賞，而這種鑑賞卻是一種良好的識別力的問題。這需要對那可稱之為物品的品相進行思維習慣的訓練和正確養成。供日常使用的機器製物品，一般正是因為其過度的完美無瑕而受到庸俗和沒有教養的人們所讚賞和傾心，粗鄙無文的人們對高雅消費的細節是沒有正確想法的。機器製產品在儀式慶典上處於劣勢適足以說明，物品製作完成後，無論其在熟練和工藝上是隱藏了多麼昂貴的發明才體現出完美無瑕，但並不保證這些物品憑此就會為人們所接受和永久喜愛。一切的發明，必須得到炫耀性揮霍規範的支持。物品在品相上的任何特徵，無論其本身多麼怡人，也無論其如何證明確能滿足有效工序的品味，只要其與獲取財力令譽的準繩有所抵觸，就難以見容於世。

消費物品來自於「平凡」，或換句話說，來自於低廉生產成本所造成禮儀上的劣勢或不潔，是很多人非常在意的。對機器製產品的反感通常可歸因於對此類物品的平凡而產生的反感。所謂平凡，就是許多人在（財力）所能及的範圍之內。對這些物品的消費於是也就不具尊榮性，因為這不能達到與其他消費者進行樂此不疲之分出高下比較的目的。職是之故，對這類物品別說是消費，或甚至是看上一眼，就一個感覺細膩的人而言，都會讓人興起人類生活水準低下的惡劣聯想，並對其所帶來的深沉卑賤感避之唯恐不及，因為這是極端令人倒胃口和令人沮喪的。有些人的品味異常強烈，但又沒有那種天賦、習慣或誘因，來辨別其對不同品味所持好惡的理由，如此一來，堂皇尊貴感覺的表達，就和美感與實用性感覺的表達滲雜在一起——其過程已如前面所言；這種方式所形成的混合評價，作為判斷該客體的美感或其實用性的依據，端視評價者是傾向於或有興趣從上述何種角度來理解該物品而定。由是而來的結果，往往是廉價或平凡的標籤，被認為是藝術上不夠格的確切標籤，並在這基礎上，制定出一方面何者才算符合美學，另一方面何者違反美學的規則或等級，來指導有關品味的種種問題。

正如前文業已指出的那樣，在現代工業化社會裡，日常消費凡是便宜，因此也就不合禮節的物件，一般都屬機器製產品；而拿機器製物品和手工製品來比較的話，機器製物品以品相上的一般特徵而言，在工藝上較為完美，並且在執行原有設計上較為精準細膩。於是乎就有手工製品的可查覺瑕疵，由於屬堂皇尊貴的性質，因此從美麗或實用性，或兩者都有的觀點來論，反成了優越性的標籤。於是，頌揚缺陷之風興起，其中以約翰・羅斯金（John Ruskin）和威廉・莫里斯（William Morris）*為他們那個時代最熱衷此說的發言人；他們有關粗劣和費工的宣傳，就是基於上述的理由而提出，並且自此之後不斷被世人沿襲。也因此有了回到手工作坊和家庭產業的倡議。這群人的活動和理論大都因為此處設下的情景才能出現，如果當這類看來較為完美的物品並非廉價品時，就全屬枉然。

當然，此處所要說或所能說的，僅是涉及美術教育的這一學派對經濟價值的論點。上述所言，不能視作對其含有貶損之意，主要是想將該學派的論述，可能對消費物品的消費和生產所造成的影響加以描繪。

品味的這種成長偏差本身，對生產方面如何造成影響，或許可以在書籍製造業中找到貼切的例證，而莫里斯在其晚年曾熱衷於此項事業；當時凱姆斯格特印刷廠（Kelmscott Press）的情況和上述的理論呈高度的吻合，但套用到後來一般的精美書籍製作——例如字模、紙張、插圖、裝釘材料和裝釘作業——的情況時，雖還能吻合，不過程度已稍有減弱。晚近出版業的產品聲稱其

*譯者按：羅斯金和莫里斯都是十九世紀中葉前後的美術家。

卓越之處，竟在於其製品和往時製品的粗糙有某種程度的近似，而在往時，書籍製作的工作是在生產工具不足、所需材料難處理的情況下，進行一場結局難料的鬥爭。這些產品，因為需要手工勞動，都比較昂貴；並且在使用上不如專門為了實用性而製作的書籍來得方便；因此這些產品所訴求的是，購買者這方任意消費的能力，還有其承受得起消磨時間和虛擲精力的條件。也就是基於這個理由，時下的印刷業者正走回「古早的風格」，並採用幾乎淘汰的字體，致使其比起「現代」風格的書籍來，要難以辨讀和有較為粗糙的外觀。甚至連一份研討科學的期刊，表面上除了將其所關心的科學題材予以有效的傳達外，應別無其他目的才對，但也因過度屈服於這股財力之美的要求，而將其科研論文以舊式字體印在透明的直紋紙上，且還用不切頁邊的方式刊出。至於那些明顯而不只光注重其內容之有效傳達的書籍而言，在這方面的做作則更是變本加厲。這種書籍的特色是頗為粗劣的字體、印在手工製的毛邊紙上，四周留有很大的空白而且不切頁邊，裝釘是煞費苦心的粗糙和刻意的顯得樸拙。凱姆斯格特印刷廠將這項業務降格到匪夷所思的地步——若單從純粹實用性的觀點而言——其發行供現代使用的書籍，竟然是以淘汰的拼字法來排版，以黑體字*印出，還用軟皮封面繫之以皮繩。還有一個更加確保精美書籍製作之經濟地位的特色，就是讓這些較為高尚的書籍盡可能以限量版發行。限量版發行實際上是一種保證——雖有點粗魯但卻實在——證明該書是稀有的，也因此是高價位的，並增添其消費者財力上的高人一等。

這類如此產製的書籍，對受過優良品味薰陶的購書者所以具有特別吸引力，當然不在於他們對書籍的價昂和極度的粗陋有一種意識和天真的認知。這種情況和手工製品優於機器製產品的情形是一樣的，其偏好的有意識依據，是將本質的卓越內化到較為價昂和較為醜陋的物品上。這種將一本模倣古代產品並且以淘汰的製程來完成的書籍，賦予超級的卓越，其本身可視為主要是來自美學方面的超級效用；但有些愛書成癡的人，堅信以作為印刷文句的一種載體來說，較為粗陋的產品也較為實用的看法，不遑少見。就這類頹廢風（decadent）書籍的超級美學價值而論，其勝算就是愛書者的論點有點道理。這類書籍單純是從美感的眼光來設計的，其結果是設計者這方通常得到某種程度的成功。但這裡要強調的是，設計者所遵循的品味準則，是一種在炫耀性揮霍定律監督下形成的規範，並且這個定律對於任何不符合其要求的品味，都予以選擇性的刪除。也即是說，這類頹廢風書籍或許漂亮，但設計者所能著力的範圍是受制於非美學類的條件。這類產品縱使漂亮，也必須同時具有高價位和不適於其表面用途的特色。然而從書籍設計者的情況來說，這項品味的強制性規範，並不全由揮霍定律形成其第一型態，這項規範在某種程度上是符合掠奪型性格的第二種表達形式：對遠古事物或淘汰事物的崇拜，其特殊的演變中有一種就稱之為古典崇拜（classicism）。

在美學理論中，要想區分古典崇拜或以古為尚的規範與美麗的規範這二者，即使不是完全辦不到，大概也極端困難。僅為了美學的目的，這類區分並沒必要，而實際上這種分野不見得存在。就品味理論而言，對於尚古之風所公認的典型表現，姑且不論該典型被承認的理由，或許將

*譯者按：黑體字（black-letter）始於十四世紀的英國，現仍盛行於德國。

其列入美麗的元素是最好的；至於其是否合理則不在討論之列。但為了當前的目的——即為了要確定眾所接受的品味規範下其所據之經濟理由為何，還有這些經濟理由對物品的分配和消費具有何種意義——這種區分就不是那麼的偏離主題了。

在消費的文明等級體系中，機器製產品所處的地位，是以點出存續在炫耀性揮霍規範和消費禮節規範之間的關係性質。無論是在藝術和品味本身方面，抑或關於物品實用性的流行觀念這方面，該規範都不具發明或創造原則的作用。對於未來，該規範也不能作為一種創造性原則來從事革新，與增加新的消費項目和新的成本元素，從某種意義而言，當前所談的這個原則是一種消極性多於積極性的定律。它是一種制約性多於創造性的原則。它極少直接啟動或創立任何風俗或習慣。其作用僅在於選擇性。炫耀性揮霍無度不能直接為變化和成長提供助力，但基於別種理由而可能產生的新發明，其存繼就得符合炫耀性揮霍無度的要求以作為其中一個條件。一切消費上的風俗、習慣和方式無論其因何而興起，他們都得受制於這個獲取令譽準繩的選擇性作用的影響；這些風俗、習慣和方式符合該準繩的程度，是在與別種類似的風俗、習慣競爭時，能否適者生存的測試表。其他情況不變，凡較為顯著性揮霍的習慣或方式，在這項定律下就較有機會存留下來。炫耀性揮霍的定律並不能據以作為變化的起源，但這類變化唯有在其支配下適於生存才能持久。這個定律的作用在於保存適合的事物，而不在於創造可以接受的事物。這個定律的任務是對一切事物加以檢驗，並對有利於其目的的事物緊抓不放。

第七章

服裝作為財力文化的一種展示

現在該到了以舉例的方式，詳細說明前面所提及的經濟原則，如何應用在生活進程中某些與日常事務相關的方面之時。就這個目的而言，再沒有一種消費比花在服裝上的支出更適合拿來做說明的了。服裝的展示格外能體現財貨上炫耀性揮霍的法則，雖然其他以財力贏得名聲的相關原則，也可藉著同樣的巧思得以呈現。要展現出某人在財力上的排行，藉用別的方法也能有效達到目的，而且這些別的方法也一直無時無地不在流行著；但花在服裝上的支出卻比大多數別的方法更具以下的優勢：我們穿的服飾是隨時讓人觀賞，並且足以讓所有旁觀者在看了第一眼後就了解我們的財力排行。還有一點也是實情：為了誇耀而從事支出，沒有任何型態的消費比起花在服裝上更能突顯，甚或更易操作。沒有人會對以下的老生常談覺得難以接受，所有階級花在服裝上的支出很大一部分是為了光鮮的體面，而不是為了禦寒保暖。如果我們在服裝方面未能達到社會習俗所設下的標準時，所感受到的侷促不安，其敏感程度或許遠非別的情事所能比擬。人們為求滿足其揮霍型消費所要求的適當水準，常寧可在生活的舒適上或必需品消耗上忍受相當程度的困苦，這種情形發生在服裝上，比發生在多數其他消費項目上來得嚴重；所以，人們在嚴寒時節，寧可穿著單薄力求外表亮麗，絕不是鳳毛麟角之事。在任一現代社會，用來製作服裝的各項物料，其商業價值有很大一部分是來自其流行感和博得名聲，而不是來自其給穿戴者所提供的制式效用。很顯然，服裝的需求是一種「較高的」或精神上的需求。

服裝這種精神上的需求不完全是、甚至也並非主要是一種純粹對支出誇耀的偏好。炫耀性揮霍的法則導引著衣服的消費，一如其導引其他事物的消費那樣，主要是通過隔層的方式，先形

廣告回信
臺灣北區郵政管理局登記證
第 1 5 5 1 2 號

請直接投郵，郵資由本公司負擔

231

台北縣新店市中正路506號4樓

左岸文化事業有限公司 收

縣市　市區鄉鎮　路街　段　巷　弄　號　樓

□□□

新讀者□　老讀者□（編號　　）

左岸文化與您的讀書計畫

◎您的建議就是左岸文化創新的原動力。這是一張讀書卡，屬於左岸文化與您的閱讀計畫，請您費心填寫，並寄回給我們(免貼郵票)，即可成為左岸文化的貴賓讀者，享有優惠禮遇，及定期「左岸文化」書訊。

姓　名：＿＿＿＿＿＿＿＿ □男□女　生　日：　年　月　日

身分證字號：＿＿＿＿＿＿＿＿ E-Mail：＿＿＿＿＿＿＿＿

學　歷：□國中（含以下）□高中・職　□大學・大專　□研究所以上

職　業：□學生　□生產・製造　□金融・商業　□傳播・廣告　□軍人・公務　□教育・文化　□旅遊・運輸　□醫藥・保健　□仲介・服務　□自由・家管　□其他

電　話：＿＿＿＿＿＿＿＿（手機）＿＿＿＿＿＿＿＿傳真＿＿＿＿＿＿＿＿

◆購買書名：＿＿＿＿＿＿＿＿

◆您如何購得本書：□郵購　□書店＿＿＿＿縣（市）＿＿＿＿書店
□業務員推銷　□其他＿＿＿＿＿＿＿＿

◆您從何處知道本書：□書店　□左岸書訊　□廣告 DM　□媒體新聞介紹
□親友介紹　□業務員推薦　□其他＿＿＿＿＿＿＿＿

◆您通常以何種方式購書（可複選）：□逛書店　□郵購　□信用卡傳真　□網路
□其他＿＿＿＿＿＿＿＿

◆您對本書的評價（請填代號 1.非常滿意 2.滿意 3.尚可 4.待改進）：
□定價　□內容　□版面編排　□印刷　□整體評價

◆您的閱讀習慣：□百科　□圖鑑　□文學　□藝術　□歷史　□傳記
□地理、地圖　□建築　□戲劇舞蹈　□民俗采風　□社會科學
□自然科學　□宗教哲學　□休閒旅遊　□生活品味　□其他

◆每年出國旅遊次數：□不曾　□1次　□2次　□3次　□4次　□5次以上

◆請推薦親友，共同加入我們的讀書計畫：

1.姓名＿＿＿＿＿＿＿＿ 地址＿＿＿＿＿＿＿＿

2.姓名＿＿＿＿＿＿＿＿ 地址＿＿＿＿＿＿＿＿

◆您對本書或本公司的建議：＿＿＿＿＿＿＿＿

塑品味和禮儀的規範再產生作用。在一般情況下，那些穿戴或購買炫耀性揮霍衣服的人，其自覺的動機是為了符合既存的習俗，也為了配合受嘉許的品味標準和贏得聲譽的標準。人們之所以必須在服裝上接受禮節的成規，不僅是為了避免來自別人對其側目和不利批評的羞辱——雖然這個動機本身就占了很大的份量；更重要的是，以奢華為尚的要求已深植在人們對服裝這件事物的思維習慣上，以致厭惡任何平價的衣服就成為本能。毋須反思或分析，凡是廉價的東西都被認為是沒有價值。「便宜沒好貨」、「衣賤令人賤」、「便宜沒好貨」，用在服裝上比用在別的消費上更令人覺得恰當。「便宜沒好貨」這句格言使得一件廉價的衣服用品，不管是從品味和實用性的角度來說，都被認為是劣等貨。事物的美觀還有其實用性通常是和該事物的昂貴呈正比，除了極少和不合理的例外，一件昂貴手工裁剪的衣服用品，從美觀和實用性的觀點而言，都比其廉價的仿製品來得討喜，無論該仿製的用品和昂貴的原件是多麼的神似；該仿製品之所以令人反感，並不是因為其在形式上或色彩上，或確確實實在任何角度的視覺效果上有什麼欠缺。這件令人反感的實物仿造得如此的逼真，以致非經細究不足以看出破綻；然而一經查出贋品，其美觀價值還有商業價值就會一瀉千里。尚不止此，一件被識穿的贋品服裝，其美觀價值下滑的程度，大致和該贋品與其原件的價差呈同比例關係，這是可斷言的且不大會引起異議。贋品在美觀上已喪失其價值，因為贋品降到一個財力等級較低的價位上。

但服裝作為有支付能力的證據這項功能，並不止於單純顯示穿戴者在滿足物質舒適之餘有能力消費貴重物品。光是從事物品的炫耀性揮霍，就有其效果和令人愉悅；這是財力方面有成就之很好的眼見為憑證據，所以也是社會價值的眼見為憑證據。不過，服裝有著比純粹揮霍性消費這種淺薄、直接的證據更為微妙和更具深層影響的可能性。如果服裝除了顯示穿戴者有足夠財力進行隨意和毫不節約的消費以外，還同時透露他或她沒有汲汲營營謀求生計的必要，服裝這項社會價值證據的作用就大大的增強了。所以，我們的服裝為了有效達到其目的，就不應該只是昂貴，也應該要讓所有的旁觀者清楚，穿戴者是不從事任何生產性勞動的。我們的服裝制度已精益求精到目前與其目的充分吻合致令人激賞的地步，這項附屬性證據的作用在此演進過程中，已受到應有的注意。仔細檢視那些一般大眾認為優雅的服飾，就會發現它處處都旨在傳達一個印象：穿戴者並不習於從事任何實質的苦役。要是衣物顯露出穿戴者這方從事體力勞動的痕跡，即有所污損的話，毫無疑問，這件衣物絕談不上優雅，或甚至談不上合乎禮節。整潔而又沒污垢的衣服之所以有賞心悅目的效果，即便不完全，也主要是因為其讓人聯想到有閒——免於親身接觸到任何生產工序。烏黑發亮的漆皮鞋、潔白無瑕的亞麻襯衫、光澤奪目的圓筒禮帽和揮灑自如的手杖，足以憑添一位紳士原有的威儀，之所以有如此的魅力，大都因為其突出了這樣的聯想：如此打扮的穿戴者不可能插手到直接和立即用到體能的行業。高雅的服裝之所以能滿足其高雅的目的，不僅是因為其價昂，還因為它是有閒的標幟。它不僅顯示穿戴者有從事巨額消費的能力，也同時表明穿戴者只顧消費不事生產。

在展露穿戴者免於生產性勞役這方面的方式，婦女的服裝比男士的服裝有過之而無不及。愈是式樣典雅的女性繫繩軟帽，比起男人的高筒帽，更使得穿戴者無法工作，這是不需唇舌就能得出的通論。女用鞋加上高跟所造就的風姿綽約，足添強制休閒的明證；因為高跟使得要從事任何的體力勞動，甚至連最簡單和必要的，都極端困難。此外長裙和具有婦女服裝特色的寬衣垂飾，也有同樣的功效甚至更為顯著。我們對裙子的偏執性依戀，其實質原因僅僅是：裙子是昂貴的，並且讓穿著者舉步維艱，從而使她無法投身於一切實用性工作。女性習於留著過長的頭髮也是基於類似的理由。

但婦女的衣物不僅是在表達免於勞動這方面，比起現代男人的衣物更勝一籌，它還添加了一種專屬而又具高度特質的表徵，這項表徵完全有別於男士日常所慣用的形式。這項表徵屬於設計的範疇，最典型的例子就是女用束腰衣。束腰衣以經濟理論而言，本質上就是一種殘害肢體的行為，其目的就在於降低女性主體的活動力，並且使她永久和明顯地不宜於工作。誠然，束腰衣固會減損了穿著者的個人吸引力，但在這方面的損失，卻被穿著者能增添的可見奢華和弱不禁風所贏得的名聲而抵銷。婦女衣物所展現的女性風華，從實質事物來看，已演變成藉助女性專用服裝，俾能更有效的阻止其從事實用性工作的地步，似已廣泛的視作定論。此處僅是將男女衣物的這種差異性，作為一種特質的表徵來予以指出，至於其發生的背景將在下文討論。

到目前為止，我們把炫耀性揮霍的廣泛原則，作為服裝方面偉大且具有主導性的準繩。附屬於這項原則，並作為該項下的一個必然結果，出現的第二個準繩就是炫耀性有閒的原則。這項準繩在服裝結構中，可以令形形色色設計的樣式表現出穿戴者不會從事生產性勞動，且最好還能顯示出穿戴者根本不能從事生產性勞動的這種作用。在這兩項原則之外，還有第三項原則，其約束力絕不亞於前兩項，是任何人對這個主題稍加思索就會想到的。服裝不僅必須呈現出炫耀性的昂貴和不方便，同時還必須跟得上潮流。有關時尚一直在變的現象，迄今尚未有令人全然滿意的解釋。服裝必須要緊隨最新推崇的款式這項強制性要求，還有這種所謂推崇的時尚常因季節變換而不斷在變的這個事實，已是人盡皆知，但這股變遷和轉變的理論尚未問世。當然我們可以很堅定和自信的說，這項追崇新奇的原則，是炫耀性揮霍法則下另一個必然的結果。顯而易見的，假如每一件衣服只允許在短時間內穿著，還有如果上一季的衣物不能保留至本季來繼續穿著，則在服裝上的揮霍性支出必然大幅提高。這些說詞固然言之成理，但卻僅是消極性的推論。依照這種考量，最多能讓我們相信：炫耀性揮霍的準繩對一切服裝事物產生控制性監督的作用，使得時尚款式的一切轉變必須符合揮霍性的要求；卻對諸如流行式樣發生變化和接受其變化的動機何在的這類問題沒有答案，並且對於為何在某一特定時間，某一特定式樣是那麼的令人必須亦步亦趨地遵守到被視作理所當然的事情，也沒能做出解釋。

要想求得足以作為時尚款式創新和變革的動機這樣一個創造性原則，我們就得追溯到衣物創始時原始的、非經濟性的動機——裝飾動機。我們不擬深入討論裝飾動機在崇尚奢華的法則指引下，如何和為何能實踐的問題，只要約略提及每次時尚款式的連續變革都是達到某種表現形式的一種努力，總是追求在式樣上和色彩上，抑或在效果上，讓新的表現形式比起所要取代的形式更為人們的感官所接受就足夠了。風格的持續變化，正是永無休止地追尋某些能給人們的審美感帶來好印象的事物這樣一種努力；但因為每次變革都受制於炫耀性揮霍準繩之選擇性作用的影響，以致變革所能進行的範圍是有些限制的。變革比起其所取代的，不僅是必須要更為美觀，或許更常見的是不那麼令人反感，還必須要達到昂貴的公認標準。

乍然一看，既然對服裝之美化做了如此的不懈努力，其結果想必應該逐漸接近藝術上的完美境界才對。我們也許會自然而然的期望時尚款式應指向一個明確的趨勢：某些或更多的衣物類型，明顯地朝配合人類體態的方向演進；並且，時至今日，我們甚至會覺得我們有足夠的理由去期望，將聰明才智和精力放在服裝上已歷經多年，時尚款式理應達到一種相對的完美境界和相對的穩定狀態，並愈來愈往一個永恆持久的藝術性理想接近。可是事實卻不是如此。要說現時的風格比起十年前、或廿年前、或五十年前、或一百年前的風格更符合人類的本質，這樣的斷言確實非常冒險。反過來，要說兩千年前流行的風格，比起時下費盡心思和苦心建構的風格更為宜人，則與事實不會有所衝突。

由此說來，剛剛提出對時尚款式的解釋並不完整，我們還得作更深一層的探討，眾所周知，世界上許多不同地區已在服飾上發展出幾種相對穩定的風格和形式；例如，像在日本、中國和其他東方國家；希臘、羅馬和其他東方古老的民族亦復如是；還有，在稍晚時期，幾乎歐洲所有國家的農民都有類似的情況。根據有資格的批評家的判斷，這些民族或平民的服飾，大都比現代文明衣物變幻莫測的風格更符合人體且更具藝術性。同時這些服飾有意揮霍的成份也比較少，至少在一般的情況下是如此；也即是說，在這些服飾結構中，更能查覺出誇耀奢華以外的其他元素。

這類較為穩定的服飾通常具有相當分明並且狹隘的地方色彩，還有隨著地區的不同，呈現細微且具有系統性的等級變化。而制定這些服飾的民族或階級都比我們窮，特別以其所屬的國家、地區和時期而言，穿用這些服飾的居民或至少是穿用這些服飾的階級，都是相對同質性高、穩定和階層流動性低的。也就是說，經得起時間和前瞻性考驗的穩定服飾是在以下的環境下制定出來的：炫耀性揮霍的準繩在當年的時空所起的作用，沒有比這項準繩在大型現代文明城市來得具有強制性，那些大型現代文明城市的居民相對流動性高也較為富裕，而今日正是他們為時尚款式定下規矩。那些循著上面所說的方式制定出穩定和具藝術性服飾的國家和階級，所處的情況恰好是他們之間所進行的財力競賽較強調炫耀式休閒的競爭，而不在物品的炫耀性消費競爭。因此，可以這麼說，在一般情況下，凡是物品炫耀性揮霍的原則最具強制力的社會，就像我們本身所處的社會那樣，其服飾是最不穩定和最不適合人體的。所有這一切點出了崇尚奢華和藝術性衣物是處在對立地位的。從實際情況來看，炫耀性揮霍的準則和服裝必須講究美觀或適合人體的要求是互不相容的。並且這種對立的狀況，對時尚之所以永不止息的變化提供了解釋，那就是這個變化絕非崇尚奢華的規範或崇尚美觀的規範所能單獨決定的。

贏得令譽的標準是以服裝必須展示揮霍性支出為訴求，但所有的揮霍成性都與自然的品味相抵觸。心理學上的定律早已指出所有的男士——女士或許更甚於此——都厭惡在勤勞或支出上一無所成——這和過去「自然」一度厭惡「真空」的說法有點類似。但炫耀性揮霍原則卻要求從事一種明顯的無益支出；因此，其造成服裝上的炫耀性奢華在本質上是醜陋的。正是這個原因，我們發現所有在服裝上的變革，每一項在細節上的增添或修飾，總是要展現出帶有某些表面的目的來規避立即的批評，而同時在炫耀性揮霍的要求下，又得提防這類變革的目的性超越了作為掩人耳目以外的分際。時尚款式無論其如何任意揮灑，也總要有個表面用途來作掩飾，很少能越過這道藩籬。然而，服裝在時尚細節上的表面用途，通常落得一個明顯的做作，而其實質上的虛有其表發揮到淋漓盡致令人難以忍受時，人們就藉由新的風格來逃避。但新的風格必須符合博得彩聲的揮霍無度和徒勞無功的要求。其虛有其表的程度也會發揮到像其前身那樣令人厭惡的地步；而揮霍法則這時可提供的唯一解套之道，就是在某些新的架構中尋求慰藉，卻同樣的虛有其表及同樣的不能持久。如此一來，時尚款式永無休止的變化和本質上帶有醜陋性質就糾纏在一起了。

時尚款式變幻不居的現象經過如此的解釋後，接下來就是將這個解釋和日常事物相印證。日常事物中最廣為人知的，像是所有人都會對任一時期的流行風尚特別著迷。一個新風格一旦蔚為風潮並持續受寵一季或至少該風格仍是新奇事物時，人們通常很容易被這個新風格所吸引，這個流行的時尚款式被認為是美觀的。之所以如此，部分是由於這個流行的時尚和之前的風格不同所帶來的舒解，部分是由於其具有博得彩聲的價值。正如在上一章所指出的，贏得令譽的規範在某種程度上形塑著我們的品味，因此，在該規範的指引下，任何事物，只要其新奇性尚未衰退，或其獲得令譽的保證，在尚未轉移到能滿足相同的一般目的之另一個新鮮和新奇的結構前，都被接受為適於人體的。任一特定時期流行的風尚所宣稱的美觀或「可愛」都是短暫的，並且變幻多端的時尚款式沒有一種經得起時間考驗，可藉由這一事實來見證到其虛幻性。當以未來六年或更長時間的眼光來看那些我們認為最好的時尚款式，如果不是不堪入目，也會被其奇形怪狀所驚嚇。

我們對最新事物的一時依戀，並不是來自美學觀點而是基於別的理由，一旦我們固有的審美觀占了上風，並排斥這項最新的設計到難以忍受的地步時，這一時的依戀就隨風而逝了。

要醞釀出一種審美觀上的極度不快，這個過程所需的時間長短不一；任何一項具體個案其所需的時間是和其風格本質上的可厭惡程度呈反比。時尚款式在可厭惡程度和不穩定性上的這種時間關係，為下列的論斷提供了基礎：風格上彼此繼承和替換的速度愈快，其對正常品味的抵觸愈大。因此，可以這麼說，一個社會，尤其是該社會的富裕階級，在其人際接觸的範圍上和財富及流動性上愈向前發展，炫耀性揮霍法則在服裝事物所發揮的作用就愈具強制性，美感就愈不能自我運作，或愈受到在財力上贏得名聲的規範所壓抑，時尚款式變換和更替得愈快，而相繼成為流行風尚的多變風格愈顯得光怪陸離和難以忍受。

這套服裝的理論到此至少還有一點尚待討論。上面所說的大都適用在男女的服飾上；雖然時至今日，所述的各點適用在婦女的服飾上更為有力而已。但是有一點，婦女的服裝實質上有別於男士的服裝。在婦女服裝上有一項更加明顯強調的特徵：那就是見證了穿戴者免於或無法從事一切粗鄙的生產性勞役。婦女衣物的這項特徵是有其重要意義的，不僅是完善了服裝理論的建構，同時也符合了先前有關婦女在過去和目前所處經濟地位的論述。

先前論及越位休閒和越位消費的標題下，有關婦女地位的討論時已發現，替一家之主從事越位消費，在經濟發展過程中已成為婦女的職責；而婦女衣物正是為迎合這項期待目標而設計的。事情演變成，顯而易見的生產性勞動特別有損高貴婦女的身分，也因此在婦女服裝的結構上必須特別考慮痛苦的成份，讓旁觀者產生一個深刻印象，確認到穿戴者並不慣於、也不能慣於參與實用性工作這個事實（其實通常是一個假象）。按照禮儀的要求，高貴的婦女比起同一社會階級的男士，要更堅辭一切實用的勞務並徹底的展示休閒。要是看到任何一位有教養的婦女必須從事實用性工作來維持生計，會嚴重刺激到我們的神經。這種工作不是「婦女份內之事」。她的份內之事是在家庭之中，她應在那裡產生「美化」的作用，並且她應當是家中的「主要裝飾品」。至於家庭中的男性主人，目前並不會被說成是該家庭的裝飾品。這項特性再加上禮儀上的要求，認為婦女要不斷的在其服裝和配件的奢華誇耀上多所用心這一事實，令前面提過的觀點更具說服力。拜過去父權制的遺緒之賜，我們的社會體系特別強調婦女作為其家庭支付能力之明證的功用。根據現代文明的生活等級，婦女應特別維護其所屬家庭的良好名聲；因此，婦女份內之事就是主持尊貴的支出和炫耀式休閒這些維持家庭良好名聲的體系。在理想的生活等級中，愈是財力較高的階級生活，就愈能實現這種強調物質和勞力的炫耀性揮霍應當是婦女唯一正常的經濟功能。

當社會仍處在婦女十足是男士的財產這樣一個經濟發展的階段，履行炫耀式休閒和消費就成為婦女必須完成的一部分服務。婦女是時尚而非其自身的主人，由其履行的明顯性支出和休閒，有助於其主人的聲譽多於歸諸自身；也因此，家庭中的婦女愈是崇尚奢華和愈是擺明不事生產，他們的生活對於贏得家庭或主人令譽的意圖而言，愈有助益和愈有成效。這種情況愈演愈烈到婦女會被要求不光在休閒生活上成為楷模，甚至還讓自身對實用性活動處於無能的狀態。

正是這一點使得男士服裝不及婦女服裝，並提供一個充分的理由。炫耀性揮霍和炫耀式休閒是值得尊敬的，因為這是財力實力的明證；財力實力是值得尊敬或尊榮的，因為分析到最後，它展現成功和優越的力量；所以，任何個人在代表他自己履行揮霍和休閒時，不能一直採取這種方式，或推進到使自己顯得無能或處於不舒適狀態的程度；因為在這種情況下所展示的不是優勢力量，反而是處於劣勢地位，從而摧毀了其原有的目的。明白了這個道理，只要出現揮霍性支出和與勞役絕緣的展示，在正常或一般的情況下，竟顯露出明顯的不舒適或自願導致肉體上的行動不便這種程度時，可立即據以判斷出當事者本身所進行的揮霍性支出和忍受行動上的不便，並不是為了其個人贏得財力上的聲譽，而是代表某人且和其有著經濟上的依賴關係；這種關係，歸根結柢，從經濟理論看來，會簡化成奴役的關係。

現將上述的通則應用到婦女的服裝上，並將以具體的詞彙來說明：舉凡高跟鞋、長裙、不切實用的繫繩女帽、束腰衣和所有文明婦女衣物所具有的一種明顯特徵——對穿戴者舒適的普遍忽視，在現代文明生活的結構中，這許多的例證即意指婦女在理論上仍為男人的經濟依賴者——或許在較高的理想層次上，婦女仍是男人的動產。婦女之所以能享用這一切炫耀式休閒和裝束，最篤實的理由是基於這樣一個事實：婦女都是奴僕，在經濟職能分化過程中被指派的任務是顯示其主人的支付能力。

就這方面而言，婦女的衣物和家庭僕役的衣物，尤其是穿特定制服的僕役，有著明顯的相似之處。兩者都是一種非必要性奢華的刻意表現，而且兩者都對穿戴者身體的舒適有意的忽視。但貴婦的裝束比起家庭僕役的穿著，即使並非一定要顯示穿戴者的孱弱之軀，也得刻意表現出其慵懶之風情。這是事所必然，因為理論上，按照財力文化的理想等級，屋中貴婦是家庭中的首要奴僕。

除開僕役，目前還看到，至少還有另外一個階級的人，其服裝竟和僕役階級的衣物同化，並且顯示了令婦女服裝帶有女性味所具備的許多特徵。這就是教士階級，教士的聖袍以強化的形式顯示所有足證身處奴僕地位和從事越位生活的特徵。聖袍本身，恰當的說，是具備了華麗絢亮、造型奇特、穿著不便、且至少在表面上看來是不舒適到痛苦的地步這些特徵，遠比教士日常習慣更令人瞠目咋舌。教士同時也被期待著遠離實用性勞役，當出現在大眾眼前時，要表現出毫無表情的遺世獨立容顏，這和訓練有素的家庭僕役之舉止非常相似。教士修剃光潔的臉龐，也是同樣類似效果的另一個項目。教士階級和貼身侍從階級在舉止和衣物上的這種同化現象，是由於該兩個階級在有關經濟功用上的相似性。以經濟理論而言，教士實為貼身侍從，按理穿著神的制服隨侍著神祇。教士的制服具極盡奢華的特點，為了以相宜的舉止來彰顯其所稱頌的主人之尊嚴，這樣做也是理當如此；不過聖袍的設計卻要顯示穿上聖袍時，極少或完全不會對穿戴者帶來任何身體上的舒適，因為，這是一項越位消費，由此消費所帶來的聲譽是歸屬於那位缺席的主人，而非眼下的僕役。

一方面是婦女、教士和僕役的服裝，另一方面是男士的服裝，這兩者的分界線實際上並不是一直都一成不變，但在大眾思維習慣上，約略總有個譜是不會有所爭議的。當然，也會有些放蕩不羈的男士——其實為數還不少，對完美無瑕的體面裝束趨之若鶩，而逾越了男人和女人服裝間的理論性界線，打扮成明顯有意觸怒現有體制的地步；但任何人凡見及此，都會毫不遲疑的認為這類服裝對於男士而言已脫離常軌。我們慣於稱此類服裝為「具女人味」；並且有時會聽到這樣的說詞：如此講究打扮的紳士，竟穿得像個馬夫裝束那般。

在這種服裝理論架構下出現了某些明顯與此不符的差異，實值得予以詳細的查證，尤其當這些差異在服裝較晚近和較成熟的發展階段中，已約略形成有目共睹的趨勢時更是如此。束腰衣的風尚就提供一個明顯和上述作為說明的規則不合的例外。可是，經過更進一步的查證，就會發現這項明顯的例外實際上剛好證實了這個規則：服裝中任何一項特定元素或特徵得以蔚為風尚，端在於其作為財力地位明證的效用。眾所周知，束腰衣的使用在工業較為進步的社會裡，也僅是侷限在某些等級非常鮮明的社會階層內。較為窮困階級的婦女，特別是農村民眾，並不慣穿束腰衣，除非是作為一個節目的奢侈品。這些階級的婦女必須辛苦工作，在日常生活中，以如此折磨肉體來點綴休閒的方式，對她們並沒有什麼好處。節日使用這項設計，是為了要倣效較高階級禮儀的規範。從這個窮困和體力勞動的低層水準往上的各個階級，包括最富裕和最尊貴的在內，束腰衣已幾乎成了近兩代的所有婦女為保持其在社會上免受指摘所不可或缺的事物。只要富裕階級的人數，還未多到足以免除對他提出必須從事體力勞動的質疑，但同時，又多到足以形成一個自給自足又封閉的社會實體，其群眾可在該階級內建立特別的行為規則，並逕自以該階級現時的輿論來實施時，這項規則就仍然有效。但現在一個龐大的有閒階級已經興起，其所擁有的財富，足以使任何要求從事強制性體力勞役的非議，都顯得沒有意義，成為不足為患的中傷；如此一來，束腰衣在該階級內就大都已廢棄不用了。

由此可見，束腰衣的除役作為這個法則的例外，其實只是表面而非真實的例外。重視束腰衣出現在那些工業結構較次——幾近於舊式、準工業型態——國家的富裕階級，以及較為進步的工業社會中後起的富裕階級。後面這些階級還來不及擺脫他們在從前、較低財力等級時所沿襲下來的平民化品味和獲得令譽的規範。例如，束腰衣的殘存，在美國那些最近快速富饒起來的城市中較高社會階級層亦頗為常見。如果要用詞彙作為一個專門術語而不帶任何厭惡之義來表達的話，可以這麼說，束腰衣主要盛行於「充紳士派」時期——這是一個從財力文化較低階往高階攀升，充滿不確定和動蕩的過渡期。也就是說，舉凡有使用束腰衣風氣的國家，只要束腰衣仍負起顯示穿戴者身體行動不便的任務，以作為尊榮有閒的明證，束腰衣就會被繼續使用。當然，為了讓個人效率的減弱顯而易見所做的其他毀損身體的行為和衣服的設計，同樣的規則都可適用。

有關炫耀性消費中各種不同的項目，類似的說法都行得通，而實際上雖然程度稍遜，也可將同樣的說辭套用在服裝的各種特徵上，尤其是這類特徵涉及令穿戴者有明顯的不適或有不適的體態更為恰當。在過去一百年間可以看到一種趨勢，特別是在男士服裝的演變上更為明顯，那些曾令人厭煩的支出方式和運用休閒的象徵已乏人問津，這類事物在過去也許有其功效，但今日上流階級若再繼續採用，勢必成為一種負荷；例如，灑粉假髮*和金絲飾邊的使用，以及往常修剃臉

*譯者按：灑粉假髮是男士們帶上假髮後，再用面罩蓋臉由僕役灑粉裝飾，才出門會客。

面的風氣等均屬之。近年來，修臉的風氣在文雅社群又有點死灰復燃，不過，這或許是增加隨身僕役負擔的一種短暫而草率的時尚模倣，預料這個風氣就像我們祖輩的灑粉假髮的命運一樣，將會隨風而逝。

這些指標和其他類似的指標，都旨在昭示，所有的旁觀者將發現那些使用這類指標的人之一無是處，而現在已被其他更為精緻的方法所取代以表達同樣的事物；這些方法在那人數較少卻屬精選出來的圈子中受過訓練的眼光看來一樣的明顯，但人們爭取的正是他們的好評。若展示者所要爭取的對象是社會中很大一群沒受過訓練的大眾，而後者無法查覺出財富和閒逸的明證中微妙的變化時，早期和粗糙的自我推銷方法，仍有其存在的理由。一旦富裕階級已發展成一個夠大的集團，他們有那閒工夫去鑽研技巧，來詮釋支出中所透露的微妙信息，自我推銷的方法就經歷了一次淬練。「過火的」（Load）服裝，被視為是想要取得和加深未經感官訓練的流俗大眾之印象，這樣一種不當的慾望，遂引起有品味人士的反感。對一位有高度教養的個人而言，唯有得到其自身階級的成員培養出來的感覺所一致推崇的更高尊榮，才有實質效果。因為富裕有閒階級已成長到如此龐大，或是有閒階級個人和其自身高級階層的成員之間，接觸的機會已擴充到如此之廣，致足以形成為了尊貴目的而存在的人類環境，這就興起一種趨勢，將居民中的低層份子排除在等級之外，甚至不讓其作為旁觀者以聽取他們的毀或譽。所有這些轉變的結果，就是在服裝的表現方法上精益求精，服裝的設計上愈加巧妙，以及服裝的象徵等級上愈趨精神化。還有，當這個上層有閒階級就禮節的一應事宜定下規矩之後，對社會的其他人士而言，其結果就是在衣服的等級上進行漸進式改良。隨著社會在財富和文化上的進展，證明支付能力的方式乃各顯神通，這需要目擊者有更精細的辨別力。廣告媒體間這種精細的辨別力，實際上是高等級的財力文化中非常重大的元素。

第八章

勞務免除和保守傾向

人類在社會的生活，正如其他物種的生活一樣，是一場生存的鬥爭，也因此是一個選擇性適應的過程。社會結構的進化曾是一個制度的自然選擇的過程。人類制度和人類性格已有的和正在取得的進展，可以概括的視作建立在最合適的思維習慣的一種自然選擇，和個人對環境的強制性適應的一個過程，且這種環境曾隨著社會的成長和人類生活其下的制度之不斷變化而逐漸變化。制度本身不僅僅是一個選擇性和適應性過程的結果，這個過程形塑了精神態度和性向的各種現行或主要的型態；同時制度還是人類生活和人類關係的特別方式，因此，其本身也轉而成為選擇的有效因素。換言之，變化中的制度本身，也可反過來對擁有最合適氣質的個人進行深一層的選擇，並透過新制度的形成，令個人的氣質和習慣進一步適應變化中的環境。

那些曾促進人類生活和社會結構發展的力量，最終毫無疑問的會歸納到鮮活的細胞組織人類本身和物質環境這兩方面；但為了當下的目的，這些力量最好大體被說成是一種環境，部分屬人類，部分屬非人類，和一個在體格和智力的構成上大致定型的人類主體。總體來說或一般來說，這個人類主體多多少少是變動不居的；無疑，主要是在選擇利於存活之變體的規律下變動。這項有利變體的選擇，也許在很大程度上，是一項種族類型的選擇性存活。翻開任何社會的生活史來看，大凡其居民是由多種不同民族混合組成時，其中一種或某些在體型和氣質上具有堅忍性和相對穩定性的種族類型，總會在某段時間居於統治地位。有些情勢，包括在某段時間通行的制度，總會讓某一性格類型的民族比另一性格類型的民族適於生存和統治；經過如此篩選下來的人類類型，在繼承和發揚從過去傳衍而來的制度時，將在很大程度上按照其本身的喜好來形塑這些制度。但除開在性格上較為穩定的類型和思維習慣間進行選擇之外，同時也無疑存在一種思維習慣的選擇性適應的過程，這個過程是在具有統治地位的一個或多個民族類型特質之各種性向的一般範圍內進行的。任何民族的基本性格，都會由於在相對穩定類型之間進行選擇而出現變化；但也有一種變化，是由於在同一類型範圍內進行細節上的適應而產生的，並且是就任何現存的社會關係或其他各種關係，持特定的習慣看法間所做的選擇而起的。

然而，就當下的目的而言，有關適應過程的性質這一問題——不論其主要是就氣質和性格的不同穩定類型之間做選擇，或主要是人類思維習慣對變化中情況的適應——並不重要，制度是透過哪種方式來改變和發展，這個事實才是此處所要關心的，制度必須隨著變化中的情況而改變，因為從性質而言，它是對這些變化中的情況帶來的刺激有所回應的習慣方法。這些制度的發展也就是社會的發展。實質上，制度是對個人和社會的某些關係和某些功能所持的流行思維習慣；而生活的方式是由在某一特定時期，或任何社會發展到某一階段，各種通行制度的一個加總所組成，因此從心理層面來說，也許可概括以一種盛行的精神態度或一種盛行的生活理論來作為其特質。若就其一般性特徵而言，這個精神態度或生活理論分析到最後可簡化成性格上的一種盛行類型。

今日的局勢形塑明日的制度，這是透過一個選擇性、強迫性的過程，產生左右人們對事情的習慣性看法的作用，從而改變或強化從過去延續下來的觀點或心理態度。各種制度就是依循這種方式而從早期承接下來，且人類是在各種制度——也即是思維習慣——的指引下生活的；至於起源的時期或有遠近之分，但在任何情況下，制度都是從過去歷經演變而承接下來的。制度是已往進程的產物，和過去的情勢相適應，也因此和現實的需求不能完全吻合。以事理而言，這種選擇性的適應過程，絕趕不上社會在任何一個時期所處的正在漸進變化中的局勢；因為強迫人們去適應和進行選擇的環境、局勢和生活的急務，每天都在變化；社會每一相繼的局勢才一成形，就有轉而落到破局的趨勢，如此周而復始的上演著。當發展每跨前一步，這一步本身就構成局勢的變化，這一變化需要一個新的適應；這就成為下一個新的調整步伐的出發點，並繼而永無休止的進行下去。

雖然這也許是有點令人厭煩的自明之理，也不得不指出，今日的各種制度——目前所接受的生活方式——並不完全適合今日的局勢。同時，人們目前的思維習慣，除非迫於情勢而有所改變，否則有無限期堅持下去的趨勢。所以，這些如此傳衍下來的制度、思維習慣、觀點、心理態度和性向，或其他一切的一切，其本身都是一項項的保守因素。這就是社會慣性、心理慣性，和保守主義的因素。

社會結構要改變、發展、要適應已改變的局勢，唯有透過該社會中不同階級的思維習慣的改變；或者說到底，透過組成該社會的每一位個人的思維習慣的改變，才會實現。社會的進化，實際上是個人方面在情勢壓迫下進行心理適應的一個過程，而這個情勢再也容不下由過去或那套不同情勢所形成並與之相適應的思維習慣。至於這個適應的過程，到底是一個各種存續已久之民族類型的圖存和選擇的過程，或是一個個人對習染而來之特質的繼承和適應的過程，以即時的目的來說，並非是一個具有相當重要意義的問題。

社會的進步，特別是從經濟理論的觀點來看的進步，涵蓋了一個由「內部關係向外部關係調整」大致明確而持續累進的接近方法；但這項調整絕不會確實完成，因為「內部關係」不斷的在改變，其結果必然使「外部關係」也隨之不停的在改變。但接近程度的高或低，要看調整進行順利與否而定。在任何情況下，要令人們的思維習慣進行再調整，以符合業經改變之局勢的急務，總是極其緩慢和極其勉強的，並且唯有在局勢的壓迫下，使得備受讚許的觀點站不住腳時才能做到。各種制度和習慣性的看法因業已改變的環境而進行再調整，是對外來壓力的回應；它的性質是屬於對刺激的一種反應。所以，再調整的自由和順利，也就是說，社會結構成長的能動力，很大程度上，是取決於任何一個時期的局勢對該社會的個別成員所產生的自由影響程度——個別成員面臨環境約束力的暴露程度。如果社會中任何部分或任何階級，在任何關鍵方面能免受環境力的影響，則社會中該部分或該階級，對業已改變的一般局勢進行調適其觀點和生活方式的腳步，就會更為緩慢；如此一來，它就會延緩社會轉型的過程。富裕的有閒階級在面對促進改變和再調整的經濟力量時，就是處在這樣一個受庇護的位置。還可以這麼說，能促進制度再調整的力量，尤其是在現代工業社會的情況下，分析到最後，幾乎全具有經濟性質。

任何一個社會都可視之為一個產業的或經濟的機制，社會的結構是由所謂社會的各種經濟制度所組成。這些制度，是社會接觸其所處的物質環境時，如何展開生活進程的習慣性方法。在這種既定的環境下，當推展人類活動的常用方法已具體到這個地步時，社會的生活在這些慣行方向上會有相當圓熟的表現。該社會將會運用環境的力量，按照過去所習得並已溶入制度中的方法，來達到其生活的目的。不過，當人口不斷增加，並且人們支配自然力的知識和技巧不斷擴大和提高時，族群成員間的彼此關係的習慣性方法，以及整個族群展開生活方式的習慣性方法，就不再能像以前那樣產生同樣的效果；由此產生的生活條件，也不能再像以前那樣的方式，在不同成員之間分配和分攤，或在他們之間產生同樣的效果。如果一個族群的生活進程，就該族群生活進程的效率和順利狀況而言，能以先前的條件下所採用的方式——在當時環境下——取得接近於最高可達到的成效，那麼，同樣而不曾改變的生活方式，在已經改變的條件下，就絕不能在這方面取得最高的成效。在人口、技巧和知識已出現變化的條件下，按照傳統方式進行的生活便利狀況或許不比在先前的條件下來得低；但若生活方式已隨著改變的條件而改變，則與其所取得的便利狀況相較，通常是稍遜一籌。

族群是由個人組成的，而族群的生活是個人各自進行（至少表面如此）的生活。族群所接受的生活方式，是這些個人本身對人類生活的方式互持何者為正確、善良、合宜、和美好的觀點有了共識，由於應付環境的方法改變而帶來生活條件的重分配，其結果並不是整個族群在生活便利方面有了均等的改變。或許對整個族群而言，已變化的條件，提高了生活的便利，但重分配通常會造成族群某些成員在生活的便利或充實度上有所減少。工藝方法、人口或產業組織一有進步，至少會使社會某些成員改變其生活習慣，如果，這些成員要順利和有效地投身在業已改變的生產方法上的話；而一旦這些成員如此做之後，他們就無法按照原本認為生活習慣上何者為正確和美好的想法而活。

任何人被要求改變其生活習慣和與同輩間的原有關係，就會感覺到新興急務對其要求的生活方法與他所熟悉的傳統生活方式之間的格格不入。處於這種境地的人，正是有強烈誘因去重建既存生活方式的人，還有最容易被說服而接受新標準的人；而正是有生計需求的人，才會處於這種境地。環境對該族群所施的壓力，並令該族群生活方式進行再調整，是以財力急務的形式來衝擊族群的成員；基於外來力量大部分都轉換成財力或經濟急務這項事實，我們才能說，促成任何現代產業社會進行制度再調整的力量，主要是經濟力量；或者說白一點，這些力量是以財力壓力的形成來表現。此處所考量的這樣一種再調整，實質上是人們對何者為美好和正確的看法有了改變，而引起人們對何者為美好和正確在理解上的改變，所藉助的手段，很大一部分是來自財力急務的壓力。

人們對人類生活中何者為美好和正確的觀點有任何的改變，充其量也是在遲疑的情況下進行的。尤其當改變是朝著所謂進步的方向時，這句話更是實情；也就是說，朝向與遠古的立場——即在任何社群的社會進化階段中被視為是背離之點的立場——分歧的方向改變。而倒退回去，重新接近該種族過去久已熟悉的立場，是較為容易的。特別是當脫離過去立場的發展，並非主要是由於其民族類型的氣質異於先前的立場而要加以取代時，則倒退回去更是比較容易。

西方文明生活史上，緊接現代的前一文化階段，是這裡曾提過的所謂準平易相處階段。在該準平易相處階段，講究身分的法則是其生活方式的主導性特徵。今日的人們，是多麼嚮往回復*到那個階段所特有的講究支配和個人服從的精神態度，這是不言而喻的。這種精神態度，與其說已被這些完全符合晚近發展的急務之心理習慣所徹底取代，還不如說是被今日的經濟急務鎖在不確定的擱置狀態中。組成西方文化的人口，其主要民族份子的生活史中，掠奪和準平易相處的經濟進化階段，似乎延續得特別長。因此，這些文化階段所特有的氣質和偏好已達到如此堅韌的地步，當任何的階級或社會，脫離了那些利於保持晚近發展出來的思維習慣之力量的影響時，就不可避免地加速回復到原先相對應之心理素質的廣泛特徵。

有一點是眾所周知的事實：當個人或甚至為數可觀的一群人，在與高度工業文化相隔絕並置身於較低的文化氛圍，或處身於較具原始特點的經濟局勢時，他們會很快的顯露出回復具有掠奪型特質的精神特徵之跡象；而看起來，似乎歐洲的長顱金髮類型的人種，比起其他構成歐洲文化的種族類型，更易有回復到此種蠻荒主義的素質。晚近的移民史和殖民史中不乏類似的小規模回復實例。盲目的愛國主義是掠奪文化最鮮明的一個特徵，而愛國主義的存在，往往是現代社會回復傾向最具震撼的標幟，除了怕冒犯盲目的愛國主義外，美洲的殖民地事件大可被援引為特大規模的類似回復傾向的案例，雖然其涵蓋的範圍並不是很廣。

有閒階級大都能迴避任何現代、高度組織化的工業社會所盛行的經濟急務之壓力。這個階級對於爭取生活工具的急務，比任何其他的階級都來得輕鬆；而正因其處於這種特權的地位，理所當然的，當局勢要求制度上作進一步的成長和對已改變了的產業局勢進行再調整時，它是社會各階級反應最遲鈍的其中一個階級。有閒階級是保守的階級。社會中一般經濟局勢的急務，不會隨意或直接的衝擊到該階級的成員。他們毋需改變其生活習慣和對外在世界的理論性觀點，來適應已改變了的工業技巧，他們絲毫無損，因為他們不是工業社會中一個十足意義的有機構成。也正因如此，這些急務都不曾使該階級的成員對現存秩序輕易產生某種程度的不安，而唯有這種不安的感覺，才能促使任何個人放棄其習以為常的觀點和生活方法，有閒階級在社會進化的職能中，是延緩進化的進程和保留業已報廢的事物。這個論點絕不新奇；這是常久以來通俗輿論的老生常談。

富裕階級本質上是保守的，這個盛行的信念，並不需藉助任何理論性的觀點，來對該階級在文化發展中所處的地位和關係進行探討，就已為大眾所接受。一般為該階級提出保守傾向的解釋，都帶有歧視性意味，富裕階級反對革新，是因為它在維持現狀中有不值稱道的既得利益。此處所提的解釋，沒有對其不值稱道的動機進行指謫的意思。該階級反對文化結構上的改變，是出自於本能，並非以既得物質利益的盤算為主；這是任何違背了事物的所作和所想之既有認同下的一種本能反感，是人所共有的反感，唯有藉著情勢的壓力才能克服。所有生活習慣和思維習慣上的改變都令人討厭。富人和常人在這方面的差異，著重於彼此暴露在促使變革的經濟力之程度，勝於在挑起保守傾向的動機有無上。富裕階級的成員不像其他人那樣，輕易屈服於革新的要求，因為他們不用被迫非做不可。

*譯者按：revert 也有人譯作返祖，其名詞 reversion 有人譯為隔代遺傳；此處均以回復表述。

富裕階級的這種保守傾向，如此明顯的作為一項特徵，已到了被視為一項備受尊敬的標幟的地步。因為保守傾向是社會中較為富裕、所以也較有聲望的那部分人的一個特性，於是保守傾向已具有某種程度的尊貴或裝飾的價值。保守傾向已演變成慣例，以致我們對於備受尊敬的理解中，堅持保守的觀點已隱然成為一個重要觀念；從社會聲望的角度看，這已是所有想過著不受疵議生活的人，其強迫性的應盡義務。保守傾向作為上層階級的特性是正派高雅的；反過來，革新作為下層階級的現象，是卑劣粗俗的。我們對所有社會改革者，都本能地抱持著反感和非難的態度，其最先和最直率的因素，就是認為事物體現這種本質上粗鄙的感覺。所以即使在某件事情上，改革者所代為發言的主張確有實質可取之處——這種情況很容易發生，如果改革者所要糾正的缺點，在時間、空間或個人接觸上和我們離得夠遠的話——仍讓人不禁覺得該改革者至少是一個不適於交往的人，並且必須少和其進行社會接觸為妙。革新是敗壞的形式。

小康有閒階級的習尚、舉措和看法，是社會其餘人等奉行不渝的行為規範，這個特點增添該階級其保守傾向的份量和影響。這令所有卓越的人們以追隨其後為其應盡的義務。如此一來，拜其居於優良形式的化身這樣崇高地位之賜，富裕階級對於社會發展所發揮之延緩進程的影響力，遠大於單憑該階級的人數所發揮的力量。富裕階級的規範性示範產生了極度強化所有其他階級反對任何革新的抗力，並鞏固了人們對上一代傳衍下來的良好制度的好感。

有閒階級還可在同一方向上發揮第二種影響，那就是有關阻撓人們採用更能符合當前急務的另一種例行生活方式。這項上層階級指導下的第二種方法，和剛剛提到的本能性保守傾向及對新思維模式的反感所發揮的作用，能嚴格的被歸類為同一範疇；但此時也可連帶處理，因為它至少在延緩革新和社會結構的成長這方面，是和保守性思維習慣有其相同之處。任一特定時期和任一特定民族所流行的禮儀規章、慣例和習尚大概都具有有機統一體的特點；所以，在生活方式中，某一個環節任何細微的改變，即使沒帶來全線所有環節的重組，也會在其他環節上造成某些改變或再調整。當某種改變僅是直接觸及生活方式中的某個細微環節時，其在慣例的構成上所造成的干擾，或許不那麼顯眼；但即使是這種情況，也可以有把握的說，隨後自會給一般生活方式帶來某些深遠的干擾。換另外一個角度，當擬議中的改革牽涉到對傳統生活方式處於頭等重要的一項制度進行徹底的改造或廢止時，立即會讓人們感覺到整個生活方式將受到嚴重的干擾；會讓人們覺得，這種對結構中的主要元素之一採用新制的再調整方式，即使不是一個成效令人起疑的過程，也是一個痛苦和令人生厭的過程。

要想體會對傳統生活方式的任何一種特徵進行這種激烈的改革，其所涉及的困難，只要設想一下在西方文明的任何一個國家中，若想廢止一夫一妻制的家庭、父系的血緣系統、私有財產或有神論的信仰，再或者要廢除中國的祭祀祖先、印度的種姓制度、非洲的奴隸制度，或在穆斯林國家建立兩姓平等，其所帶來的紛擾就可見一斑。以上各項，任何一種的改變對慣例的總體結構所造成的干擾，都極為可觀，這是毋庸置疑的。為了要使一項革新有成效，勢必給人們的思維習慣帶來極為深刻的變化，所牽涉的範圍不僅在與此直接相關的環節，生活方式中的其他各個環節更是如此。對任何類似革新的反感，實質上等於是對異類生活方式的畏縮。

大凡天性善良的人們，對任何擬議中背離既定的生活方式抱持反感的態度，是日常經驗中司空見慣的事實。有些人對即使是極其細微的改變，例如像英國聖公會的廢除、離婚手續的簡化、婦女參政權的確立、麻醉性飲料的製造和販售的禁止、繼承權的廢止或設限等等，都向社會熱心提出有益的忠告，和反覆的申明這些改變對社會所帶來的長遠致命性危害，這已不是什麼新鮮事。他們指陳任何一項的這類革新，都將「動搖社會結構的基石」，「使社會陷於混亂」，「侵蝕道德的根基」，「讓生活到了難以忍受的地步」，「破壞了大自然的秩序」，等等。這些不同的說辭，毫無疑問都帶點言過其實的性質；但，與此同時，就像所有誇張的論調那般，這類說辭是一種對其想要描述的後果之嚴重性，所表達的強烈感受。這些改變以及其他類似的革新，對既定的生活方式所造成的干擾，其後果遠比為了社會群眾的便利而設的一系列措施中，對某一孤立項目進行簡單的轉換，要來得嚴重。具有頭等重要的革新，其影響既然如此明顯，那稍為沒有那麼重要的改變，其影響也是如此，只不過程度略遜而已。對改變的反感，大部分是對任何特定的改變必然要進行的再調整而產生煩擾的一種反感；任何特定文化或任何特定民族，其制度性系統的這種一體性，強化了對人們思維習慣的任何改變所引起的本能性抗拒，既使是就制度本身而言，屬於次要的事情也是如此。

由於人類制度的一體性，而造成這種強化抗拒力的一個後果是，任何革新下進行的必要再調整，比起不存在一體性的這種情況時，要消耗更大的心力。這還不僅止是改變業已確立的思維習慣會令人不快。對既定的生活理論進行再調整的情勢下，找到並維持自己的定位，得多多少少花點時間和耗點力氣，這個過程既然需要消耗一定的精力，那為求順利完成，就得假設，在為了生計日夜操勞而被吸收的精力之外，尚有某種剩餘的精力。由此可見，衣食不足和物質生活過於艱苦，也足以阻礙進步，其發揮的功效並不亞於一個奢侈的生活所發揮的作用：它因為對現狀不滿而將要求革新的機會拼拒在外。赤貧者和那些將所有精力耗在日常生計的奮鬥上的人，都是保守的，因為他們沒有餘力去想明天以後的事；這和飛黃騰達的人一樣，也是保守的，只不過他們是因為很少有機會對其今日的處境表達不滿。

從這個論點可以推論出：有閒階級的制度讓低層階級變成保守的方式，是盡可能地收回低層階級維生的方法，並因此減少其消費和可用精力，以致其再無餘力去學習和採納新的思維習慣這一地步。在財力等級表上，財富既累積在等級表的上端，意味著貧困發生在等級表的下端。有一句老生常談是說，無論那裡，當出現群眾中有可觀的人陷於貧困的情況，對任何革新都是一個嚴重的障礙。

財富分配不均的這項直接抑制性效果，還伴隨著具有同等效應的間接效果。一如前面所看到的，上層階級在確定贏得聲譽的規範上，所做出的規範性示範，助長了炫耀性消費的實踐。炫耀性消費的盛行作為所有階級禮儀標準中的一項重要元素，當然不能全歸因於富裕有閒階級的示範，但有閒階級的示範，強化了炫耀性消費的實踐和堅持，是毋庸置疑的。禮儀在這件事上的要求，是極其有力和非常強制的；所以，即使是財力地位雄厚，除了最低維生需求外，仍綽有餘裕可供相當多的物品消費的那些階級，也往往將應付迫切物質需求後超出的可支配剩餘，用於炫耀性禮儀的目的上，而不用在進一步的物質享受和生活的充實上。尤有甚者，那些可供使用的剩餘精力，也多用於求取物品來供作炫耀性消費或炫耀性貯存之上。其結果是，出於以財力贏得聲譽的要求終會導致：（一）除了炫耀性消費以外，所剩供作維生最低需求的只怕不多。（二）所有的精力在僅供生活上的物質所必需之用後，如有剩餘皆被吸收殆盡。凡此種種，其最低結果就是強化了社會普遍的保守態度。有閒階級的制度直接妨礙了文化的發展：（一）是由於該階級本身固有的慣性；（二）是透過炫耀性揮霍和保守傾向的規範性示範；和（三）間接藉由制度本身所賴的財富和生計分配不均的體系。

此外還要補充的是，有閒階級讓各項事物保持原狀，也有一種實質利益。在任何的特定時期，其一般情勢下，這個階級總是具有特權的地位，而任何有違現存的秩序，都會被認為是有損於該階級而非有利於該階級。所以，單就有閒階級本身的利益著想，其理應採取「多一事不如少一事」的態度。這項利益動機適足以補充有閒階級的強烈本能偏見，從而比沒有此動機時，更固守著保守傾向。

當然，此處所說的一切，就有閒階級作為社會結構的保守傾向或回復傾向的代言人和載體，這種任務是不帶褒或貶的。而其所起的抑制作用，也許有益的，也或許相反。就任何特定實例來說，究竟是有益或有害，屬於見仁見智的問題，而不屬於一般性理論。保守分子的發言人所常發表的觀點（作為一項政策問題來發表），也許有些道理，那就是，如果沒有保守的小康階級對革新提出此種實質性和一貫性的反抗，社會的革新和實驗，將會使社會陷入動蕩不安和難以忍受的局面；其唯一可能的結局就是引起不滿和悲慘的反彈。然而，所有這些都不在目前論證之列。

撇開所有的貶謫，也擱置一切認為對輕率的革新加以相當的遏止是有必要的這類問題，純以事理而言，有閒階級一貫對環境的調整，也就是所謂社會的進步或發展，都設法加以阻撓。該階級所特有的態度，可概括成一句格言：「凡是現存的任何事物都是合理的」；可是若以物競天擇的法則套用到人類制度上時，則會得出這樣的格言：「凡是現存的任何事物都是錯誤的」。這並不是說，今日的種種制度，就今日的生活目的而言，都是一無是處，而是說，依事理來看，這些制度總有某種程度的不足之處。這些制度都是生活的方法，對於過去社會發展到某一時點時，為適應當時的情勢而進行或多或少不恰當的調整所致；所以這些制度是錯在有所欠缺，更甚於現在和過去局勢的時空分野。此處所用的「合理的」和「錯誤的」這兩個字詞，也就不反映何者為應該或何者為不應該之意。這些字詞純是從進化角度（不含道德色彩）來予以套用，且意在指出和實際進化過程相適與否。有閒階級的制度，藉助該階級的利益和階級的本能，透過規則和規範性示範，使得各種制度現存的失調一直延續，還甚至有意回復到某些更為遠古的生活方式；這種生活方式距離為了適應當前局勢下的生活急需所要進行的調整更為遙遠，甚於剛從過去傳衍下來之業經實施且已報廢的生活方式所進行的調整。

儘管先前所說，全是有關往昔良好方法的保存事項，但制度在變化和發展，卻是不爭的事實。風俗和思維習慣一直在累積成長；各種習慣和生活的方法一直在進行選擇性適應。有閒階級的任務，究竟是在指引著這方面的成長，抑或是在阻撓，關於這方面是有些話可說的；但就其與制度成長之間的關係，除非觸及那些直接和主要屬於經濟性質的制度，否則此地不擬多言。這些制度——經濟結構——根據其是為經濟生活之兩個截然不同的目的中的那一個服務，而粗分為兩類或兩個範疇。

若採用古典術語，這兩類是　取的制度或生產的制度；若改成前幾章在其他文義中所曾使用過的詞彙，這兩類是財力的制度或產業的制度；若仍要用別的字眼，這兩類是服務於歧視性和非歧視性經濟利益的制度。前一範疇是與「商業」有關，後一範疇與工業相關，之所以用工業這個字眼是取其機械性的意義。後面這類通常不被認為是一種制度，很大一部分是因為它並不直接牽涉到統治階級，所以，也就很少成為立法或社會慣例的主體。當制度受到關注時，一般總是從財力或商業層面來切入；在我們這個時代，人們主要的考量，特別是上層階級的考量，多偏向經濟生活這一面或這一層。這些上層階級對經濟事物除了商業利益外，很少關心其他的，但與此同時，考慮社會問題卻是該階級應盡的義務。

有閒（指的是擁有財產而不事生產的）階級和經濟進程的關係是一種財力關係——一種　取的關係而不是生產的關係；一種剝削的關係，而不是實用性關係。當然，該階級的經濟職能，間接而言，對經濟生活的進程也許是極其重要的；此處絕沒有貶低有產階級或工業領班們的經濟功能之意。此處的目的僅在指出，這些有閒階級和工業進程之間，及其和經濟的各種制度之間的性質是什麼。有閒階級的職能是屬於寄生性質，而其利益就是將可動用的物資歸其所用，和保有歸其掌握的一切事物。商業世界的慣例，是在這項掠奪或寄生原則的選擇性監督下成長起來的。這些慣例就是所有權的慣例，是由遠近不一的古代掠奪型文化間接衍生出來的。不過，這些財力制度並不完全適合今日的局勢，因為它們是在和目前有些不同的昔日局勢下成長起來的。因此，即使就財力方面的成效而言，這些制度的合適度也不如預期。業已改變的工業生活，需要業已改變的 取方法；而財力階級也得採用能對求取私人利得效果最好的財力制度，以從中得利，而利得的求取須和工業進程的持續時間相容，因為工業進程正是該項利得產生的來源。所以，有閒階級在制度成長的導引上，多多少少有一個前後一致的傾向，以符合形塑有閒階級經濟生活的財力目標。

財力金錢利益和財力金錢習性，對於制度成長的影響，可從那些專門為財產的安全、契約的履行、金錢交易的便利，以及既得的利益所設的法令和慣例，就可得知一二。至於有關破產和財產管理、有限責任、銀行業務和通貨、勞工或雇主的聯盟、信託和共同出資的變革，也都具有同樣的作用。社會上諸如此類的制度性措施，只對有產階級有直接影響，而影響的深淺，則和其所擁有的財產成正比；那即是說，和其列入有閒階級的等級成正比。但商業生活的這些慣例，對工業的進程和社會的生活，有極其深刻的間接影響。所以，財力階級在引導制度性的成長這方面，對社會負有極為重大的責任，不僅在保存既定的社會架構方面是如此，在形塑工業進程本身也是如此。

財力的制度性結構和其修正的直接目的，就是為平易相處和有秩序的剝削提供最大的便利；可是，其稍遠一層的影響，卻遠超出這項直接目的。不僅是商業行為操作愈順暢，使得工業和工業以外的生活在進行上少了很多動蕩；而且在日常事務中，需要機敏的辨別力才能應付的紛擾和錯綜複雜情況，因為有了制度而消除，遂令財力階級本身成為多餘。金錢交易一旦成為例行性工作，則工業領班也就可以閒置一旁。不用說，這種極端的情形要出現，猶在未定之天。在另一領域，現代制度所進行的修正，對於財力金錢利益有利的趨勢，是以「無靈魂」的股份公司取代工業領班，如此一來，就會讓有閒階級有關所有權的偉大功能消失於無形。所以，透過間接方式，有閒階級的勢力對經濟制度的成長所帶來的傾向，對工業而言，是具有非常重要意義的。

第九章

遠古特質的保存

有閒階級的制度不但對社會結構有影響，對社會成員的個人性格也有影響。某一癖好或某一特定觀點一經認可，而成為生活上權威的標準或準繩時，就會作用在那承認其準繩的社會成員性格上。這種癖好或這個觀點將在某種程度上形塑了這些社會成員的思維習慣，而且還對人們在性向和愛好的發展上，產生一種選擇性監督的作用。這個效果有一部分，是透過所有成員的習慣，皆曾經歷過強迫性、教育性的適應來體現；一部分是藉著對適應不良的個人及其家系進行選擇性的淘汰來完成。大凡無法和公認的方式所設下的生活方法相適應的人類素質，大概都會遭到淘汰和壓制。財力攀比和勞務免除這兩項原則，就這樣被立為生活的規範，並且在人們必須與之相適應的局勢中，成為相當重要的強制因素。

炫耀性揮霍和勞務免除這兩項廣泛原則，之所以能影響到文化的發展，一方面是透過指導人們的思維習慣並進而掌控制度的成長；另一方面藉著選擇性，保留某些對有閒階級架構下生活的便利性有益的人性特質，並進而控制社會的實在氣質。有閒階級的制度在形塑人類性格上，大致朝精神上的殘存和回復的方向進行。其對社會氣質的影響，是帶有阻擾精神方面發展的性質。這個制度，特別在晚近的文化中，總體說來是有著保守的趨勢。此一論點，實際上已是耳熟能詳，但在此處予以引用，或許對很多人來說有點新奇。所以，即使帶著某種把老生常談予以冗長重覆和不厭其煩之風險，試就該論點的邏輯背景作一扼要回顧或許是值得的。

社會進化是氣質和思維習慣在群居生活情勢的壓迫下，進行選擇性適應的一個過程。思維習慣的適應過程就是種種制度的成長。但是伴隨著制度的成長，一個更為實質的特性也發生變化。

不但人們的習慣會隨著局勢變動中的要求而改變，而且這些變動中的要求也會使人類天性起著相應的改變。人類的社會素質本身，會隨著生活變動中的條件而起變化。晚近人種學家認為，人類天性的這種變異，是對各個相對穩定和持久的種族類型或種族元素之間進行選擇的一個過程。人類有回復到、或純原生於，多多少少是緊依著，人類天性中一兩種特定類型的傾向，而這些特定類型，有著能相當符合過去局勢的主要特徵，但今日的局勢已不同往昔。這些相對穩定的種族類型，有幾個構成了西方文化的人口。今日的人種遺傳中仍有這些種族類型，不過不是以一成不變、且嚴守各自有其單一確實而特殊型態的模式存活下來，反而是以帶有或多或少的變體形式存在著。這些種族類型的某些變異，是歷經長期選擇性過程的結果；這個過程是各個類型和其混種在文化史前和有史時期進化中都經歷過的。

種族類型本身由於漫長而趨勢不變的選擇性過程，所帶來的此種必然變異，卻不曾受到一直討論人種殘存的作者們足夠的關注。此處所提的論證是，有關人類天性的兩個主要分岐的變體，這些變體來自於構成西方文化的種族類型在晚近進行選擇性適應的結果；而所著重的是，今日的局勢促使變異沿著該兩個分岐線中任一條線繼續下去所可能帶來的效果。

有關人種學的論點或許可簡短的概括；但為了避免過於瑣碎，此處所陳述的只是較受矚目的種族類型及其變體的路線，和回復及殘存的方式中所最不可或缺的細節，因為過於輪廓式的簡陋和貧瘠，並不適於移作他用。我們工業社會中的人們，其原生種實不出三種主要種族類型中的其中任一種：長顱金髮、短顱褐髮（brachy brunette）[*]和地中海沿岸的高加索種型——撇開我們文化中比較次要和關係比較遠的種族成份。但在這三種主要種族類型裡面，每一種的回復趨勢都至少沿著兩個主要變異方向的其中之一來進行；那就是平易相處或前掠奪型變體，和掠奪型變體。這兩種具特色變體的前一種，較接近各自的一般類型，是作為各自類型處於群居生活的最早期階段中，其類型的回復型代表，這在考古學或心理學上都有足夠的證據。此一變體被認為足以代表那些現存文明人早在掠奪型文化、身分制、和財力攀比昌盛前，處於生活平易相處、野蠻階段的祖先。至於該類型的第二個、或掠奪型變體，則被認為是那些主要種族類型及其混種中較為新近改良型的一種殘存——這些改良過的類型，是在掠奪型文化和稍後準平易相處階段的攀比文化、或財力文化的薰陶下，主要透過一個選擇性適應過程來進行改良的。

根據已知的遺傳法則，較此或多或少更為遙遠的過去階段，也有可能有這種類型的殘存。如果某種類型起了變化，在正常、平均或普通的情況下，該類型的特質會依其在最近的過去那種形態傳衍下來——這或可稱之為現存的因襲（hereditary present）。以當下所要研討的目的而言，此種現存的因襲，是以稍晚掠奪型和準平易相處文化為代表。

現代文明人在一般情況下，所原生的人類天性之變體，實以這個最近的——遺傳性上仍然存在——掠奪型或準掠奪型文化的特性為代表。此項論點在涉及蠻荒時期奴隸階段或被壓迫階段的後裔時，需要做些修正，但這種修正的必要性或許並沒有如最初想像中的那麼大。就全體人類來說，這種掠奪型、攀比型變體似乎尚未達到高確定度或高穩定度此一地步。換言之，現代西方人所繼承的人類天性，在形成天性的不同性向和偏好上，無論以其涵蓋範圍或相對實力而言，並不是近似一致。若從群居生活的最近急務這項目的來衡量，具有現存的因襲這類人確是稍帶點遠古之風。現代人類在變異法則下，主要想回復的類型是更為遠古的人類天性。另一方面，若從不同個人所顯露的回復性特質來衡量，這類特質隨著氣質的盛行掠奪型態而有所變化，倒是前掠奪期（ante-predatory）的變體，無論在其氣質元素的分佈性或相對勢力上，似乎具有較大的穩定性和較大的對稱性。

這項由於個人所原生的種族類型前後期之變體，造成的繼承性人類天性之間的分歧，卻被另一項基於西方民眾組成中的二或三個主要種族類型，在繼承性人類天性之間類似的分歧所掩蓋而混淆不清。實際上，這些社群的每個人都被認為是不同情況下，現行種族元素以極其不同的比例組合而成的混合種；以致有著回復到其組成種族類型中此一類型或另一類型的傾向。這些種族類型在氣質上的差異，和種族類型其掠奪期變體及前掠奪期變體之間的差別有點類似；長顱金髮種型比起短顱褐髮種型，特別是和地中海沿岸高加索種型相較，更富於掠奪型氣質的特性——或至少是性情上較為兇暴。因此，當某一特定社會在制度的演進上或在情緒的有效控制上，顯示出和掠奪型人類天性有別時，很難斷定這樣一種分歧就是代表一種向前掠奪期變體的回復。這一種分歧或許是因為居民中某項「較低級的」種族元素漸居優勢的緣故。此外，尚有跡象顯示現代社群

*譯者按，長顱，指的是人類頭的寬度和長度之比在80：100以上；短顱，指的是人類頭的寬度和長度之比不及75：100。

在明顯氣質上的變化，並不全是由於就穩定種族類型間進行選擇的緣故，雖然這些證據尚未達所期望的具有結論性。看來倒有幾分像是就幾個種族類型的掠奪型變體和平易相處型變體間進行的選擇。

這項有關當代人類進化的概念，對當下的討論並非不可或缺。運用這些選擇性適應概念所得出的綜和結論，如果代之以早先達爾文派和史賓塞派的術語和概念，也同樣能夠成立。基於這種狀況，在術語的使用上稍為鬆散或許是無可厚非。「種族類型」這個詞彙在此是用得有些鬆散，其所指的是氣質上的變化，在人種學家看來，這只不過是種族類型的些微變體，而非截然不同的種族類型。在論證中，當有必要就此進行仔細的區分時，總可在上下文義上看出這番努力。

如此說來，今日的種族類型是原始人種類型的變體。這些種族類型在蠻荒文化的陶冶下，曾經歷某種轉型，而轉型後的形態已呈某種程度的固定性。具有現存因襲的人，實為構成其個人之種族元素的蠻荒型變體——奴隸性的變異或貴族性的變體。只不過這種蠻荒型變體尚未達到同質性或穩定性的最高程度。蠻荒文化，也即是掠奪型和準平易相處文化階段，雖然其延續期絕對的夠長，然在特性上，無論是時間長度或不變程度，都不足令種族類型出現極端的固定性。蠻荒型人類天性出現變異的頻率並不低，而這種變化今日看來更是愈來愈顯明，因為現代生活的條件，不再對脫離蠻荒常規的舉措，產生持續的抑制作用。掠奪型氣質對現代生活之所有目的並無所助益，對現代工業尤其如是。

大凡脫離現存因襲人類天性的舉措，通常都具有回復到種族類型較早期變體的性質。代表此種早期變體的，是那平易相處未開化原始階段所特有的氣質。蠻荒文化階段開始之前的生活環境及奮鬥目標，形塑了人類的天性，並賦與其某種固定的基本特質。而正是這些古老的、一般的性格特徵，才是現代人在進行現存因襲人類天性的變異時，所習於回復的方向。當人們處於群居生活最原始階段而能以過著人的生活自稱時，其生活環境似乎屬於平易相處性質；而在這種環境和制度的早期條件下，人們的性格——氣質和精神狀態——似乎具有平易相處及非侵略性的面貌，但卻不能說是怠惰的。此處或可將這個平易相處文化階段視為社會發展初始階段的標誌。目前的論證所關切的是，該假設性文化初始階段居於主導地位的精神特徵，似乎是一種未經反思、尚未成形的族群團結感覺，這種感覺表現於外的，大都是對人類生活的一切便利措施有一種感同身受的讚許，但絕不會熱烈；並對生活上所體會到的抑制或徒勞無功之舉，有著一種焦慮性反感。藉著其已深植在前掠奪期未開化蠻人的思維習慣中，這種對一般有用性抱著重視卻不熱衷的感覺，似乎在未開化蠻人的生活，和其與族群中其他的成員經常接觸的態度上，產生了頗為可觀的拘束力。

如果我們僅以歷史文物所能提供當時流行的習俗和流行的觀念，無論是取自文明的或未開化的社群，來作為這種感覺存在的可歸類依據的話，則這種創始性、未經分化的文化平易相處期，其痕跡似乎有點模糊不清和令人起疑；但如果從人類性格持久而普遍的特質中去尋找，就會在心理殘存上發現這種感覺存在的較為明確證據。這些特質或許有很大部分，特別殘存在掠奪型文化中被迫隱藏的種族元素裡。凡適合於早期生活習慣的特質，在個人掙扎圖存的情勢下，相較而言，遂變得一無是處。因此，所有在氣質上較不適於掠奪型生活的那些種族族群或團體成員，都會受到壓制並被迫藏於暗處。

掙扎圖存的特性，在過渡到掠奪型文化期間起了某種程度的變化，從族群對非人類環境的鬥爭轉為對人類環境的鬥爭。伴隨這項轉變而來的，是族群中各別成員間對立的日漸提高，和敵對意識的日益增強。族群內部成功的條件和族群存活的條件都起了某種程度的改變；族群中居主導地位的精神態度逐漸有所改變，並使另一組性向和偏好，在公認的生活方式中取得合法的優勢地位。在這些可視之為平易相處文化階段之殘存的遠古特質中，有一項就是我們稱為良知（conscience）的種族團結本能，這包括誠實和公正的觀念，另一項則是以質樸、非歧視性而呈現的技藝本能。

根據晚近生物學和心理學的指引，人類天性應以習慣這個術語來重新詮釋；而在此重新詮釋中，概括言之，習慣似乎是這些特質的唯一出處和唯一理由。這些生活上的習慣既然如此普遍到成一特性，很難歸因於後期或短期的規律所薰陶出來的。這些習慣在面臨近代和現代生活的特殊事故時，很輕易的被暫時擱置，正意味著這些習慣是受到極為久遠時日規律的殘存影響的，這項教訓就是人們當面對往後日子改變了的情勢時，常被迫在細節上背離習慣；然而一旦特殊事故的壓力解除，這些習慣幾乎原樣重現的情景，又意味著能夠讓這些特質定型並融入種族類型的精神結構中，這個過程必定經過漫長的歲月，並且沒遭到嚴重的中斷，才能達到。此一論點，不會因為任何問題，像是該過程究竟是按舊式說法屬於習慣的養成，抑或是種族進行選擇性適應，而有所影響。

打從掠奪型文化創始至今，這整段期間都受到講究身分制度，和個人對立與階級對立制度的管轄，依此而體現的生活特性和其緊急要務，在在顯示當下所討論的氣質特質決不會在這段期間興起，也決不會在這段期間得到固定，這些特質很有可能是從更早的生活方式中延續下來的，在掠奪型和準平易相處文化期間，以一種剛被廢止或至少是緊急廢止的狀況殘存著，而不在這個近期文化階段內產生和固定的。這些特質顯然是一項種族的因襲特徵，即使在掠奪型和其後財力文化階段成功要件已改的情況下，仍堅持下來。因襲而來的特質有一種遺傳上的韌性力量，各種族的每一個成員都多少帶有這種特質，而正是這股遺傳上的韌性力量使得這些特質能堅持下來，並且靠種族繁衍這個廣大的基礎來發揮。

類似的一般型特徵不是輕易可以泯滅的，即使是有如上面曾討論的這些特質，在掠奪型和準平易相處階段，所經歷過如此嚴厲和漫長的這樣一個選擇過程，也是一樣。這些平易相處的特質大都和蠻荒生活的方法及敵視態度格格不入。蠻荒文化的顯著特徵是階級和階級，與個人和個人永無休止的競賽和敵對。這項競賽式規律，對那些擁有平易相處未開化特質較淺的個人及其世系有利。於是，這項競賽式規律有著泯滅這些特質的傾向，而且確實在很大程度上，明顯的將受其左右的民眾這些特質減弱許多。即使在某些場合，不能與蠻荒型氣質相符，也不會受到怎樣嚴重的處罰，然而至少也會給那些不能符合蠻荒型氣質的個人及其世系帶來持續的壓抑。總括說來，生活是一場族群內個人與個人間的鬥爭，擁有遠古平易相處特質到格外顯目的程度，會妨礙個人在掙扎圖存中的勝算。

在任何已知的文化階段下，舉凡善良、公正、和無分別心的同情等等的天賦秉性，對個人生活毫無助益，除開有別於此處提及的假說性初始階段，或其稍後的階段，另當別論。具有此種天賦稟性，或許可保護個人不致受到大多數人的苛刻對待，而大多數人都堅信一個理想的正常人總該有少許這類的秉性；但除了產生這種間接及負面效應外，任何個人要想在競爭制度下，過上愈好的生活，則是愈少具有這類的秉性愈能達成。個人在財力文化下很大範圍內，若能免除顧忌，在生活的關懷上把同情、誠實視若無睹，或許就愈有成就。任何時期，事業上獲得高度成就的往往是這類型的人；除非是那些不以財富或權勢作為衡量成功標準的人，則另當別論。「誠實是最佳的策略」，僅能在狹窄的範圍內奏效，並且只能存在於特殊的場合及具幽默的意味*。

如果從西方文化進步社會在現代文明條件下生活的觀點來看，這些原始、前掠奪期的未開化蠻人並不是很成功，其個性在上文已試圖做了追溯。即使是就該假設性文化的目的而言，這種原始蠻荒人天性的類型，就是靠該文化才能鞏固——即使是為了平易相處未開化部落的目的而言——此種原始人在經濟上的鮮明缺點和在經濟上的優點同樣的多，任何人只要其意識，不因具有氣味相投而產生憐憫致有所偏頗的話，應對這一點看得很清楚。原始蠻荒人充其量是「一個聰明、濫好人的傢伙」。這種假設性原始性格型態的缺點是懦弱、無效率、缺乏原創性和缺乏創造能力、帶有禮讓卻懶散的溫和、擁有強烈卻不具條理的萬物有靈觀念。與此種特質相輔而行的，是對集體生活進程具有價值的某些別種性格特徵，那就是能促進部落生活的便利。這些特質是講求誠信、愛好和平、心地善良、及對人和對事常存有非競賽式、非歧視性的關切。

隨著生活的掠奪型階段來臨，有關成功者之人類性格的要求也起了變化。人類的生活習慣，必須與人類關係新等級體系下的新當務之急相適應。同樣的精力的發揮，這項在前引未開化生活中曾有所表現的性格特質，如今卻必須循著新的行動方向，在新一組對業經改變的刺激所起習慣性反應中表現出來。那些在早期條件下，從謀求生活便利的角度來看，頗能稱職的方法，在新形勢下已不再管用。早期局勢以利益的對立或分化相對較弱為其特點，而後期局勢則以競賽的強度持續升高和競逐的範圍持續縮小著稱。文化的掠奪期及往後各階段所專屬的特質，也正足以指出那最適於在身分制度下存活的人類類型，其性格特質（以最原始的表現而言）是殘忍成性、只知利己、黨同伐異，及虛偽奸詐——毫無忌憚地訴諸武力和欺騙。

在競爭制度嚴厲和冗長的薰陶下，種族類型的選擇，透過令擁有最多這些性格特質的種族元素利於生存的方式，遂使得這些性格特質居於相當顯著的優勢地位。與此同時，那些在早期養成、且較為普及的種族習俗，卻從來沒有失去其為了集體生活目的而存在的效用，並且也從來沒有確確實實的中斷過。

有一點也許值得指出的是，歐洲人中長顱金髮這一類型之所以在近代文化中擁有主導性影響

*譯者按：狄更斯（Charles Dickens）所著《匹克威克外傳》（Pickwick Papers）中做事慌張但勤勉樸素並精神飽滿的老主人翁的情景。

力並居於主宰性地位，很大部分似應歸因於其秉承了掠奪型人類性格特別多的緣故。這些精神上的特質，加上體能上的優異稟賦——這一點本身或許是族群和世系之間在進行選擇的結果——主要是讓某種種族元素能居於有閒階級或統治階級的地位，尤其是在有閒階級制度處於發展初期階段時更是如此。這並不意味著，任何個人一旦在性向上具有完全相同的成份，就保證其功成名就。在競爭制度下，個人成功的條件並不必然和階級成功的條件完全相同。一個階級或一個黨派的成功，端賴一股強烈的黨同伐異精神，或效忠於一名領袖，或信守一項主義；至於處於競爭狀態的個人，如果其能結合蠻荒人的精力、原創力、只知利己及虛偽奸詐，加上未開化蠻人的缺乏忠誠或不具黨同伐異的團結精神，就會得償所願。順帶附加說明的是，大凡基於徹頭徹尾只知利己、並且無所顧忌而取得輝煌（拿破崙式）成就的人，其體格特徵以屬短顱褐髮型多於屬長顱金髮型。不過，若僅以利己角度出發而取得適當成功的個人而言，很大比例似乎屬於長顱金髮型這類體格特徵的種族元素。

藉由掠奪型生活習慣培育出來的特質，有利於個人在競賽制度下，其生命的延續和生活的充實；與此同時，該氣質亦有利於部落的存續及成功，只要該部落的生活，就其整體而言，也是以和別的部落進行敵對性競爭作為生活的重心即可。但在工業較為成熟的社群裡，其經濟生活的演進已到了這樣一個轉折點：社會的利益不再和個人的競賽利益相一致。就其共同的能力而言，這些先進的工業社會已不是為了生活資料或生存權利而處於彼此競爭的地位——除非其統治階級的掠奪型偏好仍維持著戰爭和搶奪的傳統。這些社會，除了受到傳統和氣質氛圍的影響，不會因為環境的壓迫而彼此敵對。這些社會的物質利益不僅僅不再互不相容，反而是任何一個社會的成就，毫無疑問會增進該部落另一個社會生活的美滿，這不光是目前如是，並且還延伸至難以估量的未來——也許有關集體的美譽這類利益得排除在外。這些社會在超越其餘的社會這過程中，不再能取得任何物質上的利益。至於在個人還有個人與個人間的關係這方面，情況就不見得完全是那麼回事。

任何現代社會的集體利益都專注在工業的效能上。個人在滿足社會目標方面的能耐，是和他在世俗上所謂生產性職能的效率呈正比的。實現這項集體利益最好的方式是誠實、勤奮、愛好和平、善良、不存私心，並且時時刻刻認清和理解因果律，在處理事件的過程中，不摻雜萬物有靈的信仰及不依賴任何超自然的干預。擁有這些特質的平凡人，在其天性中所隱含的美感、道德卓越或普世價值感和榮譽性，自不待多言；並且對當這些特質絲毫無損的居於主流時，所形成的集體生活究屬何種面貌亦無從置喙。不過這都是題外話。這些特質一旦能夠同時並存，且達到人類以此特質作為其性格的特徵這種程度時，一個現代工業社會就保證能成功的運行。為了要對現代工業局勢的環境進行相當的調整，擁有某種程度這類的特質是必需的。每當這些特質，或其中大多數特質，都能以最高程度體現出來，現代工業社會那複雜、涵蓋面廣、尤重平易相處及高度組織化的機制，就會朝最有利的方向運行。那些屬於掠奪類型的人，其所具有的這類特質，少到遠遠低於滿足現代集體生活之所需這個地步。

從另一個角度來說，個人要想在競爭制度下得到立即的利益，就得靠錙銖必較的交易本領和不講情面的管理作風。上節所提的特質對社會的利益是有好處，不過對個人的利益可就不是那麼一回事，有害多於有利。個人的性格一旦有了這些性向特質，就會分散其較多的精力到別的目標而不是金錢利得；並且在追求金錢利得時，這些性向特質又導引其往孜孜不倦這種既間接又無效率的方式去取得，而不是以放手一搏、義無反顧的欺詐手腕來經營。勤奮的性向一直是個人的絆腳石。現代工業社會的成員在競賽制度下都是彼此的對手，每個成員如果能拋開一切的顧忌，一有機會就不動聲色地欺騙和傷害其同儕，則很容易取得其個人和立即的利益。

前面業已指出，現代經濟制度大可分成兩個約略可辨的門類——財力的及產業的。職務的門類亦復如是。屬於財力類別的職務是和所有權或　取有關；屬於產業類別的職務則是和工藝或生產有關。上面提到制度上的演進方面所得到的結論，也同樣適用於職務這一範疇。有閒階級的經濟利益在於財力的職務；勞動階級的經濟利益則在於兩種類別的職務；但以產業的職務為主。藉著財力的職務才能跨進休閒階級的門檻。

該兩種類別的職務對性向的要求，在實質上是有所區分的；並且，同理的，這兩種職務所給予的訓練也是沿著兩種不同的路線在進行。財力的職務所遵循的規律，是要保持並培養掠奪型性向及掠奪型敵意這類東西。要達到這個目的，一方面是透過對那些從事該類職務的個人和階級進行教導，另一方面對那些不適宜該類職務的個人和其族系進行選擇性的壓制和除名。只要人們的思維習慣是藉著　取財產和保有財產這些競爭性過程而形塑出來；只要人們的經濟運作是在財富所有權範圍之內以交換價值來表示，而其管理和財務調度是透過價值的交換來進行；則人們在經濟生活中所習得的經驗，自然有利於掠奪型氣質和思維習慣的存活與強化；在現代、平易相處體制下，主要藉著　取財產這種生活經驗所培養出來的，當然是落在掠奪型習慣和性向的平易相處範圍之內。這也就是說，財力的職務所提供的專業熟練度是以欺詐作偽為內容的操作手段，而不屬於以武力奪取為內容那更為久遠的方式。

這些傾向於保持掠奪型氣質的財力型職務，正是與所有權有關的職務，所有權是有閒階級本身直接行使的功能——以及與強取財富及累積財富有關的附屬功能。這些財力型職務，涵蓋了與從事競爭性工業的企業所有權有關之經濟過程中的那類人和那類職責；尤其是被歸類為財務調度作業的經營管理基本行業。除此之外，商業行業中很大一部分都可列入這類職務範圍之內。這些職責若是一直往最好的方向和顯著性方面發展，就會構成「工業領班」的經濟職稱。工業領班與其說是一位才具出眾之人，倒不如說是一位機靈狡猾之輩，而工業領班之職能是屬財力型多於工業性領導。工業領班所實施的工業行政，通常屬隨意為之的性質。至於生產和工業組織屬技術性成效的具體細節，則委由「實際操作」頭腦較差的下屬來處理——這些人的專長是工藝天賦而非行政能力。舉凡非經濟性職務，其正常活動帶有藉由教導及選擇來形塑人類天性這種傾向的話，都可歸類為財力型職務。舉凡政治上的、神職的和軍事上的那些職務都屬之。

金錢性職務同時也獲得比產業性職務高得多的榮譽認可。有閒階級的良好聲譽標準，就以這個方式來支撐那些為了滿足歧視性目的之性向的威望。如此一來，有閒階級高雅的生活等級體系，更助長掠奪型特質的存活和文化。職務從此有了科層式榮譽的等級。凡是直接和大規模所有權相關的工作，本身就是最具榮譽性的經濟職務。名聲較次的職務是那直接有助於所有權和財務調度的工作——例如銀行業務和法律業務。銀行業務的職務亦能帶來龐大所有權的聯想，正因如此，才使得該行業毫無疑問能分享這種體面。法律業務專業本身並不隱含龐大所有權；但因為律師的工作除可供競爭目的之用外，和實用性完全沾不上邊，所以在傳統的等級體系中排行算高。律師專門從事於掠奪型詐欺的具體事物，無論是強詞奪理取勝或揭穿強詞奪理，所以，在這行專業上的成就，會被視為蠻荒狡猾先天稟賦極高的象徵，而這一向都會博得人們的尊敬和畏懼。商業逐利行為所獲得的榮譽只有一半，除非其中牽涉大量的所有權成份及少量實用性成份。商業逐利行為等級排名的高低，大體和其所滿足的需求之高低成正比；因此，從事大眾日常生活必需品的零售業，會降到和手工業及工廠勞動同級的地步。至於體力勞動，或者甚至於指揮機械性操作的工作，在社會地位方面，當然是居於岌岌可危的地步。

有關財力型職務所設下的規律方面，有需要作一番補充。當工業企業的規模日漸擴大之際，金錢上的管理帶有狡猾靈巧和在手段上錙銖必較的競爭形式，這些特性都會日趨減少。也即是說，由於在經濟生活中，和這個層面接觸的人數不斷的增加，該行業已退化為一種例行工作，這類工作和競爭者很少介入直接的欺騙或剝削（侵占）。由此而跳脫掠奪型習慣的人，主要落在那些受僱於該行業的從業人員。所有權和行政管理的職責實質上完全不受這項補充說明的影響。

至於那些直接從事於生產技術和體力操作的個人或階級，情形可大不相同。他們的日常生活，與工業在財力方面強調競逐式與分出高下的動機及策略這種習性過程並不同步。他們不斷浸淫在機械性實務和制式因果關係的理解和協調當中，並就這些對人類生活目標的好處進行評估和利用。若就這部分的人口而言，產業生產工序所給予他們直接接觸到的教導作用和選擇作用，使他們的思維習慣和集體生活的非歧視性目的相適應。如此一來，就他們而言，這些作用加快其揚棄該種族從蠻荒往昔所遺傳和傳統延續而來的那些具獨特性掠奪型的性向和偏好。

由此可見，社會在經濟生活的教育作用方面，並不是全方位的呈現一種制式型態。凡直接和財力型競爭有關的那類經濟活動，常有維持某種掠奪型特質的傾向；至於直接和物品生產有關的產業職位，則有相反的主流傾向。但若就產業型職務這一階段而言，有一點值得補充的是，凡從事於該類型職務的人，幾乎在某種程度上也全都與財力型競爭事務有關（例如，像參與工資和薪水的競爭性訂定，進行消費物品的採購等等）。因此，此處就職務的類別進行區分，決不是對人們的階級進行一次嚴厲而快速的區分。

有閒階級在現代工業所擔任的職務，是類似將某些掠奪型習慣和性向保持活力。至於那些參與產業生產工序階級的成員，其所受的訓練則旨在讓其保有蠻荒時的氣質。但換個角度也有值得探討之處。大凡處境能免於過勞的個人，即使其在體格上及精神個性上，和該種族的平均類型之差異是如何的大，也可能殘存和傳衍其特性。凡是最能躲開環境壓力的那些階級，其隔代遺傳特質獲得殘存和傳衍的機會是最大的。有閒階級在某種程度上是能躲開工業局勢的壓力的，而因此應能回復很大一部分其平易相處或蠻荒的氣質。這類不屬其階級常軌或具隔代遺傳特徵的個人，理應能依其前掠奪期方式來展開其生活步調，而不致立即遭受像下層階級生活方式那樣的壓制或排擠。

實際上，這類情事似乎還真有這回事。舉例來說，上層階級中就有為數眾多的人樂於投身慈善工作，同時該階級也有可觀的一群人熱心於支持種種改革和改良的努力。更有甚者，這類慈善和改革的努力，很大部分帶有那親切的「聰慧」，及作為原始蠻荒特性的隨心所欲。至於這種事實，是否能作為回復現象在高層階級比低層階級來得多的證據，則尚未有定論。在貧窮的階級裡，即使擁有同樣的愛好，也不容易找到表現的機會；因為這些階級缺乏手段、時間及精力，將其在這方面的愛好付諸實行。這種只有事實的表面證據很難令人確信無疑。

往深一層探究，有一點值得注意的是，今日的有閒階級，是從那些在財力方面有所成就的人中召募而來的，因此這些人所擁有的掠奪型特質稟賦，推斷應在一般水準之上。要跨進有閒階級這個門檻得經由財力型職務，而這些職務，透過選擇和適應，只有那些能在掠奪型考驗下，財力上適於生存的後裔才獲准進入上層階級。這類人在上層階級中一旦發生回復到非掠奪型人類天性的情形，通常都會被除名並被打落到較低的財力層次。要想在有閒階級維持其地位，其家系必須擁有財力上的氣勢；否則其資產會化為烏有，並且很快失去原有的社會地位。此類事例可真俯拾皆是。

有閒階級的組成成員，是藉著一個持續選擇的程序來維持的，舉凡格外能適應積極財力型競爭的個人及家系，就循此從較低階級中脫穎而出。有志者為了更上層樓，不僅是在各種財力性向上必須具有相當平均的完整程度，而且這類天賦還得達到某種高度，致能克服橫亙在其往上攀升路中特殊的物質困境。姑且不論那些意外狀況，暴發戶可是千挑萬選才冒出頭來的一個群體。

自從財力攀比的風氣盛行以來——這也等於是說，自從有閒階級的制度首創以來，這項選擇性准入（admission）的過程，理所當然一直都在進行。然而選擇的確切基準並非一成不變，所以選擇過程就不見得都有同樣的結果。在蠻荒初期或所謂掠奪型階段本身，適者生存的考驗就是勇武，這完全依照該詞的原始字義。候選人要想跨進該階級的門檻，必須具有黨同伐異、堅忍不拔、兇暴成性、蠻橫霸道和為達目的不屈不撓等天賦。這些都是累積和持續保有財富所不可少的品性。有閒階級的經濟基礎就是擁有財富，這在當時和往後都是如此；只不過累積財富的方法，和持有財富所須具備的天賦，從掠奪型文化的早期階段起，有了某種程度的改變。出於選擇性過程的結果，早期蠻荒有閒階級占優勢的特質，是大膽的從事侵略、敏銳的身分意識，以及無所顧忌的使詐。該階級的成員以堅持勇武來維繫其地位。到了晚期蠻荒文化階段，社會在準平易相處身分制度之下，就強取和占有方面有了既定的方法。精明的算計和強詞奪理，在很大程度上取代了簡明的侵略和毫無限制的暴力，成為眾所公認累積財富的最佳方法。有閒階級因此就得保有另類的性向和偏好。傲慢的主動侵略及相應而來的堅忍不拔，加上無可通融的身分意識，仍然被視為該階級中最為耀眼的特質。這些特質已被當作我們傳統中典型的「貴族的德行」來保留。但這些特質因此也逐漸增添了較不咄咄逼人的財力德行之成份；例如深謀遠慮、謹慎行事和強詞奪理。日換星移，當現代金錢文化的平易相處階段愈來愈近之時，那最後被提及的性向和習慣，對滿足金錢目的而言，相形之下是具有較高的效率，並且在獲准進入有閒階級之門，和保有該階級地位的選擇性過程中，愈來愈具份量。

選擇的基礎既已改變，如今有資格跨進該階級門檻的性向，只剩下財力性向。掠奪型蠻荒時期所殘餘下來的特質，就是為達目的不屈不撓，或認準目標貫徹到底，這類性向正是成功的掠奪型蠻荒人和被其取代的平易相處型蠻人區別之所在。但此類特質，不能作為財力上有所成就的上層階級和勞動階級的普羅大眾，在特性上有所區別之處。後一階級的大眾在現代工業生活的薰陶之下，經過培訓和選擇，已對這項特質給予同等的重視。為達目的不屈不撓的特質，也許被用作區別該兩個階級和其餘兩個階級：一無是處的廢物和下層階級游手好閒的懶人，更為恰當。從天賦資質的角度來看，財力雄厚之人和游手好閒之人相比，與勤勞之人和心地善良卻一無是處的依賴者相比，極其類似。標準的財力雄厚之人和標準的游手好閒之人一樣，都是厚顏無恥的將財物和人力轉為私用，並且對於別人的感受和意願，還有其行為所帶來的深遠影響完全無動於衷；但前者和後者所不同的是，財力雄厚之人懷有強烈的身分意識，在追求一項較遠的目的時，會更貫徹到底和深謀遠慮。該兩類氣質相似之處，還表現在性好「娛樂」、賭博，和熱衷無目的的競賽這種傾向上。標準的財力雄厚之人和游手好閒之人，在人類掠奪天性的其中一種伴生的變異（concomitant variations）上，也有驚人的相似之處。游手好閒之人通常都帶有濃厚的迷信思維習慣；他深信運氣、符咒、卜卦和宿命，並迷戀預兆和薩滿黃教式的儀典。一旦環境許可，這項癖好易於呈現出一種相當奴性的信仰狂熱，並且對敬祀儀典的形式非常在意；這類表現與其說是具宗教觀，不如說帶有某種信仰的虔誠。就這一點來說，游手好閒之人的氣質，與具財力兼有閒階級的相同之處，遠多於與勤勞之人或一無是處的依賴階級的相同之處。

一個現代工業社會的生活，或換別的語詞，處於財力文化的生活，透過選擇的過程，對某一特定範圍的性向和偏好，產生開發和保存的作用。該選擇性過程的目前走勢，不純是回復到某一既定不變的種族類型。該走勢毋寧對人類天性進行修正，以使其和過去遺傳下來的各種類型或各種變體的任何天性，在某些方面有所差別。進化的目標點並不是單一的一個點。經過這種進化作用而確立為正常的氣質，和人類天性的各種遠古變體不同之處，就在於其目標較具穩定性——目的較具單一性和努力較具堅定性。經濟理論所關切的這一部分，選擇性過程的目標點，總體來說，在這方面是單一的；雖然在相當重要的次要走向上，有些偏離此單一的發展路線。然而除了這總體趨勢外，發展的路線並不是單一的。就經濟理論來說，其他層面的發展是沿著兩條分歧的路線在進行的。若從個人才具或性向的選擇性保存這個層面來看，這兩條路線或可稱之為財力的和產業的路線。若就偏好、精神態度或敵意的保存這個層面而言，該兩條路線或可稱之為歧視性或利己的路線，和非歧視性或經濟的路線。若以其成長的兩個方向，在智力或認知上所形成的傾向而論，前者或可歸類為意欲（conation）、質量關係、身分地位、或價值的私人觀點；後者乃屬於結果、數量關係、制式效率或功用的非私人觀點。

財力型職位主要是促使性向和偏好這兩項範圍內的前一類發揮作用，並藉著選擇性方式將其存留在民眾之中。另一方面，產業型職位主要作用在後一類的範圍，並予以保存。通過徹底的心理分析，可看出性向和偏好這兩項範圍的每一類，都是某一既定氣質傾向下多種型態的體現而已。藉著個人一體性或單一性的力量，包含在第一類名下的性向、敵意和利益，全都綜合成屬於人類天性某一已知變體的體現。後一類的情形亦復如是。這兩類都可被視為人類生活中可供選擇的方向，任何一位特定個人，總要就其中一類展現堅定的偏向。財力生活的趨勢，一般而言，是保存蠻荒氣質，但卻是以欺詐及謹慎，或管理能力來替代早期蠻荒以物質破壞為特色的癖好。此種以強詞奪理的狡詐，取代災害蹂躪的現象，其發生的機會是說不準的。在財力型職位的範疇，該選擇性作用確實是堅定的朝這個方向進行，但財力生活的規律，除開利得的競爭外，並非一定按照這同樣的效果來運行。現代生活有關時間和物品消費的規律，並未確切發揮清除貴族德性或滋長資產階級德行的作用。傳統的高尚生活方式，給早期蠻荒的各種特質提供可觀的施展空間。此套傳統的生活方式中，某些具體情況和這一點相關的部分，在前面幾章以休閒為標題的討論中，已有所論及，至於更進一步的具體情況，亦將在後面幾章中會有所交待。

從已經說過的論點可看出，有閒階級生活和有閒階級的生活方式（生活等級），理應促進蠻荒氣質的保存；主要是在準平易相處或資產階級的變體上，不過在某種程度上也保存了掠奪型變體。所以，如果沒有干擾因素的存在，社會各階級之間的氣質差異，理應可以按圖索驥追查出來。貴族和資產階級的德行——也就是說破壞性和財力型特質——必然主要在上層階級中找到，而勤勞的德行——也就是說平易相處的特質——主要發生在從事機械產業的階級。

這項說法一般來說，雖有點不確定卻是站得住腳的，但如果要予以驗證，則不是那麼的貼切適用，或如我們所期望的那樣具確定性。該說法之所以部分不適用，可歸因於幾個理由。所有的階級多多少少都會被捲入財力鬥爭的旋渦，並且在所有的階級裡，個人的成功和存活端賴財力特質之有無。凡是財力文化昌盛的地方，選擇性過程大致是在利於強取的基礎上進行的，這個過程正是人們藉以形塑思維習慣，以及各個彼此相抗衡的家系藉以決定存活的程序。所以，假如不是財力效率和產業效率處於完全不相容的地步，所有職務的選擇性舉措，勢將被財力氣質全然掌控。如此一來，將使耳熟能詳的「經濟人」被樹立為人類天性的正常及確定的類型。然而，「經濟人」的唯一利益是利己，和其唯一的人類特質是謹慎，卻不符合現代工業的需求。

現代工業要求對經手的工作抱著一種非私人、非歧視性的興趣。少了這點興趣，產業的精巧工序勢必不可能運作，並且實際上也不可能被設計出來。這種對工作的興趣一方面使工人和罪犯有所區別，另一方面也使工人和工業領班有所不同。正因為要使社會的生活能繼續運作，必須從事勞動工作，這就在某種職業範圍內帶來了有利於熱愛工作之精神性向的適用性選擇作用。然而即便如此，還是得承認在產業性職業中，財力型特質的選擇性淘汰是一種帶有不確定性的過程，因此很多時候，蠻荒的氣質在這類職業中最終仍所見多有。考慮到這點，有閒階級的性格和一般民眾的性格，在這方面目前並沒有太大的區別。

社會的各個階級中，都存在著後天學來的生活習慣，這種習慣非但亦步亦趨地模擬遺傳下來的特質，同時在整個團體中，也產生了推動其所模擬的各種特質之作用，這也使整個有關精神構成之階級區分的問題，顯得模糊不清。這類後天學來的習慣，或研議中的性格特質，絕大多數屬於貴族類型。有閒階級作為榮譽模範的示範性地位，曾給其較低階級立下許多有閒階級生活理論的特徵；經年累月下來，遂使得整個社會或多或少持續的滋長著這類貴族式特質。也正由於這個緣故，這類性格特質要不是有閒階級的言教和身教，是不太會在一般民眾身上看到的。這條貴族式生活的觀念和多多少少隨之而來的遠古性格特質，其滲透的管道，並且還是一個重要的管道，或許非居家僕役階級莫屬。這群人在和主人階級接觸中，形塑了何者為善和美的觀念，並且將所習得的先入之見，在他們出身卑微的同儕間傳遞，也因此能及時把較高典範向社會擴散，要不是這群人，這種擴散是需要時間的。俗話說「有其主必有其僕」，這句話對上層階級文化的許多元素能迅速被大眾所接受的重要性，遠比一般所認知的來得大。

還有更進一步的事例足以縮小財力品性在階級間的差距。財力鬥爭造成比例偏高的不足自給的階級。這個不足自給包括生活必需品的匱乏，或進行禮儀上所必需之開銷的匱乏。無論是兩者之中任一種情況，其結果總是為了滿足日常需求的資料而進行激烈的鬥爭；不管這日常需求是屬於物質需求或較高一層的需求都是一樣。藉著自我肯定以應付困境的過度勞累將耗盡個人全部的精力；他獨自傾其全力以達成自我比出個高下的目的；也因此不斷的愈來愈變成狹隘的利己主義。產業型特質在此種情況下，由於無用武之地而形同報廢。由此可見，有閒階級制度藉著實施財力禮儀的生活方式，並盡可能向下層階級榨取生活的資料這些手段，間接的在民眾身上產生了保存財力型特質的作用。其結果是下層階級被原本應屬上層階級所專有的人類天性類型所同化。

職是之故，上層階級和下層階級之間，在氣質上看來並沒有多大的差別；不過，其之所以沒有這種差別，很大一部分似乎在於有閒階級所產生的示範性榜樣，以及這些有閒階級制度所據以存活的炫耀性揮霍和財力攀比大原則廣為民眾所接受。有閒階級的制度，產生了降低社會工業性效率，並延緩了人類天性對現代工業生活的當務之急進行調適的作用。這個制度，（一）透過階級內部的遺傳，以及將有閒階級的血統往階級以外滲透這種方式，將遠古特質直接傳遞下去，（二）經由保存和鞏固遠古制度的傳統，從而使得蠻荒特質在有閒階級血統滲透範圍之外，亦有較大的存活機會；使具優勢的或有效率的人類天性朝保守方向演進。

對於現代民眾上述各種特質的殘存或消失之問題，有著特殊重要意義的資料，無論在蒐集或研析上的工作，幾乎尚未起步。因此，除了對類似現成可用的日常事例進行天馬行空的評論外，其可能提出具體材料以支持此處所持的觀點則少之又少。像這樣的敘述難免令人有平淡無奇和乏善可陳之嘆，但為求論證之完整，似乎又不得不然，即使在這裡所嘗試的只是略舉其概要，還是得如此處理。因此在接下來的幾章，還是免不了有此類的片斷式敘述，謹先在此為某種程度的放縱告罪一番。

第十章

勇武的現代殘存

有閒階級與其說是活在工業社會裡，不如說是藉著工業社會而存活的。有閒階級和工業的關係屬財力性質遠多於產業性質。躋身有閒階級靠的是財力性向的發揮——那是強取的性向而非實用性的性向。因此，組成有閒階級的人類資質，要經過一個持續不斷的選擇性篩檢，而該選擇過程是根據對財力追求的配合度來進行的。然而該階級的生活方式大都承襲過去，並且擁有早期蠻荒時期許多的習俗和理想。此項遠古、蠻荒的生活方式也給較下層的各個階級產生了規範作用，只不過程度有所弱化而已。這種積習和生活方式，反過來透過教育並且帶有選擇性的形塑人類資質，其作用主要是朝向保存屬於早期蠻荒時代——即勇武和掠奪型生活的時代——的各種特質、習俗和理想。

掠奪型階級所特有的遠古人類天性中，最直率和毫不掩飾的表現，就是戰鬥偏好本身。當掠奪型活動是以集體的形式出現時，此項偏好通常以尚武精神稱之，或晚近稱之為愛國主義。經過文明洗禮的歐洲各國，這項尚武精神的稟賦，出現在世襲的有閒階級要比出現在中產階級中高得多，這一說法毋須深論就可獲得認同的。確實，有閒階級也是以有此稟賦上的差異而引以為傲，而且還振振有辭。戰爭是光榮的，並且在一般大眾的眼中，好戰的勇武是無上的尊貴；還有這種對好戰的勇武之讚揚本身，就是好戰者具有掠奪型氣質的最佳明證。對戰爭的狂熱以及其所標示的掠奪型氣質，大都盛行於上層階級，尤其見諸於世襲的有閒階級。尤有進者，上層階級外表上最嚴肅的職位就是從事公職，而以這類公職的起源和演進的內容來說，也屬於一種掠奪型職位。

階級之中，唯一以擁有習以好鬥心態為榮，並在這方面能與世襲有閒階級相抗衡的，就屬下層階級游手好閒的懶人。在承平時期，廣大勤勞階級對戰爭的興趣相較而言是淡薄的。這群構成工業社會有效實力的普通民眾，在沒受煽動的情況下，除了防禦性戰鬥外，對任何其他鬥爭是避之唯恐不及的；實際上，即使是遇到挑釁須採取防衛態度時，這群民眾的反應也還稍嫌遲鈍。在較為文明的社會，或更確切點，在已達到先進工業發展的那些社會裡，這種好戰的侵略精神可以說已被普通民眾棄而不用了。這並不意味在勤勞階級中，沒有少許的個人偶而會冒出尚武精神。更不是說，廣大民眾在某一時期受到某些特殊挑撥的刺激，都不會激起武力的狂熱，像今天看到歐洲若干國家和美國不時在上演的那樣。但是，除了出於一時的意氣激昂，還有除了那些天性稟賦中含有掠奪類型遠古氣質的人，再加上那些上層和下層階級中擁有類似天性稟賦的個人外，任何現代文明社會的群眾在這方面的惰性表現，竟然顯著到讓戰爭不能實現，除非面臨實際的入侵。一般民眾的習慣和性向，令活動朝著比戰爭較不驚心動魄的其他方面開展。

此項氣質上的階級差異，部分的原因可能在於各個階級後天特質在遺傳上的差異，但似乎也可能在某種程度上是由於種族起源的差異所造成。凡是其民眾的種族構成相對來說較為同源的那些國家，在氣質方面上的階級差異顯然是少些；而那些構成其社會各個階級的種族元素分歧較廣的國家，這方面的階級差異就大得多。與此相關的，還有一點值得注意，在後一類國家中，新近列入有閒階級的分子，一般說來，和同時代那些系出世家的貴族代表相比，在尚武精神的表現上是略遜一籌的。這批暴發戶甫從平凡民眾中脫穎而出，是靠著其某些特質和偏好的發揮才躋身有閒階級，而這類特質和偏好並不被歸類為古代意義的勇武。

除開戰爭活動本身之外，決鬥的制度也同樣是類似高度備戰的一種表現；並且決鬥是一種有閒階級制度。決鬥實質上屬於以戰鬥作為最終解決意見分歧的一種相當慎重手段。在經過文明洗禮的社會，唯有存在一種世襲的有閒階級的情況下，決鬥的盛行才被視為正常現象，並且也僅限於在該階級內部發生。例外的情況有：（一）陸軍和海軍軍官群——他們基本上是有閒階級的成員，並同時接受特別訓練養成掠奪型的思維習慣。和（二）下層階級的游手好閒之輩——他們是經由遺傳或歷練，或二者兼有，才具有類似的掠奪型意圖和習慣。

通常，唯有出身高貴的紳士和粗暴之徒，會以打鬥作為解決意見分歧的普世之方。而常人唯有在一時過份的激怒或酒精亢奮的情況下，壓抑了平常對挑釁刺激養成的較為複雜的反應習慣，才會動武。當時他退回到自我肯定的本能中較為簡單、較少區別的狀態；也即是說，他一時之間不加思索的返回到遠古的思維習慣。

以決鬥作為解決爭端和嚴肅的順序問題的這種制度，漸漸演變成某種以維護個人的聲譽是屬於一種社會責任而進行義務性的、無謂的私人武鬥。這類有閒階級的作風，可用德國學生的對決作為特例，這是好戰的騎士精神一種詭異的殘存。在游手好閒之輩的下層階級或冒牌的有閒階級中，各國對粗暴之徒都賦予一種類似、但不甚正式的社會責任，那就是得和其同儕進行無謂的格鬥來證明其男子氣概。並且社會中各個階層都瀰漫著類似的氣氛，社會中男孩子群更盛行著這股作風。男孩子經過日積月累，通常都能很正確地瞭解他和他的同伴們在相對的格鬥能力方面是如何評等的；並且在男孩子們的團體裡，舉凡任何個人遇到挑戰，不願或不能接受打鬥的邀約的話，通常沒有取得榮譽的堅實基礎。

這裡所說的一切，特別適用於成熟度超越某種朦朧界限的男孩。兒童在處於嬰孩時期和受到嚴密監護的歲月，也即是說當兒童在其日常生活的一舉一動，都習於依賴其母親的接觸時，這個時節兒童的氣質一般不符合上面的描述。在這樣幼小的早期，攻擊和敵對的偏好尚未萌芽。男孩這種從平易相處的性格過渡到具侵略性，而在極端情況下變成惡意、桀傲不馴，是一個漸進的過程，並且在某種情況下，其所轉換的完整程度——即足以涵蓋個人各種性向的大部分範疇——要比另一種情況來得高。兒童，不管是男孩或女孩，在其成長的早期階段，較少展現主動的和攻擊性的自我肯定，也不太會將自己及個人利益，與其生活圈內的家庭團體相隔離，並且對於斥責、靦腆、膽怯的反應，特別敏感，同時需要親切的人類接觸。在通常情況下，這項早期的氣質，會逐漸但相當迅速的拋棄嬰孩的特徵轉為純男孩的氣質；然而也有男孩的生活中從未出現具侵略性的特徵，或最多也只是以某種輕微且隱約的程度顯露出來的這些狀況。

就女孩而言，這種朝向具侵略性階段過渡的完整程度，鮮少能像男孩所能達到的地步；而且在大多數的場合根本就沒有這個轉變過程。在這樣的情況下，從嬰兒期到青春期和成熟期的轉變，就只是個人的興趣從嬰兒的目的和性向，往成人生活的目的、功能和關係轉換中，一個漸進和不間斷的過程而已。在女孩的轉變中，很少在發育過程出現普遍具侵略性的間隔期；還有，即使是出現了，在該間隔期間，顯示具侵略性和與世隔絕的態度也不是那麼強烈。

從男孩來看，具侵略性的間隔期一般比較突顯並且會延續一段時日，但通常在成年之後就會中止（如果真的是有的話）。最後這句話或許需要作很大的修正。有些人從孩提轉變為成人氣質的過程從未發生過，或只是部分發生過的情況絕非少見——要瞭解，所謂「成人」氣質，指的是現代工業生活中那些成年人所普遍具有的氣質，這些人在滿足集體生活進程的目的上，具有某種實用性，也因此，這些人可說是構成工業社會中有效率的普通份子。

歐洲人口的種族構成千變萬化。在某些情況下，即使是下層階級，也有很大一部分由那擾亂安寧的長顱金髮類型所組成；而在另一種情況下，該種族類型元素卻主要出現在世襲的有閒階級中。在後面這組人口構成中，勞動階級的男孩其打鬥習慣的盛行，似乎比上層階級的男孩或前面一組人口構成的一般人，其打鬥習慣要來的弱些。

如果這項對勞動階級男孩氣質的通則，經過一番全面並且實地仔細審視之後，證實為真的話，這將給好鬥氣質在相當程度上，屬於一種種族的特性這類觀點提供有力的證明；此項好鬥氣質似乎大都顯現在歐洲各國居統治地位、上層階級種族類型——長顱金髮——的性格上，多於出現在卑屈的、下層階級種族類型的性格上，而後者這些種族類型的人，正好被認為是組成同一個社會人口的實體。

男孩氣質這種情形，也許和該社會各個階級在天賦勇武上相對強弱的問題沒什麼重要的聯繫；但至少可以顯示此項打鬥的衝動，屬於一種遠比勤奮階級中普通成人們所擁有的氣質來得更為久遠的氣質，光憑這點就有其價值。男孩的這樣氣質，一如幼童生活中許多其他特徵一樣，其實是成人性格發展某些早期狀態之暫時並且是具體而微的再現。按照這樣的詮釋，男孩偏愛好大喜功和偏愛孤芳自賞（不管別人的興趣）可被視為向早期蠻荒文化——正是掠奪型文化本身——的正常人類天性一種短暫的回復現象。在這一點上，一如在別的許多方面上，有閒階級和游手好閒階級的性格顯示了其在成人生活上對各種特質的一種堅持，這些特質在孩提時代和青年時期是正常的，並且這些特質對文化的各早期階段也同樣屬於正常的或習以為常的。這些將招搖自大的游手好閒及有閒階級中拘泥形式的紳士，和平民百姓區分開來的特質，除非這種差異可完全循線歸因於各淵遠流長種族類型間的本質差異，否則這些特質在某種程度上，標誌了精神方面在發展上處於一種停滯狀態。這些特質和現代工業社會成年人普遍所達到的性格發展階段，相較之下遂標誌了一個不成熟狀態。稍後將會發現，上流社會和最底層社會的代表人物，這種幼稚的精神面貌還展示了其他遠古的特質，絕不止於殘酷的侵占和孤立這類癖好。

我們在法定的少年期和成年期間的間隔期，也就是年齡稍長的學生中，看到風行那無目的和嬉鬧式，但又有幾分組織性和精心規劃擾亂安寧的行為，這無疑佐證了打鬥氣質在本質上的不成熟性。在正常情況下，這類擾亂行為僅發生於青年期階段。這類行為隨著少年轉入成年生活，在次數上和劇烈程度上都逐漸減退，如此一來，就將一個族群從掠奪型轉變到較為安頓的生活習慣這個過程，大體上在個人的生活中重現。在少數情況下，個人的精神在其脫離幼稚狀態前就已經停止成長；這種情況下，打鬥的氣質就終生不退。所以，那些在精神方面的發展最終能達到成人境界的個人，一般都得經歷一個短暫的遠古狀態，該狀態是和熱中打鬥和狩獵之人其永恆的精神水準相對應的。當然，不同的個人在這方面所達致的精神成熟度和穩健度不盡相同；而那些完成程度低於標準以下的人，就淪為現代工業社會原始人性未經溶化的渣滓，並成為選擇性調適過程下的墊背，該過程是用來進一步提高工業效率和集體生活充實度的。

這類停滯了的精神發展，也許不只顯現在成年時直接參與少年式凶悍的侵占，並且還體現在間接協助和唆使較其年輕的人進行這類的干擾行動。如此一來，促進了凶悍習慣的形成，使得成長中的這一代可能在往後的生活中持續的維持這種凶悍習慣，因而延宕了在社會中某個部分培育一個較為有利於平易相處氣質成長的任何進程。假如某個人極富侵占癖好，並處於指引社會青年成員習慣養成的位置上時，則他對導向保存和回復勇武所產生的影響，也是極其可觀的。舉例來說，晚近許多牧師和其他「社會的棟樑」給予「男孩軍團」和類似準軍事組織的輔助性照顧，其重要意義就在於此。在高等教育機構中，獎勵提倡「學院精神」，學院體育和類似活動的成長亦具有同樣的意義。

這些掠奪型氣質的種種展現，都可被歸類在侵占項下。這些展現，部分是屬於競賽式凶悍態度之單純和不加思索的表現，部分是抱著贏得英勇好名聲而處心積慮參與的活動。各式各樣的競賽活動都具有同樣的共通特質，這包括懸賞拳擊、鬥牛、田徑、射擊、釣魚、遊艇競賽和各種技能比賽，甚至不以消耗體力為元素的競賽亦屬之。競賽活動逐漸從藉著技巧以敵對性爭鬥為基礎，而轉成以狡猾和詐騙為基礎的活動，要想就此劃出分界線是不太可能。熱衷競賽活動的根據出在遠古精神的成份——具有相對高份量掠奪型競逐偏好。在通俗用語特別稱之為體育精神的那些職務中，某種對於探險性侵占和以實施破壞為處罰手段的強烈癖好尤其明顯。

人們在許多活動中所流露出來的氣質，本質上屬於幼稚的氣質，這句話用於競賽活動，或許比用於業已提及的其他掠奪型競逐的表現來得更為正確，或至少來得更為明顯。因此，熱衷競賽活動特別標誌了人們道德天性的發展出現了停滯狀態。從事競賽活動的人這種特具的幼稚性，當細心觀察所有競賽活動的活動無不帶有大量的虛假因素時，就馬上突顯出來。競賽活動和兒童，尤其是男孩，慣常樂於從事的各種遊戲和侵占活動，都帶有這種虛假的特性。並不是說所有的競賽活動都含有相同比例的虛假成份，但這種虛假成份的存在已到了令人注目的地步。此種情形在單純的運動精神和體育競逐中出現的機會，比那些較以靜態為主的技能比賽來得顯著，雖然，這條法則可不是放諸四海皆準的。譬如說，那些極其溫文儒雅並且實事求是的人，在出外射擊時，總是攜帶逾量的武器和裝備，以加深其認真對待正在進行事物的自我幻想，可謂屢見不鮮。這些獵人在進行其掠奪活動中，無論是處於偷襲或突擊，都傾向於採取一種戲劇性、意氣飛揚的姿態和極盡誇張能事的動作。類似的情況也發生在體育運動中，幾乎一成不變的充斥著震耳欲聾的吶喊和耀武揚威的舉止，還有那刻意的神秘兮兮——等等標誌著這類職業其戲劇化性質的一切特徵。所有這一切當然都足以令人聯想起孩子氣的虛假。順帶一提的是，體育運動的俚語，很大一部分借自軍事術語中極其血淋淋的語氣。要知道，除了作為秘密通訊的一項必要手段外，任何職業中特殊俚語的採用，大都被視作該項職務在本質上屬於虛假性質的明證。

競賽活動還有一項和決鬥及類似擾亂安寧不同的特徵，那就是它除了可歸因於侵占和凶殘兩種內在的衝動外，還允許帶有其他動機的特殊性。在任一已知的事例當中，幾乎很難找出其他別的動機存在的空間，但從對耽溺於競賽活動所常舉出的許多其他理由這項事實看來，說明有時候其他動機是可用附帶形式出現的。從事競賽活動的人——狩獵者和垂釣者——大概都喜以愛好自然、消遣的需要，及類似的說法，作為其之所以樂於用此類活動來打發時間的誘因。這些動機毫無疑問是確確實實存在的，而且還構成從事競賽活動的人其生活中引人入勝的一部分；但這些卻不能作為主要的誘因。凡此有關的表面需求，不必經由一種有系統的努力奪取那些生物的生命來達成，盡可透過其他方式更能容易且充份的滿足，更何況這些生物正是組成從事競賽活動的人所喜愛的「自然」中最基本的特徵。實際上，這批從事競賽活動的人，其活動中最引人注目的效果，就是藉由其力所能及的範圍，將一切生物殺獵殆盡，以使自然保持在長期荒蕪的境況。

然而，從事競賽活動的人宣稱，在現行的常規慣例之下，其消遣的需求和接近自然的需求，只能經由其所採行的方式才可獲得最大的滿足，這種說法是有其理由的。過去的掠奪式有閒階級經由身體力行的示範作用，為良好教養者所樹立的規範，再透過該階級日後的代表沿引成習的苦心維持，遂使得有良好教養的人能以別種方式接近自然而免於責難。競賽活動打從掠奪型文化期就被視為一項榮耀的職務，以致成為日常休閒的最高形式，所以也就變成在禮俗上被充份認可的戶外活動唯一的形式。從事狩獵和垂釣最貼切的動機中，或許消遣和戶外生活的需要有其一席之地。但必須以有組織的殺戮作掩護，而追求這些目標的深層動機，正是那不容違背、約定成俗的規定，除非某人願冒聲名掃地和隨之而來有損個人自尊的風險。

其他各類競賽活動的情況，也都大致相似。其中體育賽事是最好的例子。在體育賽事中，哪些活動形式、哪些運動方式、哪些消遣形態才符合尊榮生活典範的約定成俗慣例，全都一應俱全的展現出來。凡是熱衷體育競賽的人或欣賞這些活動的人，都堅信這類賽事堪稱消遣和「體力文化」最佳的現成途徑。而約定成俗慣例默認了這項看法。尊榮生活的規範，將一切不列入炫耀式休閒的活動，都摒除在有閒階級生活方式之外。藉著約定成俗的力量，尊榮生活的規範也就理所當然的將這些不列入炫耀式休閒的活動，摒除在一般大眾的生活方式之外。與此同時，無目的的體力發洩則屬令人難以忍受的沉悶和無趣。正如前面別的議題所曾指出的那樣，在這種情況下，能夠藉以解套的就是要讓這種體力發洩冠上炫麗的帶目的性的藉口，即使所賦予的藉口僅是一種虛假的也行。各類競賽活動滿足了這些實質上無用卻又帶有目的性炫麗虛假的要求。此外，這些競賽活動還提供了競逐的空間，也正因如此而更具吸引力。任何一項職務要想具有禮儀性，必須符合有閒階級尊榮性揮霍的規範；與此同時，所有活動要想持之以恆成為生活的常見表現，即使僅能成為生活的局部表現，也必須符合人類對有關效率的普遍規範，這項效率是用來達成某些既定目標所要求的。有閒階級的規範要求嚴格和全面性的不務實；而技藝的本能卻要求具目的性的活動。有閒階級禮儀的規範透過選擇性淘汰的方式，緩慢的和普遍性的將一切實質上有用或具目的性的行為模式，從崇尚的生活方式中剔除；技藝的本能則對一個最近的目標傾全力去完成，而或許只能得到暫時的滿足。唯有在某項行為其潛藏的不切實際，能被理解到變成人們意識反思情結中一個與生活進程裡正常且帶目的性之趨向相背的元素時，才會對當事人的意識產生憂慮的和干擾的作用。

個人的思維習慣形成一種有機情結，這種情結的走勢，必然是往對生活進程有實用性的方向演變。倘若出現要以系統性浪費或有計畫的不求實際作為生活目的，來融入該有機情結的情形，勢必立即併發一種反感。但，要是能將注意力侷限在以靈敏反應或競逐發洩為其近似、不假思索的目的的話，有機體的這種反感或許可以避免。競賽活動——狩獵、垂釣、體育比賽及與此類似的活動等等——給掠奪型生活中靈敏、競逐型凶殘及狡猾特質，提供了實習的機會；只要當事人生就欠缺反省能力，或對其行為所潛藏的傾向感覺遲鈍，只要當事人的生活本質上處於一種靠原始衝動行為而活，只要競賽活動其立即和不假思索的目的性（在體現優越性這方面）能相當程度滿足當事人的技藝本能即可。如果當事人的主要衝動是來自掠奪型氣質中不假思索的競逐型偏好的話，則情況更是如此。與此同時，禮儀規範又向其推薦這些競賽活動是財力上無懈可擊的生活表現。任何一種職業之所以能保有其作為禮儀性消遣中一種傳統和習俗的模式，就在於其能同時滿足該兩項要求：潛藏的揮霍性和近似的帶目的性。既然其他形式的消遣和娛樂，對良好教養和感覺細膩的人士而言，在道德上是不可取的，那在現存的情況下，競賽活動必然是現成的最佳消遣方式。

但那些提倡體育比賽的上流社會成員，通常以這些比賽作為一種發展的手段而言，可算是無價之寶這樣的理由，來向其成員和周遭人士合理化他們對比賽的態度。這些比賽不僅改善競賽者的體格，並且還普遍加上：這些比賽亦能培養參與者和旁觀者的男子氣概。每當社會上有人提起體育比賽的實用性這類問題時，美式足球很可能是第一個被提到的特別比賽，因為對體育比賽作為體能或道德救贖工具這個觀點持贊成或反對的人們來說，美式足球是目前最能湧現在他們心中的體育競技型式。所以，可用該一典型體育競賽活動，顯示體育對競賽者其人格和體格之發展所產生的作用。常有人說，美式足球和體力文化的關係正如同鬥牛和農業的關係，這句話不能說不貼切。這類令人愉悅的制度要達到實用性，可得經過辛勤的訓練或專精的培養。至於所使用的器材，姑無論是畜類或人類，為了保證並加強其在野生狀態下所特有的某些性向和偏好，必須經過仔細的篩選和鍛鍊，這些性向和偏好當處於馴化狀態時會趨於退化。這並不意味，無論其為人為獸，其結果都是全面和徹底的復原到野生或蠻荒的思維習慣和體態（body）。反而是要達到一種單面向的復原到蠻荒或野性（*feroe natura*）這種結果——所復原和強化的是會帶來毀壞和荒蕪的那些野生特質，不會造成個人適於在野生環境下用來自衛和充實生活的那些特質的發展。從美式足球所孕育出來的文化，造就的是那異生的殘忍和狡猾。它是早期蠻荒氣質的復原，同時又抑制該氣質中某些細節部分，而這些細節從社會和經濟當務之急的觀點來看，卻是未開化性格中值得彌補之處。

經由體育比賽的訓練所獲得的體能活力——訓練一直都被假設具有此種效果——對個人和對集體來說都是有利的，果是如此的話，在其他情況維持不變的條件下，這一點是有助於經濟上的實用性。至於伴隨體育競賽而來的精神特質，也同理在經濟上有利於個人，卻與集體利益有點背道而馳。此種情況在任何一個社會，只要其民眾帶有幾分這些特質莫不如此。現代競爭大部分是以這些掠奪型人類天性的特質為基礎，所進行自我肯定的一個過程。擁有某種程度這些特質是經由複雜形式摻進現代平易相處式競逐中，幾乎是經過文明洗禮的人，在生活中所必需具備的。然而，這些特質對處於競爭狀態的個人而言，固然是不可或缺，卻對社會並沒有那麼直接的可用之處。縱使從個人在滿足集體生活目的這項實用性來說，競逐型效率即使是有用也止於間接性。殘忍和狡猾對社會並沒用處，除非是以此來應付其他敵對的社會；殘忍和狡猾對個人之所以有用，只不過是因為其所處的人類環境中，有太大一部分同類型的特質在活躍著。任何個人不曾擁有相當份量的這類特質，卻要捲進競爭性鬥爭中是極為不利的，這有點像一隻沒有角的小公牛處身在一群帶角的牛群中那樣的不利。

渴望擁有並培養這類掠奪型性格特質，除了經濟上的理由外，當然，還有別的原因。在美學上和倫理上，對蠻荒型性向也有所偏愛，而上述所討論的特質在滿足這項偏愛上極具成效，以致其給美學上或倫理上所提供的實用性，大可抵銷掉其可能給經濟上所帶來的不實用性。可是，這已偏離此刻所要討論的主題。所以，有關全面性競賽活動的可欲性或得當性，抑或競賽活動除了經濟以外對其它方面的價值，在此都不擬予以論述。

競賽活動生活所培育出來的那種男子氣概，在一般人的理解中，是很受推崇的。如果用較為鬆懈的口語字眼來說，這些頗受推崇的男子氣概，就是自我依賴和頗具人緣。要是從另一個角度來看，這些具有如此特徵的品質，目前或可描繪成粗魯無文和黨同伐異，其之所以獲得時下的認同和讚賞，和其之所以被稱為帶男人味，與這些雄性品質對個人有所助益的理由是一樣的。社會的成員，而且特別是為品味規範定出標準的那個社會階級，充斥著這些偏好到這種程度：其他人缺少這些特質就覺得是種缺陷，而具有這些特質到異常程度者，則被捧為卓越資質的表徵。掠奪型男人的特質在現代大眾中絕非過時。這些特質是存在的，並且在任何時候，經由任何一種情緒上的觸動就會赤裸裸的展現——除非這種觸動對構成我們經常職業的特定活動有所衝擊，並且危害到我們日常利益的正常限度。任何工業社會的一般大眾是基於經濟考量而放棄這些頑強的偏好，但也僅止於藉由部分的和暫時性擱置，使其潛入下意識動機的背景裡。這類特質所具有的威力因人而異，只要受到的刺激超過日常的強度，就會隨時產生形塑人們行為和感情的積極作用。在任何情況下，只要沒有任何與掠奪型文化相背離的職業，曾奪去個人在日常興趣和情感方面的偏好，這些特質自然會自我滋長。有閒階級和那些依附在這個階段的某些特定人士，正是處於這種情況。因此，任何新近加入有閒階級的人，憑著此種特質選擇了競賽活動；而在任何工業社會，只要這些社會的財富已累積到足以讓很大一部分人免於工作的地步，競賽活動和參與競賽的情緒就會快速成長。

一個平凡且司空見慣的事實，或許可以說明這種掠奪型衝動在各個階級間並非以同等的程度存在著。攜帶手杖的習慣如果單純作為現代生活的一種特色來說，也許充其量只能算是一種無關痛癢的細節；但手杖的使用對當前的話題卻有其深意。攜帶手杖習慣最為盛行的階級——也就是在大眾的理解中，與手杖聯繫在一起的階級——正是有閒階級本身的成員、競賽活動的參與者、和下層階級的游手好閒之流。此外，或許還可加上從事財務工作的人們。那些從事產業部門的一般大眾就沒有這樣的習慣；或許還可順帶一提的是，婦女們除非身體虛弱是不攜帶手杖的，如此一來，手杖的用途可不一樣了。當然，攜手杖的習慣在很大程度上屬於一種禮俗；可是禮俗的依據反過來又是訂下該項禮俗標準的那個階級的癖好。手杖負有宣揚持有者之手不曾從事實用勞動的目的，也因此手杖具有休閒明證的效用。不過，手杖又是一種武器，而正是在這個性能上滿足了蠻荒人一種貼身的需要。任何人縱使稍為帶點凶殘的天性，在掌握這樣具體和原始的攻擊工具時，也會感覺到非常的舒暢。

語言有時而窮，使得此處在討論到性向、偏好，和生活上的表現時，免不了帶有不以為然的明顯意涵。可是，對擁有這些人類性格中某些面向的任何人，或處於這種生活進程的任何人，並沒有暗含貶抑或讚揚的企圖。有關時下普遍人性中各種不同的元素，都是從經濟理論的觀點來加以挑選，至於那被提出來討論的特質，則根據其對促進集體生活進程的立即經濟連繫來評價和分級。也就是說，這些現象在這裡都是從經濟角度來理解，並且是以其對人類集體，就環境和制度性結構要進行更完善調整時，所產生的直接促進或阻礙作用來評估，而這類調整，是集體在面對目前和可見的未來之經濟情勢所必須要做的。若就這些目的而言，從掠奪型文化所傳衍下來的特質，並未發揮其所應有的實用性。但，即便如是，掠奪型之人那種奮發性的進取態度和不屈不撓的精神，作為一種很有價值的遺產可不容輕忽。這類性向和偏好的經濟價值——同時還約略涉及比較狹義的社會價值——將會予以探討，至於從其他觀點出發所看到的價值則不擬考量。這些源自較為原始男子氣概型態的殘留，如果和晚近工業型生活方式不起波瀾的平凡相比較，並且以道德公認的標準，尤其是若從美學和詩學的標準來評斷的話，很可能與此處所賦予的價值大相逕庭。不過，凡此種種都與現時的目的無關，有關後者所標榜的意見在此都不予以置評。這裡所要關切的只有：決不讓那些和當前目的相左的優越性標準，影響到我們對人類性格的這類特質，或對有助於這類特質成長的活動所作的經濟評估。這項關切無論就那些積級參與競賽活動的人，抑或就那些競賽經驗僅止於冥想的人都一體適用。至於此處就競賽偏好所進行的討論，也同樣可適用於最近對世俗所謂宗教生活在這方面所做的各種各樣反省。

上一節附帶的提到一項事實：日常用語在討論這類性向和活動的等級時，免不了帶有貶抑或辯解的意涵。該項事實極為重要，因為其展示了那種冷靜的平常人，對那些競賽活動和侵占行為所經常流露出來的偏好、所持有的慣常性態度。或許此處正好可以藉機談談，那些成篇累牘為體育比賽和其他明顯帶有掠奪型特徵的活動進行辯護或予以讚揚的文章中，隨處可見的貶抑暗流。同樣的辯解式思維框架，至少也開始出現在那些替處於蠻荒階段所遺留下來的其他制度進行代言的人們身上。至於人們覺得有辯解必要的遠古制度，則舉其大者不旁及其它，計有：整個現存的財富分配系統，以及由此形成的身分階級劃分；屬於炫耀型揮霍項下的所有或幾近全部的消費形式；在父權系統下婦女的地位；和傳統信仰及敬祀儀典的許多特徵，特別是信仰的通俗表現，及眾所認可的儀典經簡單理解後的通俗表現。如此一來，舉凡涉及推崇競賽活動和競賽性格所採取的辯解態度之有關言論，只要在措辭上予以適當的轉換，都可應用到那些對我們社會遺產中其他相關元素所做的辯解。

這些競賽活動以及構成競賽性格中掠奪型衝動的一般類別和思維習慣，總給人一種與大眾常識格格不入的感覺，這種感覺通常是似有若無，也很少見辯解者對此多所著墨，但卻可從其言談舉止中體會出來。「就大多數的行凶者而言，他們都是非常品性乖張」。這句警語道出了從道德者的角色，給掠奪型氣質和因該氣質公然的呈現及運作所帶來的示範效果，而打出的評價。藉著這句警語，足以給通情達理之人在冷靜思考下，就掠奪型思維習慣對完成集體生活目的該有的份量，如何作出判斷提供一項指引。這樣一來，讓人感覺到，舉凡牽涉能帶來掠奪型態度之養成的任何活動，都在反對之列，並且那些為掠奪型氣質的回復及推動增進這類氣質的措施作鼓吹的人，得負起舉證的責任。社會中固然瀰漫著一種偏愛帶有這類性質之娛樂和企圖心的強烈渴望；但與此同時，社會中也盛行著一股意識：這類渴望可得有個正當的依據。這些必要的正當理由，常見的說法是指出：雖然競賽活動實質上是會產生掠奪型、社會分化的效果；雖然其直接（近似）效果是朝向回復無助於工業化的各種偏好；可是間接的和迂迴的效果卻是，競賽活動被視為一種培養思維習慣的工具，而這種思維習慣有助於社會或產業的目的——也許藉由某些迄今尚未被理解的正反合（polar induction）或反向刺激（counter-irritation）這種過程。換句話說，雖然競賽活動本質上屬於帶歧視性的侵占，但由於某種迂迴及隱晦難循的效果，卻帶來有益於非歧視性工作的氣質之發展。一般總是試圖以實例來證明此點；再不然，就推論此乃經驗上的通例，任何人只要稍加留意，都必然心領神會。在進行該項命題的論證時，那套從原因到結果的推論，其站不住腳的依據卻被巧妙的避開，只剩下表明：上文所談的「男子氣概」是由競賽活動所培育的。不過，正是這些男子氣概在經濟上需予以解釋，以證明其正當性，論證的鍊條竟然在其應該展開的地方中斷了。這些辯解，用最普通的經濟術語來說，就是竭盡所能的表明競賽活動事實上促進了可概括稱之為技藝這樣的事物，而毫不考慮事理的邏輯。這位富於思考的競賽活動辯解者，只要他未能成功的說服自己或別人，相信這就是競賽活動的效果，是不會善罷甘休的；而且一般來說，也不得不承認他不會善罷甘休。他對自己在這個問題上之實證論辯的不滿，通常表現在他蠻橫的語調，和他到處蒐集各種片言隻語的斷言來支持其立場的急切性上。

但，為何需要這些辯解呢？如果偏愛競賽活動已是普遍盛行的情懷，這樣一個事實，為何不足以成為一種充份的正當性？勇武規律是種族在掠奪型和準平易相處文化下經長期浸淫形成的，而這項規律已將一種在表現殘暴和狡猾中取得滿足的氣質遺傳給今日的大眾。既然如此，為何不接受這類競賽活動作為一種正常和健全人類天性的正常表現呢？除開由這一代在情感上，包括勇武這類遺傳性格自我表現出來的總合偏好，所給定的準繩外，究竟還有什麼其他的準繩必須遵守的呢？這項隱而未顯、卻又能符合要求的準繩就是技藝的本能，這可是比掠奪型競賽偏好更為基本、垂範也更為悠久的本能。掠奪型競賽偏好只不過是技藝本能的一種特殊產物，即便其歷史是夠悠久，但相較之下也只能算是一個變體，且來得晚近而經歷的時間也很短暫。這種競賽式掠奪型衝動——或是更貼切的稱之為運動精神的本能——要是和其所由發展和所由分化的原始技藝本能比起來，在本質上是不穩定的。掠奪型競賽，因此也就是競賽活動的生活，在此種隱而不顯的生活準繩檢定下，是有所欠缺的。

有閒階級的制度是有利於競賽活動和歧視性侵占的保存，然而其所起的作用和發揮的力度，當然不是簡括的說明足以勝任的。從上引的證據看來，有閒階級，在情感上和愛好上，比勤勞階級更具好戰態度和仇視心態。同樣的事例似乎也適用於競賽活動。不過有閒階級的制度，主要是藉著禮儀生活的規範這間接效應，來影響人們對競賽活動生活的主流情緒。此種間接效應幾乎毋庸置疑的讓掠奪型氣質和習俗得以持續的存活；並且這種情形即使是對競賽活動生活的變體，也一樣適用，這些變體其實是被高尚有閒階級的禮儀規章所排斥的，例如，像懸賞拳擊、鬥雞及其他類似競賽氣質的粗俗表現。不管最近核查的禮儀細節程序如何的規定，有閒階級制度所核准的公認禮法規範，毫不含糊的表明競賽和揮霍是好的，並且與此相反的則是不夠光彩。禮儀規章的細節在社會底層的幽暗處，並非如所願的那樣容易被理解，正因如此，這些禮儀規範的大綱目就有點囫圇吞棗的被引用，乃至對其適用的範圍或在細節中已核准過的例外就不遑深究。

熱中於體育比賽，不僅表現在直接的參與，還體現在情感上和道德上的支持，已是有閒階級相當顯著的一種特色；並且這也是該階級和下層階級游手好閒之輩，以及整個社會中具有隔代遺傳元素、也就是深具主流掠奪型傾向稟賦的那些份子所共有的特質。在西方文明國家的人口中，很少人缺乏掠奪型本能到不將體育比賽和競賽視為娛樂的，只不過勤勞階級的芸芸眾生對競賽活動的愛好程度，尚未達到足可稱之為具競賽活動的習慣而已。就這些階級而言，競賽活動屬於偶一為之的娛樂，並不是生活中一項隆重的特徵。於是，這批芸芸眾生對培育競賽活動偏好可說毫無貢獻。作為普通勤勞階級的一般成員，甚或是任何相當數量的成員，雖然對競賽活動的偏愛不至於敬謝不敏，但卻是屬於一種回味的性質，或多或少將其視做偶一為之的興趣，而非將其看作一種必不可少並且持之以恆的興趣，正是這後者在形塑思維習慣的有機情結中，扮演主宰的角色，而對競賽活動的偏愛可是得深入到該有機情結中。

此項偏好正如其在今日競賽活動生活中所表現的那樣，或許看上去並不是一個具有嚴重後果的經濟因素。純就其自身而言，此項偏好對任何特定個人的工業效率和消費，都不曾發揮大不了的直接效應；但是以此項偏好作為人類天性型態一種顯著特徵的盛行和成長，則是一個頗有份量的事情。此項偏好不論在經濟發展的速度方面，還是在經濟發展所取得成果的性質方面，都影響到集體的經濟生活。群眾的思維習慣既受此類性格的支配到某一種程度這件事實，不管其變好或變壞，都確實嚴重影響了集體經濟生活的範圍、方向、標準和理想，也同樣會影響到集體生活與環境的調適程度。

其他構成蠻荒性格的特質，也同樣有類似的影響。以經濟理論的目的來看，這些更為蠻荒的特質，或可將其視作以勇武為表現的那種掠奪型氣質的各類伴生的變異。這些特質在很大程度上不具有經濟性質，也沒有多大的直接經濟意義。這些特質可用來指出具有這類特質的人所能適應的經濟進化階段。因此，這些特質的重要性，在於以這些特質所形成的性格，來作為對當前經濟要務適應程度的額外檢定；同時這些特質作為某種性向，可增強或減弱個人在經濟上的實用性這方面，也具有某種程度的重要性。

勇武在蠻荒生活的表現，主要是從兩個方向來展示——武力和詐欺。這兩種表現形態以不同的程度、類似的出現在現代戰爭、財力型職務及競賽和競技活動中。該兩類性向是透過競賽活動的生活以及較為嚴肅的競賽生活形式，得到培育及強化。戰略或狡猾在競技場上是不可或缺的一個元素，一如其在戰場及在狩獵場上一樣。在所有這些職業中，戰略有發展成權術和狡詐的趨勢。狡詐、虛偽、恫嚇在任何體育比賽和競技過程的手段上，通常都有其穩固的地位。循例聘用裁判員和詳盡的技術條款，來規定可容許欺騙及戰略運用的限度與細節，足可證明欺詐的手段和哄騙其對手的企圖並非競技的偶發性特色這一事實。依照事理的本質，熟習競賽活動理應導致欺詐性向的全面開發；而且這類使人們偏愛競賽活動的掠奪型氣質在社會上盛行，實意味著詐騙的盛行和漠視別人的利益，無論是個別的或集體的利益皆如是。以欺騙為依歸，不論是用何種託辭，也不論是以何種法律和習俗作為正當理由，都是一種狹隘的利己思維習慣的表現。至於熱中競賽活動性格此一特徵的經濟價值就不需多所著墨了。

說到此，有一點值得注意：運動員和從事其他競賽活動的人們，其形諸於外的扮相最明顯的特徵，就是極端的狡黠。在論及對競技的實質貢獻，或身為狡黠競賽者而在同儕中所贏得的喝采而言，尤里西斯（Ulysses）的天賦和功動，絕不亞於阿基里斯（Achilles）。一名青年在通過入學考試進入任何一所聲譽卓著的中學或更高等的學府時，其第一步要做的動作，通常是狡黠的手勢，這是受到職業競賽者的同化。而這種狡黠的扮相，作為一種裝腔作勢的特色，一直受到那些對體育競技、賽馬或類似競逐性質的其他比賽具有濃厚興趣的人們所深切關注。為了點出這類精神上相通之處，還可指出下層游手好閒階級的成員，通常以令人矚目的程度表現此種狡黠的扮相；並且他們也經常表現出和年青運動員得獎時所常做的同樣戲劇性誇張表情。順帶一提，這種表情正是年青人為博取惡名以俚俗稱之為「冷酷」的最顯而易見的標誌。

狡黠之人可以說對社會沒有任何經濟價值，除非是和其他社會打交道時要用欺詐手段。他的功用不是在促進一般生活的進程。就其直接經濟意義而言，充其量，狡黠品性所產生的作用，就是將集體的經濟實質轉變成與集體生活進程相左的方向成長——這一點非常類似醫學上所稱的良性瘤，經常有踰越區分良性瘤和惡性瘤之不確定界線來成長的趨勢。

殘暴及狡黠，該兩類蠻荒特質，構成了掠奪型氣質或精神態度。這些都是一種狹隘利己思維習慣的表現。此兩者對個人在生活中追求高人一等成就的順遂上極具實用性。此兩者都具有高度美學價值。此兩者是靠財力文化培育而成的。但此兩者對於集體生活的目的同樣是毫無助益的。

第十一章

仰賴運氣

賭博的偏好是蠻荒氣質另一項附屬的特質。就那些熱衷競賽活動和那些經常進行戰爭及競逐活動的人而言，賭博的偏好幾乎是其普遍盛行的性格中一種伴生的變異。該特質也有其直接的經濟價值。眾所周知，任何一個社會，每當此一特質盛行到可觀的程度時，就會成為總體最高工業效率的一個障礙。

賭博的癖好是否該歸類為人類天性掠奪型態專屬的一種特徵尚有疑義。賭博習慣的主要因素是仰賴運氣；此一信念，至少就其元素而言，顯然可追溯至人類進化處於掠奪型文化以前的階段。仰賴運氣或許早在掠奪型文化時期就已形成時下所呈現的這種型態，即在熱衷競賽活動氣質中作為賭博癖好的主要元素。仰賴運氣之所以會以此特殊型態出現在現代文化之中，大概是受到掠奪型的薰陶。然而，仰賴運氣實質上屬於遠比掠奪型文化更為久遠的一種習性。這是持萬物有靈見解的一種型態。這種信念事實上似乎是從更早的階段流傳到蠻荒文化的一種特質，再經蠻荒文化用掠奪型的薰陶所賦與的特殊型態予以轉化，從而傳衍至人類發展的較晚階段。但，無論是何種情況，仰賴運氣都被視作是一種遠古的特質，是從頗為遙遠的過去承襲來的，多多少少與現代工業進程的要求不相契合，而且對時下集體經濟生活的最高效能或多或少是一個障礙。

仰賴運氣即便是賭博習慣的根基，卻不見得是構成打賭習慣的唯一元素。就力量和技巧的競比這個議題進行打賭，是基於更深一層的動機，要是沒有這項動機，仰賴運氣頗難成為熱衷競賽活動生活中一個顯著的特徵。此一深一層的動機是預期能致勝的人、或預期獲勝方的參與者所抱持的欲望，以失敗者為代價來提高他這一方的優勢。賭注的金錢得失愈大，不僅僅是相應的使得強者這一方取得更為輝煌的勝利，及輸者這一方得忍受更為痛苦和羞辱的失敗而已；誠然金錢的得失本身是很有份量的一種考量。還有，在下注時通常都抱持著一種想法，認為此舉會提高被押的競賽者獲勝的機會，這個想法不會見諸於文字，甚至在下注者內心深處也不見得會明確意識到。此時的感覺，是為了該一目的所付出的物質和忐忑不安，不會對結局一無是處。技藝的本能在此就有一種特殊的展現，支持此一展現的甚至是一種更為清晰的意識：既然有如此之多的意念（conative）和動能（kinetic）之驅使，來就該事件進行撮合及強化，基於萬物有靈的調和性，必定將勝利的結果，判給那將偏好利益附著在該事件的一方。此種贏取賭注的誘因，毫無保留的在任何的競比中以支持其最愛的形態表現出來，而這種誘因毋庸置疑是一種掠奪型特徵。表現在賭注上的仰賴運氣，是伴隨著掠奪型衝動本身而來的。如此一來，或許可以推定，既然仰賴運氣是以下賭注的形態來呈現，那它就理所當然被視作掠奪型態性格中一個必不可少的元素。這種信念，以其成份而言，本質上屬於早期、未分化人性中一種遠古的習性；不過，此種信念一旦得到掠奪性競逐型衝動的助力而成形，並且由此分化成賭博習性的特有形態之後，此種信念就以此高度開展及專屬的形態，被歸類為蠻荒性格的一種特質。

仰賴運氣是對現象在連續發生的順序中一種「偶然中的必然性」的意識。仰賴運氣以其形態多樣的突變及表現，在任何一個社會盛行到相當可觀的程度時，對該社會的經濟效率是有著極其嚴重的影響。因此，對於仰賴運氣的起源及內容，和其種種不同衍生的表現對經濟結構及經濟機能的影響，加上有閒階級與仰賴運氣的成長、分化及執著的關係，都值得予以細加探討。這種信念，在其發展完成及統合的形態下，也正是從掠奪型文化的蠻荒人或現代社會熱衷競賽活動人士所最容易觀察到的形態，至少包含兩種涇渭分明的元素——這兩種元素既可被視作同一基本思維習慣的兩個不同階段，也可被視作其演化過程中兩個連續階段的同一種心理要素。就算該兩種元素是信念成長同一主線的前後階段這一事實，並不妨礙該兩種元素同時存在於任一特定個人的思維習慣中。該兩種元素中較為原始形態（或較為遠古階段）的那一種，就是初始的萬物有靈信念，或是認為事物和利害關係皆有靈的一種意識，而這種信念對種種事態賦予了擬人的性格。對遠古的人士來說，在其周遭一切突發的、並且明顯前後有關的事與物，都有一種擬人的個性。這些事與物都被認為具有意志力，或貼切的說，具有種種偏好，這些偏好滲進種種成因的複合體內，並進而給事件帶來不可思議的影響。熱衷競賽活動的人對運氣及機遇的意識，或有關偶然中的必然性這種意識，是一種含混不清或剛剛萌芽的萬物有靈觀。這種萬物有靈觀往往以非常隱晦的方式，套用到事物及情勢上去；但萬物有靈觀通常被界定成可對藏身於物體（objects）之內種種偏好的開展，具有安撫性、欺騙性、籠絡性、和再不然有擾亂性的作用，而這些物體卻是構成任何以技巧或機遇取勝的賽局中，所使用的器材及附件。熱衷競賽活動的人很少有不帶符咒或辟邪物的習慣，這些符咒或辟邪物被認為多多少少有些靈驗。並且還有不少人出於本能的憂慮，惟恐任何比賽其所下注的競賽者或所使用的器材會遇到「倒楣事」；也有不少人認為既然其已支持了某特定競賽者或競賽方，理應並確實對該一方造成增強的作用；也有不少人相信其所供奉的「吉祥物」決不止於虛應故事而是有點本事的。

仰賴運氣的簡單形態，正是這項對種種物體或局勢都有其不可思議、具目的性之偏好的本能性意識。舉凡物體或事件都有最終達成某一特定目的的偏好，無論這個目的或客觀的結果被視為偶然得之或刻意追尋都是一樣。該信念從此種簡單的萬物有靈觀，逐漸用難以察覺的順序演變成上文提到的第二種、衍生的形態或階級，此時已是對某種不可思議的超自然媒介（力量）有了相當明確體會的信念。超自然力通過與其結合的有形物體發揮作用，但從個性上而言，並不等同於這些物體。此處使用「超自然媒介」這個詞，並不涉及當談到超自然時，對媒介的性質有進一步的引申。此詞純是指萬物有靈信念的一種進一步發展。超自然媒介不必然被當作完完全全像人一樣的媒介，但它是一種帶有人格屬性的媒介，在相當隨意的情況下左右了任何企圖心的結局，尤其是任何比賽的結局。人們對哈民雅（hamingia）或吉普塔（gipta）廣泛的信仰，正是在事件的常理中存有這種超物質偏好之意識的例證，上述的神祇特別給冰島的英雄事跡及日耳曼族早期的一般民間傳說生色不少*。

信念的這種表現或形態，雖然在不同程度上將偏好賦予個性化，卻很少將偏好予以人格化；並且這種個性化了的偏好，有時被認為是要受制於環境，通常是受制於精神或超自然特性的環境。信念中為人所熟悉及震憾人心的一項明證，就是給戰鬥下賭注，此時信念已處於分化相當

*譯者按：哈民雅乃挪威神話中，司幸運之神，每一個人都有這樣一位護身神，類似基督教裡的天使，其本身是一種超自然的生物，但有時會幻化為人，若為人則通常是女人。當某人死亡時，護身神則轉移給死者所鍾愛的親屬。吉普塔是冰島文，與哈民雅同義，又可引伸為「幸運」之意。

深入的階段，還牽涉到給所祈求的超自然媒介一種神人同形同性論下的人格化。超自然媒介在此處是被看作受邀擔任裁判，依照某些明定的決斷理由，諸如參賽者各自提出的公平性或合法性要求，來定位比賽的結果。這種對事件演進抱持不可思議卻精神上視為必然的類似意識，在目前民眾信念中仍依稀以一種隱晦元素出現，例如，套用一句人所共信的格言來說明：「一個人既知在爭論中有理，就有了三倍力量」，這句格言即使在今日經過文明洗禮的社會，對一般不常反省的人而言，仍有其重要意義。從接受這句格言所能查覺的這種時下對信仰「哈民雅」或篤信冥冥中有隻看不見的手在主導的懷念，其實是很脆弱的，興許還有點飄浮不定；而且似乎在任何情況下，都和其他心理要素攪在一起，且這些心理要素並不明顯屬於持萬物有靈論這類性質。

該兩種有關偏好屬萬物有靈論的理解中，較晚近的解釋是由早期的解釋衍生出來的，以目前研究的目的來說，沒有必要就這方面的心理過程或人種傳承世系予以深究。該問題對於民族心理學，或宗教教義和教派演進的理論而言，或許是極其重要。同樣，當涉及該兩種解釋在發展順序上，是否作為相繼階段而產生關聯，這類更為基本的問題時，也是如此的處理。此處之所以點出這些問題的存在，僅是在說明目前的討論所關心的方向並不在此。就經濟理論而言，仰賴運氣，或相信事物中有其超因果傾向或偏好的這兩種元素或階段，在本質上是屬於同一性質。該兩種元素作為思維習慣，會影響到個人對其所接觸的事物及前後關係之習慣性看法，也從而影響到個人對產業目的之實用性，因而有其經濟上的重要意義。由此之故，除開有關任何萬物有靈信念下的美感、價值或德行這類問題外，該信念作為一項經濟因素，尤其是作為一項勤奮的動因，對個人的實用性所具有的經濟意涵，自有其值得討論之處。

前文業已指出，個人為了要在時下複雜的產業生產工序中取得最高的實用性，就必須具備能隨時用因果關係來理解事實並聯繫各項事實的性向和習慣。產業生產工序無論從整體還是從細節上看，都是一個與量有關的因果關係之程序。工人或某種產業生產工序的主管所要求的「智能」，除了對某種以量來定奪的因果關係具有相當熟練程度的理解和適應之外，就沒別的了。這類理解和適應上的熟練，正是笨拙工人所缺乏的，只要其受教的目的旨在增強其產業效率，則提高這類熟練度就是其受教所要追求的目標。

要是個人所承襲的性向或其所受的訓練，對於事實及前後關係不能以因果關係或事物常理來考量的話，就會降低其生產效率或其勤勞的有用性。這種透過萬物有靈的方式來理解事情所帶來的效率低落，要是以全體來看的話——即對某一信奉萬物有靈觀點的民族作整體的觀察——就特別的明顯。萬物有靈論對經濟發展的不利影響，在現代大型工業制度比在任何其他制度都來得突出，而其後果也更為深遠。在現代工業社會中，產業是由彼此制約著的各類機構和各種功能所構成的一個廣泛體系，這種情況已呈穩定成長的態勢；因此，舉凡與產業相關的人們，對各種現象在因果關係上的理解免於偏差，已愈來愈成為效率上必不可少的要件。工人在手工業制度下，憑著其在靈巧、勤奮、膂力、或持久力的優勢，或許在很大程度上抵銷其在思維習慣上類似的偏差。

至於在性質上和手工業極為類似之傳統式農業，對勞動者的要求來說，同樣適用上述的論點。在該兩種產業中，勞動者主要依賴的首要原動力就是其自己，而所動用的自然力，大都被視為是不可思議又難以逆料的媒介，自然力的運作是超出勞動者的控制或非勞動者所能駕馭的。在一般大眾的理解中，上述兩種產業的形態，很少在產業生產工序上讓一項全方位機械式的前後關係發揮決定性作用，這種前後關係必須以因果關係來理解，並且產業的運轉及勞動者的行動必須與其相適應。隨著工業方法的開發，手工業者的那些長處，愈來愈難以抵銷其貧弱的智能，或對前因後果這種前後關係遲遲不接受所造成的劣勢。工業的組織愈來愈具有機械論的性質，在機械論中，人的職責就是分辨並選取能發揮效果的自然力量來為其服務。勞動者在產業的地位，是從一個首要原動力的角色，轉變為對與量有關的前後關係和機械式事實進行識別和評價的角色。勞動者擁有對其周遭環境的起因有即時的理解和不偏不倚的評價，這種能力在經濟上的重要性與時俱進，還有勞動者思維習慣的情結中，任何一種元素摻進了與上述對事理前後關係的即時理解不相容的偏差，亦將形成一種干擾因素，從而降低勞動者在勤勞上的有用性，此重要性也在等比例的增加。對於日常事務的考量，如果求諸於與量有關的因果關係以外的根據，即使是一種輕微或不顯眼的偏差，經過其對一般民眾習慣性態度帶來的累積性影響，或許會大幅度降低一個社會集體性的產業效率。

持萬物有靈論的心智習慣，可能出現在未成熟的萬物有靈信念早期、尚未分化的形態上，也可能出現在較晚並且更為高度統合的階段中，而在後面的情況下，就賦予事物的偏好帶有神人同形同性式的人格化。不論是這樣一種鮮活的萬物有靈意識，還是如此的乞靈於一種超自然媒介或一隻看不見的手之指引，這兩種情況所具有的工業價值都是一樣的。就以其對個人勤勞的實用性之影響而言，兩者所產生的效果是同一類的；但此種思維習慣主宰或形塑個人思維習慣的情結到何種程度，卻是隨著個人在處理其周遭環境的事務時，習慣性採用萬物有靈或神人同形同性這類方式所展現的立即性、迫切性、或專一性的程度而有所不同。不論何種情況，持萬物有靈論的習性都給因果關係的評斷帶來困擾；但早期的、較少反省、界定不清的持萬物有靈論偏好的意識，對個人智力進程的影響，咸被認為遠較持神人同形同性論的高級形態所產生的影響，要來得徹底及普遍。凡是持萬務有靈論的習性以初始形態出現的場合，其應用的範圍和限度都不甚明確或毫無限制。如此一來，該習性明顯的將在私人生活的每個環節——舉凡個人必須處理的物質生活手段，左右了個人的思維。萬物有靈論在較晚、較成熟的發展階段，由於經過神人同形同性論觀念的詮釋過程，業已被界定清楚，其所適用的範圍已相當確定侷限在遙不可及和無形的事務上，順理成章的，暫時毋需乞靈於超自然媒介來處理的日常事務，其範疇也就愈來愈廣了，而超自然媒介正是萬物有靈論所藉以自我表現的工具。一個高度統合、人格化的超自然媒介，不是處理生活瑣碎事件的方便手段，於是很容易養成一種習性，即對許多瑣碎或世俗的現象以前後關係來表達。這樣得出的暫時性解釋是出於輕忽的態度，致對平凡問題讓其成為理所當然的定論，除非特別的挑撥或困惑才會喚回個人對超自然媒介的忠貞。然而一旦發生特殊變故，也就是說，當有需要全然擺脫因果律時，如果這個人具有神人同形同性論的信念，他通常就會乞靈於超自然媒介作為一個普世的解決方法。

這種以超因果偏好或媒介作為解困之方，確有其非常高的效用，但這項效用完全屬於非經濟性質。這種偏好或媒介一旦達到神人同形同性的神格所專屬的一致性和專業性時，就格外成為一個避難所和慰藉的憑藉。除開提供受困的個人在以因果前後關係解釋現象束手無策時的一種逃避手段之外，這種偏好或媒介還有別的理由值得予以採用。這裡不適於討論那神人同形同性的神格，從美學、道德、或宗教利益的觀點來看，甚或從政治、軍事或社會政策這種較為切身的角度來看，所具備許多明顯而公認的優點。此處關心的問題，是將如此崇信超自然媒介的信念看作是一種思維習慣，而這種思維習慣又影響到信仰者的勤勞實用性，則該信念的不甚生動及不甚急迫的經濟價值為何。即使在這狹窄、只論經濟的範圍裡，所要探討的，還得強制侷限在該思維習慣對信仰者在技術精湛上的實用性之直接影響，而不是擴大到將其較為深遠的經濟影響也包含在內。這些較為深遠的影響是非常難以追溯的。對這些影響的探討，會受到現時人們對與這樣一位神祇進行精神上的接觸，能給生活帶來何種程度的增進，這種先入為主的觀念所干擾，以致要探討其經濟價值的任何企圖，就目前而言，必然是毫無結果。

持萬物有靈論的思維習慣，對信仰者一般心境的立即、直接影響，是朝降低其有效智能的方向演進，而在這方面對智力的影響，對現代產業是具有特殊的重要性。無論所崇信的超自然媒介或仰賴的偏好是屬於高級或低級類別，都會受到影響，只不過程度有所不同而已。這句話可適用於蠻荒人和熱衷競賽活動的人，其對運氣和偏好的意識上，並且也適用於同樣一個階級對神人同形同性神格所最常持有的高度論述的信念上。這樣的說法，就那些對神人同形同性論更為適當論述的崇信而言，譬如像那些虔誠的文明人所熱衷的信仰，也一體適用，雖然這種類推，究竟中肯的程度有多高難以衡量。大量民眾執著於高度神人同形同性論的崇信，所造成工業上的無能現象或許比較輕微，但卻不容被忽視。並且即使是這些西方文化中屬高級的崇信，也不足以代表人類超因果關係偏好的意識，最終會邁向消失的階段。除此之外，類似的持萬物有靈論的意識，也體現在十八世紀訴求自然秩序和天賦權利上，這是一種神人同形同性論色彩較不鮮明的信念，並且也體現在其現代的代表上，那就是表面上屬後達爾文對進化過程一種修正傾向的概念。這項對各種現象持萬物有靈論的解釋，是被邏輯學者稱之為「無力論證」（ignava ratio）謬誤的一種形式。這種解釋就產業或就科學的目的而言，是在事物的理解和評價上犯下了大錯。

持萬物有靈論的習性，除了直接對工業上的影響外，在其他方面對經濟理論也有某種程度的重要意義。（一）這項習性是一種頗為可靠的徵候，證明某些其他遠古特質的存在，並且在某種程度上還顯示這些遠古特質威力的強弱，這些遠古特質是和這項習性相伴而來的，也都具有實質的經濟意義；（二）持萬物有靈論的習性，在崇信神人同形同性論的發展中興起了祀神儀典的規章，其所產生的物質影響有其重要性：(a)在於影響到社會對物品的消費和流行的品味規範，已在前面章節有所提及；和(b)在於導引並保持一種與上級關係的習慣性認可，因此強化了目前對身分和忠貞的意識。

就上面最後提到的(b)項這一點來說，舉凡構成任一個人性格的思維習慣實體，在某種意義上是一個有機的整體。當這個思維習慣運行至某一點，在原來方向上起了一個顯著的變化時，相伴而來的，在其他方向或其他活動類別中的生活習慣性表現，也會起相關、伴生的變化。這些思維習慣或生活習慣性表現，都是個人簡單生活順序中的各個階段；因此，針對某一特定刺激而養成的習慣，必然影響到對別種刺激做出反應的性格。人類天性在任一點所做的修正，是對整體人類天性的一種修正。基於這項理由，或許在更大程度上，基於一些此處無法探討的、較為難以言宣的理由，人類天性中的不同特質之間，就有了這些伴生的變異。因此，例如過著充份開展掠奪型生活方式的蠻荒民族，通常也都盛行染上抱持強烈萬物有靈論的習性，也都擁有對立論完備之神人同形同性論的崇信，以及對身分制有鮮活的意識。另一方面，那些處在蠻荒文化以前和之後各個文化階段的民族，神人同形同性論和對具體事物抱持萬物有靈論偏好予以實現的意識，就不突顯於這些民族生活中。身分制的意識，整體說來，在平易相處的社群裡也是較為薄弱。有一點值得提出的是，一個鮮活、但略帶特殊化萬物有靈論的信念，大都見於生活在前掠奪型、未開化文化階段的各個民族，即使不是全部，至少也是大部分的民族。原始未開化蠻人所抱持的萬物有靈論，不像蠻荒人或退化了的未開化蠻人來得認真。這些萬物有靈論帶給未開化蠻人的，與其說是強迫性迷信，倒不如說是神話的創造。蠻荒文化所顯示的是運動精神、身分制和神人同形同性觀。今日文明社群的民眾在個人氣質上，經常可觀察到以上幾方面都伴生出類似的變異。那些構成熱衷競賽活動元素的掠奪型蠻荒氣質，其現代的代表性人物大都是運氣的仰賴者；至少他們對事物存在萬物有靈式偏好有強烈的意識，正是受到這種意識的驅使，以致他們都熱衷賭博。這個階級對神人同形同性論的態度亦復如是。像他們這類人一旦認同某種教義，通常所信奉的是那純真的、且明確的持神人同形同性論教義的其中一派；相對來說，很少熱衷競賽活動的人，會向那種神人同形同性論色彩較淡的教派，像是唯一神教（Unitarian）或信普救說者（Universalist），尋求精神慰藉。

將神人同形同性論和勇武此種相互作用的關係緊密相連這件事本身，就是對神人同形同性論的崇信，即使不是提創，也是主張保存有利於身分制度的心智習性。關於這一點，要想斷言，這些崇信的薰陶效果以何處告終，及承襲的特質產生伴生式變異的跡象始於何處，是有些不太可能。掠奪型氣質、身分制的意識和對神人同形同性論的崇信，在其最佳開展的情況下，都統屬於蠻荒文化；當該三種現象出現在處於蠻荒文化水準的社群裡時，三者之間就存在著某種互為因果的關係。該三者之間的相互作用一再出現在今日各個個人及各個階級的性向和習性之中這種方式，足以暗示被視為個人的特質或習慣的那些同類心理現象之間，也存在類似因果關係或系統性關係。上文在討論中業已提及，身分制的關係，作為社會結構的一個特徵，是掠奪型生活習慣的一個結果。就其所衍生的路徑而言，身分制關係本質上是掠奪型態度的一種精緻表現。另一方面，一種對神人同形同性論的崇信，是給有形事務中存有超自然、不可思議的偏好這種概念，添加一種詳盡身分關係的規章。所以，從其衍生過程的外在事實來論，這種崇信，或可被視為遠古人所盛行的持萬物有靈論意識的一種自然產物，經過掠奪型生活習慣的界定，並予以某種程度的轉化，從而得出一個人格化的超自然媒介，並被充份賦與掠奪型文化人們所特有的思維習慣。

從以上討論所突顯的幾個心理特徵，與經濟理論有直接意涵而又為此處所認可的，可臚列如下：（一）如前面章節所出現過的，掠奪型、競逐性心智習慣，此處稱之為勇武，只是人類所共有的技藝本能一個蠻荒變體，其之所以具有這種特別形態，是受到個人間進行歧視性對比習慣的導引；（二）身分制的關係是像這類按照經過核可的等級程序，認真評斷及分級的歧視性對比的一種正式表現；（三）一種對神人同形同性論的崇信，至少在其生機勃勃的初期是一種制度，其具特色的元素就是以人類主體為卑下，而人格化的超自然媒介為尊長，來處理身分制的關係。僅記以上所言，要理解人類天性和人類生活有關這三種現象之間存在的密切關係應該不是難事；這種關係統而言之，就在於這三者之若干實質元素的同一性。一方面，身分制度和掠奪型生活習慣，是技藝本能作為歧視性對比習俗形式下的一種表現；另一方面，對神人同形同性的崇信和敬祀儀典的習俗，是人類對有形事務存有萬物有靈論偏好的意識的一種表現，本質上都是在大眾習俗同樣的歧視性對比之導引下進行精緻的加工。這兩個範疇——競逐型生活習俗和敬祀儀典的習俗——都應被視為人類天性的蠻荒型態和其現代各種蠻荒變體的互補元素。該兩者都是對不同情況的刺激產生反應時，所形成各種大致類似性向的不同表現。

第十二章

敬祀儀典

隨意列舉現代生活中某些事例，就可以顯示那持神人同形同性論的各種信仰和蠻荒文化及氣質之間的系統關係。如此一來，此舉也可用來說明信仰的殘存及其功效，還有這些信仰所制定的敬祀儀典之盛行和有閒階級的制度是如何的關連，同時和維繫該有閒階級制度動力的動機又是有怎樣的關係。此處無意對從事敬祀儀典的各種舉措，或藉敬祀儀典而表達出來精神上和知性上的各種特質加以褒貶，現時持各種神人同形同性論信仰的一些日常現象，或可從其對經濟理論的意義這個角度來予以探討。此處所能適宜討論的，是有關敬祀儀典有形的、外在的各種特徵。至於信仰生活在道德上的、乃至虔誠上的價值，不在當前討論的範圍之列。當然，這裡也不會觸及各種信仰所提倡的教義是否為真理或具美感這類的問題。甚至於這些信仰所蘊涵較為深遠的經濟意義，在此也不擬論述；這個題目是如此的深奧，又具有如此嚴肅的意涵，以致很難輕描淡寫的一筆帶過。

前面的章節曾稍為談及，財力的價值標準對於根據其他與財力利益無關的標準在進行評估過程中所發揮的影響。這種關係絕不會是單向的。經濟上評估的標準或規範本身，也會反過來受經濟外的評估標準所影響。人們對各類事務在經濟意義上所做的判斷，在一定程度上，是受那些居於主流且更具份量的利益所左右。甚至，有一種觀點認為，經濟的利益，唯有在其有助於這些更高一層、非經濟的利益時，才顯出份量。所以，為了現時的目的，必須採取將各種神人同形同性論信仰的這些現象所具有的經濟意涵或經濟利益分離出來的思維。要想擺脫較為嚴肅的觀點，並盡可能減少出自經濟理論以外更高一層的各種利益所產生的偏差，從而對這些事務有一個經濟性的評估，得費點周章。

當討論熱衷競賽活動的氣質時，曾經提到，認為各種物質事物及各種事件都具有某種萬物有靈的偏好這種意識，正是那些熱衷競賽活動人士賭博習性的精神基礎。從經濟角度來看，此種持萬物皆有靈的意識，實際上和以不同形式持萬物有靈論的信念及持神人同形同性論的教義所表現的意識，是有著同樣的心理元素。就以涉及經濟理論必須處理的那些可感觸到的心理特徵來說好了，那種充斥在熱衷競賽活動元素中的賭博精神，藉由難以查覺的進展層次，逐漸轉化成以敬祀儀典來求滿足的心靈架構。於是從經濟理論的觀點出發，熱衷競賽活動的性格，漸次轉變成宗教虔誠者的性格。當賭徒所持的萬物皆有靈的意識得到頗為鞏固的傳統之助時，這種意識就大概會發展為一種對超自然或超物質媒介明確的信念，同時帶有某種神人同形同性論的內涵。要是情形果真如此，通常會感覺到，有一種試圖以某種公認的親近及協調方法，來和該超自然媒介打交道的傾向。此種安撫中帶著勸誘的元素，與崇拜的粗糙形式多所共通——如果不是來自於歷史淵源，至少也是在實際心理的內涵上如此。賭徒的這項意識，很明顯的漸次又從不間斷的轉變成、被認知為迷信的習俗和信念，也由此和那較為淺陋的持神人同形同性論信仰呈一脈相傳之勢。

由是觀之，熱衷競賽活動或嗜賭成性的氣質，誠帶有某些構成教義信仰者及宗教儀式奉行者之實質心理元素的成份，其主要的共通點，在於認為各種事務在演進順序中，自有其不可思議的偏好，或超自然的介入這種信念。就嗜賭行為而言，其對超自然媒介的信念，或許，通常來說，不是那麼的有條理，尤其是有關賦予超自然媒介的思維習慣和生活方式上的信念更是如此；或，換言之，對有關超自然媒介的品性和介入各種事務的目的，都不是那麼的清楚。這種藉著幸運、機會、或凶兆、或吉祥物來體現的媒介，熱衷競賽活動者是有感覺的，而有時候畏懼到急於擺脫此種媒介，但對該媒介之個性或人格的看法，也不是那麼的清晰、那麼的完整，並且莫衷一是。嗜賭者愛賭行為的基礎，在很大程度上，僅僅是認為各種事情或各種局勢都存在著具威脅力、屬超物質又具專橫的力量或偏好這樣一種本能性的意識，而這種力量或偏好很少被視作一種具人性的媒介。嗜賭者在這種樸實的意識下，往往是運氣的信服者，同時又是某種公認教義論述的堅信者。他特別傾向於接受教義中有關他所信奉的神祇其不可思議的能耐及各種專橫的習性。在這種情況下，他乃處於兩種，有時或許超過兩種，截然不同的萬物有靈論階段。確實，在任何熱衷競賽活動團體的精神裝備中，都可以找到持萬物有靈信念之各個連續階段而毫不中斷的整個完整系列。這樣一串持各種萬物有靈論概念的鏈條，自然包括該系列的一端，屬於運氣、機會及偶然中的必然性這種本能性意識的最基本形態，加上該系列另一端已有完整論述的神人同形同性的神祇，還有整個系列中所有中間的階段。隨著這些對超自然媒介的信念而來的是，一方面，為了迎合幸運機會所推測出來的要求，而進行行為的本能性形塑，另一方面，對神祇無法臆測的諭示，抱著相當的虔誠臣服態度。

熱衷競賽活動的氣質及游手好閒階級的氣質，在這方面有點關聯；並且該兩者和傾向於持神人同形同性論信仰的氣質都有關。游手好閒之輩及熱衷競賽活動的人，兩者比起社會的一般大眾，通常都較易成為某些被認可教義的信服者，並且也較為樂於從事敬祀儀典。同時值得一提的是，該兩個階級中沒有信仰的成員，比起一般沒有信仰的人，較容易具有向某些取得威信之信念轉移信仰的癖好。此一觀察得來的事實，已為各種競賽的代發言人所承認，特別是這些代言人給各種較為赤裸裸呈現掠奪性的體育競賽活動做辯護時，更是如此。確實，體育競技的常客，在某種程度上特別熱衷於從事敬祀活動，而這個現象一直被宣傳為熱衷競賽活動的生活一種值得讚揚的特徵。還有一點值得觀察的是，熱衷競賽活動者和尸位素餐游手好閒之徒所依附的信仰，或從這些階級中轉向皈依的人，其一般所崇尚的信仰，通常都不是所謂高級信念的那一類，反而是那必須承認有所謂徹底神人同形同性的神祇這樣的信仰。遠古、掠奪型人類天性是不會滿足於那些旨在溶解（dissolve）人格這類深奧的概念，這類概念是將人格逐漸轉化為可量化的因果關係，就像基督教國度冥想式、神秘性的教義，將事物的起因歸屬於造物主、萬能之神、宇宙之靈或靈界那樣。要想舉出一個例子，可與運動員和游手好閒之輩的心智習性特徵相符的信仰，則非戰鬥教會（church militant）的一個支派，以救世軍聞名者莫屬。該支救世軍有很大一部分是從下層階級游手好閒之輩中徵募來的，並且其組成份子中，尤其是軍官這一級，有很大一部分具有從事競賽活動的紀錄，這類人士在救世軍所占的比例，較其在社會總人口所占的比例要來得高。

大專院校的運動狀況，也可為這一點提供例證。大專院校生活中，宗教成員的指標性人物，信誓旦旦的指稱——似乎沒有任何理由去反駁這類聲明——這個國家任何一個學生團體所提供的優秀體育人材，莫不同時篤信宗教，或至少是比那些對體育運動及其他院校競賽活動興趣缺缺的學生，平均來說，願在敬祀儀典上下較多的功夫。這點從理論根據上，是可以料想得到的結果。

順帶有一點或許值得一提的，這種現象從某個角度來看，會給大專院校的競賽活動生活、體育競技活動，還有那些從事這類活動的人們，增添光彩。大專院校熱衷競賽活動者獻身於宗教性宣傳，不論是將此當成一種使命或只是一種兼職，並非什麼罕見之事；同時還可觀察到，一旦有此情況，這些人幾乎都成為神人同形同性論色彩濃厚的信仰其中一個支派的宣傳員。他們在佈道說教中，往往著重強調存在於神人同形同性神祇和人類本身之間私下身分的關係。

大專院校成員中，體育活動及敬祀儀典之間的這層親密關係，可是眾所周知的一項事實；但這層關係有一項特點，雖然極為明顯，卻不曾引起注意。普遍存在於大專院校熱衷競賽活動成員中的那股宗教熱忱，特別習於對那莫測高深的神表達一種毫無遲疑的虔敬和心悅誠服的順從。這股宗教熱忱因此透過同氣相投就會尋求和那些俗世宗教組織相結合，這些俗世宗教組織——像例如，基督教青年會或基督青年力行會——是以宣揚基督教義通俗版為己任的組織。這些俗世團體是為了進一步推動「實用性」宗教而組織起來的；並且像是要強化上述的主張，和堅定確立熱衷競賽活動氣質及遠古虔敬之間緊密關係那樣，這些俗世宗教團體通常都以很大的精力，去促進體育競賽及性質類似但憑機運和技巧的各種競技活動。甚至可以這麼說，此類性質的競賽活動，被認為具有某種取得恩寵的有效手段。這些競賽活動顯然可當作招攬轉向皈依的手段，並且也可當作在皈依之後維持虔敬態度的手段。也就是說，各種提供萬物有靈意識及競逐型偏好操演機會的競技活動，有助於形成並保存那種與更通俗的信仰相契合的心智習性。如此一來，這類熱衷競賽的活動，在世俗組織的手中，竟負起一種見習期或引導的手段，使靈修境界的生活得以充份開展，這種生活可是只有道道地地夠資格領受聖餐者的特權。

競逐型及低級萬物有靈論的癖好這樣的操演，就虔敬的目的而言是有實質上的用處，這一點似乎已經不在懷疑之列了，因為許多教派的神職人員在這方面正跟隨著這些世俗組織的牽引。那些教會組織，尤其是在堅持實用性宗教的立場上與世俗組織最相近的教會組織，已有相當程度朝向採取這些與傳統敬祀儀典相關的措施，或類似的相關措施。以致於有所謂「少年軍團」及其他各種組織在牧師核准下，負責在會眾的青年成員中培養競逐型癖好及身分制的意識。這類準軍事組織旨在宏揚並強化對競逐及歧視性較量的癖好，從而鞏固了與生俱來對人際間主從關係的領悟和認可。一名信徒必然是一位知道如何以優雅的儀態來服從及接受懲罰的人。

但，經由這些措施所養成並保存下來的思維習慣，只構成那神人同形同性論信仰實質內容的一半。虔敬生活另一項互補元素——持萬物有靈論心智習性——是由牧師核准所組織起來的第二項系列措施在進行補給和保存的。該措施屬於賭博習性的範疇，其中以教堂義賣會或簽彩抽籤銷售貨品，可視為該項措施的代表作。這些簽彩抽籤銷售貨品及類似於賭博的一些細微機遇，對宗教組織的一般成員所引起的共鳴，似乎比起較少敬神心智習性的人們要來的強，只要指出這項事實，就足以說明將這些措施和敬祀儀典本身相連的合理程度。

所有以上所述，似乎都在主張：一方面，能讓人們熱衷競賽活動的氣質，是和讓人們易於接受神人同形同性論信仰的氣質同一類；而另一方面，習於從事競賽活動，興許特別是習於從事體育競賽，對藉助敬祀儀典來取得滿足的各種偏好而言，可產生發揮之作用。反過來說，習於各項敬祀儀典，助長了對體育競賽及一切競技活動的癖好；而這些活動給歧視性較量習慣和渴望運氣習慣有發揮的空間。實際上，同一範疇的各種偏好，從精神生活的上述兩個方向取得表現。主要受掠奪型本能及持萬物有靈論立場所支配的蠻荒人類天性，一般都朝這兩個方向發展。掠奪型心智習性涉及具有個人尊嚴及人際間相對位置的強烈意識。舉凡以掠奪型習慣作為各種制度建構中主宰因素的那種社會結構，其實是以身分制為基礎的結構。掠奪型社會生活方式所普遍存在的準繩是優勢與弱勢、高貴與卑賤、主宰與奉承的個人與階級、主人與奴隸之間的關係。神人同形同性論的信仰，就是從產業發展的那一個階段沿襲下來的，並且也是在同階段的經濟分化方式下——分化成消費者及生產者——形成的，還有他們都瀰漫著統治與屈服這項最具威力的同樣原則。各種信仰將思維習慣歸諸於他們的神祇，而這些思維習慣正好符合該信仰成形時經濟分化階段的需要。這位神人同形同性論的神祇被認為對尊位的所有問題都是一絲不苟的，並且習於採定於一尊的主張，還有任意行使其權力——慣於以武力作為最終的裁決者。

在神人同形同性論教義較晚近及較成熟的制式陳述中，賦予威靈顯赫且威力高深莫測的神祇這項君臨天下的習慣，已被精鍊成「上帝的父權」。賦予超自然媒介的精神態度及性向，仍然像屬於身分制治下的範圍那樣，只不過已具有文化準平易相處階段的父權特色。還要注意的是，即使已進入信仰這麼先進的階段，藉以表現虔誠之心的各種儀典仍一如既往般，旨在藉由讚頌神的偉大及榮耀，還有透過宣示臣服及忠誠，來取悅這位神祇。取悅與崇拜的舉動，都是被設計成對身分制意識的渴望，而這項意識正是來自於上述舉動所要親近的高深莫測威力。這類取悅型的信仰告白，最引領時興的仍舊是那些表達或隱含歧視性較量這一套。對於賦有如此遠古人類天性的神人同形同性神祇個體表達忠心的愛戴，意味著信奉者具有類似的遠古偏好。從經濟理論的角度出發，這種忠誠關係，無論是對肉身凡人或對超肉體的神祇，皆可被視作個人奴性的變體，而這個變體卻是掠奪型及平易相處型生活方式很大的一個組成部分。

蠻荒人對神祇的概念，是把神視為威懾四方不可一世的好戰酋長，這個概念經過從早期掠奪型到目前之間各個文化階段所特有的溫和態度及沉穩生活習慣的陶冶後，業已轉趨柔性。可是即使對神的想像經過這樣的錘鍊，且目前賦予神祇其行為和性格比較粗暴的特質也隨之減弱，大眾對神祇的本性和氣質的理解，卻仍大量殘留著蠻荒人有關神祇的概念。如此一來，就會有這樣的情況，例如，演說家和作家在描述神祇和祂與人類生活進程的關係時，仍能夠毫無障礙的使用從戰爭及掠奪型生活態度中借來的詞彙作直喻，並且使用歧視性對比的語法更是得心應手。這類意涵的演說風格，即使在那些不是怎樣好戰的現代聽眾面前發表，還是很有效果，而這些聽眾是由信奉教義較為溫和版本者所組成的，通俗的演說家使用蠻荒性質的形容詞和比喻詞彙如此的風靡，正說明時下這一代人對蠻荒德行的品格及優點，仍存有嚮往之情；同時也表示敬神態度和掠奪型心智習性之間是有著一定程度的調和。現代的信徒對神祇的想像，不喜歡將凶殘及復仇心重的情緒及行動加諸於其所崇拜的對象，這種情形如果有的話，也是在經過一番思考之後的事。一般大眾對於以血腥的辭藻來形容神祇，理解成是具有高度美感和尊貴的價值，這可是司空見慣的。這也就是說，此等形容辭藻所表達的意涵，在我們不假思索的情況下，是會讓我們心有戚戚焉的。

我已親眼目睹上帝降臨的榮耀；
祂正肅清那遭天譴的敗類；
祂揮動著祂那可怕利劍的懾人光芒；
主的真理正在挺進。

一名敬神的人，其居指導地位的思維習慣，竟游走在遠古生活方式的水準中，可是，這種生活方式對今日集體生活經濟上的當務之急而言，早就過時並沒有多大用處。有鑑於經濟組織是為了適應今日集體生活的當務之急，身分制已經過時，也使私人奴役關係成為毫無用處和無立足之地。就一個社會的經濟效率來考量，個人忠誠的情感以及這類情感所要表達的一般心智習性，都是上述思維習慣的殘餘，既破壞也防礙了人類制度向當前局勢進行適當調整的基礎和步伐。最有助於一個平易相處、工業社會的心智習性，就是實事求是的氣質，這個氣質視物質事務的價值為單純只是制式前後關係中不甚明瞭的一環。正是這樣的心境，才不致本能的將萬物有靈論偏好賦予各項事務，也不會求助超自然干預來解釋難以理解的現象，更不會依賴一隻看不見的手來形塑事件的進展路線供人類所用。要想在現代條件下符合最高經濟效率的要求，世界的進程必須習於從量化、不帶感情作用的力量和前後關係的角度來理解。

從晚近經濟當務之急的觀點出發，敬神之舉也許在所有場合都被視作是團體生活早期階段的一種殘餘——一個精神發展處於停滯狀態的標誌。當然，當一個社會的經濟結構在本質上仍然屬於一種身分制；當社會一般人的態度最終還是受制於私人統治及私人服從的關係，並要予以適應時；抑或，由於任何其他理由——傳統的或是承襲的性向——整個人口具有強烈的從事敬祀儀典的傾向時，上述的論點都適用；在所有這些情況下，任何個人的敬神心智習性，要是不超過其所處社會的平均水準，必須僅視作主流生活習慣的一項細微末節。照這樣的思維，一名敬神的個人出自一個敬神的社會，不能稱之為回復（返祖）的案例，因為他是和社會的一般人步調一致的。但如果從現代工業局勢的觀點出發，異乎尋常的敬神舉動——敬神的熱忱明顯的越出社會中敬神舉動的平均高度——在任何情況下，都可定調為一種隔代遺傳的特質而不為過。

誠然，若從不同的角度來考量上述的各種現象，也一樣得出言之成理的結果。上述的各種現象或許以不同的目的來評價，則此處所提供的特徵描述或許得轉個方向。若從敬神的利益或敬神品味的利益來考量，也可以認為現代工業生活所孕育出來的人類精神態度不利於信仰生活的自由發展，這個論點也頗為中肯。晚近工業進程的發展也可以因其示範作用有走向「唯物主義」、摧毀孝道的傾向，而受到抵制也不為過。尤有進者，從美學的角度來看，也可以做出同樣意旨的論述。然而，姑無論上述這些論點及類似的見解，基於其各自的立場是如何的言之成理及如何的寶貴，在目前的探討中，都不在考量之列，從經濟的觀點來評價上述各種現象是目前唯一所關心的。

神人同形同性論的心智習性和熱衷敬祀儀典在經濟上的嚴肅意義，使得必須以此為進一步討論該話題的辯辭，這個話題在敬神氣氛如此濃厚的社會，若將其視作一種經濟現象來討論，勢必很難且徒然引起不快。敬祀儀典之所以具有經濟上的重要意義，是因為將其視為氣質中一個伴生變異的一項指標，而這項氣質是伴隨掠奪型心智習性而來，也由此點出，其帶有在工業上各種不具實用性特質的存在。敬祀儀典點出的是一種精神態度的存在，這種精神態度因為對個人在工業上的實用性具有影響力，以致有了一定程度的經濟價值。不過，敬祀儀典也另外具有更為直接的重要意義，那就是對社會的經濟活動發揮調節作用，尤其是對財貨的分配和消費方面的調節上。

這些儀典最為顯著的經濟意義是體現在財貨和勞務的敬神消費上。任何信仰所規定在儀式性排場上的消費，諸如關於神龕、廟宇、教堂、祭服、祭品、聖禮儀式、節慶禮服等等，都不能直接充當物質來使用。所以，凡此種種物質用品或可廣義的被歸類為炫耀性揮霍的項目，這並不隱含任何貶抑之意。類似的說法也大致可套用於列入該項目下消費的個人勞務，諸如，神職教育、神職禮拜、聖地朝拜、齋戒、節慶、家庭祈禱之類。與此同時，儀典——上述的消費就是為執行儀典才產生的——又足以擴展及延長神人同形同性論信仰所依的思維習慣之風行。這就是說，儀典推動了顯示著身分制的思維習慣。這些儀典對現代環境下最有效的產業組織形成一種相當的障礙；並且也和今日局勢所要求經濟制度發展的方向極度的背道而馳。就目前的要求來說，這類消費其直接和間接的影響，都帶有削減社會經濟效率的性質。因此，從經濟理論的角度，並就其帶來可能的後果來考量，為了侍奉神人同形同性論的神祇所消費的財貨及精力，表示社會活力的一種下降。至於這類消費的迂迴、間接、道德影響究竟為何，實難有一簡潔的答案，並且這也不是此處可加以考量的問題。

然而，敬神消費相較於用在其他目的上的消費，其一般經濟特徵為何，是值得注意的關鍵點。指出從事敬神消費之各種目的和動機的範圍，有助於對該項消費本身和與此相契合之一般心智習性兩者進行價值的評估。用來侍奉神人同形同性論神祇的消費和侍奉蠻荒文化時期的社會上層階級有閒紳士——酋長或族長的消費之間，即便在動機上不能屬於相同的本質，卻也有極其驚人的相似之處。無論是對酋長或是對神祇，總得要為這位受侍奉的人或神，專門準備奢華的大建築物。這類大建築物以及在侍奉時陪襯的各種道具，在品質或在等級上必須不同於流俗；這些事物一向以顯現炫耀性揮霍為能事。或許還可注意到這些供奉用的大建築物，在結構上和裝配上都千篇一律採用遠古之風的造型。僕從人員亦復如是，不論是酋長的和神祇的僕從，必須穿著特殊、裝飾風味的服裝現身。此類裝扮鮮明的經濟特徵是異乎尋常的強調炫耀性揮霍，並附帶第二項特徵——此類大禮服經常必須帶幾分遠古之風，就這一點而言，神職人員比蠻荒統治者的僕役或朝臣更為著重一些。還有，社會上外圍成員所穿著的服飾，在他們出席盛會時，也應比其日常的穿著來得奢華。另外，酋長接見群眾的大廳和聖堂在使用上，再度顯現其相似之處。在這些場合，有一些對穿著上的要求，那就是帶有一定儀式上的「潔淨度」，從經濟角度來看，這類場合所穿著的服裝，其基本特徵理應避免讓人有與任何勤勞性職位或任何長期浸淫在類似具物質效益性質的工作相關的聯想。

這項但求炫耀性揮霍和在儀式上不帶辛勤痕跡、講究潔淨度的要求，也延伸到在神聖節慶中所穿戴的衣物方面，在較低程度上也延伸到食品方面；也就是說，在那些專為神祇或超自然有閒階級的某些低階成員而設的日子——禁制，是有必要守的。從經濟理論而言，神聖的節慶很明顯的被理解成，是為神祇或聖人執行越位休閒的季節，因此在這些季節裡，以神祇或聖人之名實行禁制，也為了祂們美好的名聲，認為必須遵守禁絕帶實用性的勞動。虔誠履行越位休閒的所有類似季節，其顯著的特色是對舉凡歸人類使用的一切活動，實施相當嚴格的禁制。在實行齋戒的日子裡，不光是炫耀性的摒棄有利可圖的工作和摒棄能增進人類物質生活的各種追求，還得進一步強化成強迫禁絕那些像能給消費者生活帶來舒適或滿足的消費行為。

這裡或許值得插上一句，那些俗世的節日亦出自同一來源，只不過其淵源稍為迂迴流長。俗世的各種節日是從真正的神聖日子，經過某種程度上被追封為聖徒的君王和偉人的半神聖誕辰這個中間階級，轉為刻意創造出來的專門節日，這些節日旨在提昇某些著名事件或某些驚人事跡的好名聲，這是因為這些事件或事跡被刻意要予以表揚，或者被覺得有需要予以恢復名譽，如此這般的依等級逐漸轉化而成。運用越位休閒作為提昇某一現象或事件的好名聲的手段，這項轉為迂迴精鍊的方式，在最近的應用上更見爐火純青。有些社會已將越位休閒的日子定調為勞動節。這項儀典旨在透過強迫戒絕有用勞動這種遠古、掠奪型的方法，來提昇勞動事實本身的威望。這是將戒絕勞動這項證據所展現的財力而應得的好名聲，強加給一般勞動這件事實身上。

神聖的節日和平常假期一般都屬於向人民團體課徵貢品的性質。這項貢品是以越位休閒的方式繳納，其產生的榮譽性效果是歸屬於某個人或某件事，而正是為了該個人或該件事的好名聲，才制定出來這個節日的。區區一點越位休閒是超自然有閒階級所有成員的額外津貼，對他們的榮譽而言，這是必不可少的。一名聖徒竟沒有人為其停工慶賀，確實是一名生不逢時的聖徒。

除了該區區越位休閒是向俗人階級課徵外，還有若干特殊階級的人士——不同等級的神職人員和居住在古希臘神廟專門侍奉神祇的奴隸（hierodules）——他們的時間完全留作進行同樣的供奉之用。神職人員階級所應負的義務不僅僅是戒絕俗世的勞動，連凡是有利可圖或被認為是對人類塵世的幸福有所裨益的勞動都在禁止之列。神職人員階級的禁制更勝於此，並且更為精鍊到以禁令的形式，以致即使在不牽涉降格從事生產的情況下，也不允許追求塵世的利得。身為一名神的僕人竟然去求取物質利益或操心俗務，是被認為與其神祇的僕人身分不相稱的，或更嚴重的是與其所服侍神祇的尊嚴不相稱。「在所有卑鄙情事中，假借擔任上帝的神職人員，卻是為其個人的舒適和野心而作，乃卑鄙之最。」

有利於人類生活富足的行為和舉止，與有利於神人同形同性的神祇美好聲譽的行為和舉止，二者之間存有一道歧異的界線，凡是對敬祀儀典之事務有所涉獵的人，不難區別出其間的差異；在典型蠻荒體系之下，神職人員階級的活動是完全落在該分界線的這一邊。屬於經濟領域的事務遠非德行高尚的神職者所應操心的。明顯與此項規則相左的例外拈手即有，就像有些中古世紀的僧侶騎士團（其成員實際參與某些實用性勞作），卻甚少能毀損該規則。這些外圍的神職人員騎士團並不是該詞彙完全意義上的聖職份子。還有一點值得提醒的是，這些聖職上有所疑慮的騎士團，因默許其成員自謀生計，致違反其所處社團的禮儀意識而名譽掃地。

神職人員不應插手在制式的生產性工作；但他卻應當大手筆消費。但，值得注意的是，即使就其消費而言，所應採取的方式不能明顯有利於其自身的舒適或生活的富足；而是應遵守符合代位消費的各項法則，一如在前面章節中，在此項下所解釋過的那樣。對神職人員階級而言，以豐衣足食的形態或帶有喜不自禁的神情出現是不足為訓的。確實，在許多立論更為完整的信仰中，對神職人員階級代位消費以外的禁令通常嚴格到要求禁絕肉食。在現代工業社會，即使是那些根據教義的最新論述構建起來的現代教派，一切輕薄之舉和沉迷於塵世間美好事物的享受，也被認為是與真正牧師的禮教背道而馳的。這些為看不見主人服務的僕人所過的生活，只要有跡象顯示不是在宣揚其主人的良好聲譽，而是應付其自身的私利，勢將強烈震撼我們的感受，視此為基本上和永恆不變的錯誤。雖然，神職人員階級是一個僕役階級，但身為一位至高無上主人的僕從，靠著這道借來光環之賜，得以位居社會等級的高階。他們的消費都是代位消費；也因此，在高階的信仰中，他們的主人對物質利得一無所求，他們的職責就是充份履行越位休閒。「職是之故，無論爾食、爾飲、或爾所作所為，一切都是為上帝的榮耀而作。」

還有一句話可做補充的是，一俟俗人階級同化到神職這一層次，被認為是神祇的僕從時，上述這類代位性質也就同樣出現在門外漢的生活上。這句推論所應用的範圍可以相當廣泛。特別適宜應用在那些要將宗教生活進行改造，或重建成具有簡樸、虔誠、苦行風貌的運動上，這時候作為子民的人類，其生命被認為是受其精神主宰所直接奴役操縱的。也就是說，當神職制度式微時，或在生活事務中神祇以隨時和主宰的方式出現的這種意識異常活躍時，這位教外人士就被認為是對神祇承擔立即奴役的關係，而其生活就被理解成執行越位休閒以增高其主人的名聲。在這類回復（返祖）情況下，人神回復到毋須轉達的臣服關係作為敬神態度很顯著的事實。如此一來，生活中所強調的是簡樸和不求舒適的越位休閒，並以輕忽炫耀性消費作為求取恩典的手段。

這種對聖職生活方式的敘述是否完全言之成理，自有其可疑之處。那是因為現代神職人員，有相當一部分在很多生活細節上，都背離了上述的方式。這種方式也不適用於在信仰或儀典上，和往昔所確立的方式已呈某種程度分歧的那些教派的聖職人員。這些教派，至少表面上，或寬容性考量，俗人階級的塵世福利和其聖職人員本身的塵世福利。他們的生活態度不僅是在其本身家庭的私密空間，甚至在大庭廣眾之前，不論是對儀容的嚴肅要求，還是對其生活用具所呈現的古風，都和庸碌之輩沒有什麼多大的出入。這種情況對於那些漸行漸遠的教派最為寫實。對於這項質疑，我們所要說的是，此處所要探討的不是聖職生活理論上的矛盾，而是該聖職者團體生活方式不能完全符合要求的問題。這些教派的聖職人員僅僅是所有神職人員的一部分並且是不完美的代表，而且他們的生活方式決不能被當成合格和正規聖職生活方式的展示。這些宗派或教派的聖職人員，或許可歸類為一種半調子神職者，或正處於轉變或改造過程的神職者。這批非正規的神職人員所屬的組織，其成立宗旨除了萬物有靈論和身分制觀念以外，還存有別的干擾因素，以致可以預期這樣的神職人員所展現在聖職職務上的特徵，必然只能是摻雜著和隱藏著不相干的動機和傳統。

一名神職人員可做什麼或不可做什麼才不遭責難，都可直接訴諸任何個人的品味，只要其對禮儀具有辨別及訓練有素的意識即可，或取決於任何社會對構成牧師禮法內容的普遍意識，其既能符合社會的期望或通過社會的批評。即使是在最為庸俗的教派，總應觀察到其對聖職生活方式和教外生活方式之間某種區別的意識。一旦該教派或宗派的聖職人員在行為舉止和服裝儀容上不夠嚴肅或不夠古風，致脫離傳統的慣例，敏感的人就會認為這些聖職人員越出了神職人員禮法的典範。在西方文化影響所及的社會或宗派中，大概莫不對在職的神職人員比對一般的教外人士，設下更嚴格的被允許縱容的範圍。要是某位神職人員本身對聖職禮儀沒有認真給自己設下這樣一個界限的意識，社會上有關禮儀的普遍意識通常會展現其強制力，使該神職人員若不是就範，不然就是去職。

附帶一提的是，絕少有聖職人員團體的成員會公然為利得而要求加薪；要是果真有聖職人員公開做出這樣的宣示，其會眾就會興起有違禮法的意識。還有一點與此有關的也值得提醒，除了那些嘲笑者和感覺非常遲鈍的人外，沒有人會對講經壇上的玩笑話在內心深處不本能地感到痛心；同樣，牧師在有關其生活方面若顯露出任何輕浮的行徑，都會有損人們對該牧師的尊敬，除非這些行徑屬於一種顯然帶有戲劇效果這類——無傷大雅型。提到聖所、教堂和聖職的適當措辭，應該儘量少讓人與實際的日常生活產生聯想，更不應引用現代商務或產業的詞彙。聖職人員經手處理產業及其他純屬俗世的問題過於細膩和私密的話，會有損人們對禮法意識的尊敬。一名受過良好培育的聖職人員在佈道的演講中論及塵世利害關係時，只能泛泛而談，不得踰越所受禮法意識訂下的某種原則性水準。舉凡僅是帶有人事及俗世影響的事務，理應適當的用某種淡然和原則性的態度來處理，以暗示該演講人是代表主宰者在發言，而後者對世俗事務的關心僅止於寬容性默許。

還有一點值得予以注意的是，此處所討論的都是那些非正規宗派及種種不守正道的宗教變體，其神職人員遵守典型聖職生活方式的程度是參差不齊的。一般而言，在這方面差距最大的常見於年資較淺的教派，其中尤以那些教友來自中下階層的新興教派最為突出。他們通常表現出帶有大量混雜著人道關懷的、博愛的或其他不能歸類為敬神態度之展現的各種動機；例如對於學習或尋樂的渴望，都大量列入這些組織成員最為關心的事項。這類不守正道或從事分離教派的各種運動，一般出自不同動機的組合，其中有些動機又往往和神職職責所源自的身分意識格格不入。確實，這些動機有時候很多都是反對身分制度的。在這種情況下，聖職人員的制度在過渡期間已遭到破壞，至少也是遭到局部破壞。這樣一種組織的發言人剛開始只不過是該組織的僕役及代表，並不是特別那一聖職人員階級的成員及某種具有神性主人的代言人。而唯有經過一連好幾代逐步專業化的過程，這類代言人才重新取得聖職人員的地位，並得到聖職當局的全部授權，及過著隨之而來簡樸、古風和代位的生活方式。經過這樣一次離經叛道之後，有關敬祀儀式的中斷及復原情況也如此類推。當人類對固有敬祀禮法的意識再度回到以超自然的利害問題為主時，聖職人員的職責、聖職的生活方式及敬祀儀典的程序才會逐漸的、不知不覺的恢復舊觀——附帶要說的是，當組織在財富上愈有增長，其採用有閒階級的觀點及思維習慣就愈多。

從聖職人員階級往上依僧侶科層等級制度排列，一般還有一個包含聖徒、天使等等超人類層次的代位有閒階級——或異教信仰中其等同之輩。凡此科層都是根據一套精密的身分制度，照等次逐級而上。身分制的原則貫徹整個僧侶科層等級制度，無論其是塵世的還是靈界的。幾個屬超自然科層等級制度下的等級，其良好聲譽通常也得靠某種程度的代位消費和越位休閒的貢獻。在許多情況下，他們依序必須有比其低階的隨從或依附者為其執行越位休閒，這情況和前面章節所說有關父權體制下那些依賴有閒階級的情況極為類似。

這些敬祀儀典和其所隱含的氣質特性，或信仰中所涵蓋對貨品及勞務的消費，如何與現代社會的有閒階級，或與以該階級作為現代生活方式之表率的經濟動機，連繫在一起，似乎不經過仔細推敲不是那麼容易顯現。為了這項目的，對與這層關係相關的若干事實做一概要式的評述，將會有所幫助。

在上文的討論中曾提到，就今日集體生活的目的而言，尤其是涉及現代社會的產業效率方面，敬神氣質的各種專有特質是一種障礙而非助力。因此還應該看到，現代工業生活呈現一種趨勢，就是有選擇性的將人類天性的這些特質，從那些直接從事產業生產工序之各個階級的精神構成中清除掉。大體上，應該這麼說，敬神之心在所謂有效率產業社會的成員中，正日趨衰微或正漸趨消失。而與此同時，又應發現，這類性向或這類習慣，在不需直接或不需主要以勤奮因子，投入社會生活進程的那些階級中，卻以顯著的巨大活力殘存下來。

前面業已指出，屬於後一類的階級是依靠產業生產工序而活，並不是以產業生產工序維生，這些階級大體由兩類組成：（一）有閒階級本身，免受經濟局勢的壓力；（二）貧困階級，其中包括下層階級的游手好閒之輩，過度處於經濟壓力之下。就前者的這個階級而言，因為沒有實際的經濟壓力，迫使該階級調整其思維習慣來適應變動中的局勢，致依然保有遠古的心智習性；而後者的這個階級，其之所以未能調整其思維習慣，來適應已經起了變化的工業效率的要求，理由就是營養不良，缺少這樣一種為了靈活調整所需要的額外精力，加上缺乏取得及養成習於現代觀點的機會。這種選擇過程在兩個階級的趨勢，都差不多朝相同的方向推進。

按照現代工業生活一再教導出來的觀點，事物的現象已習於被包容在機械性順序的量化關係中。貧困階級不僅僅缺少這一丁點必要的閒暇，來融會貫通上述觀點所涉及的較為新近的科學通則；而且他們還往往與財力比其優越的人們，處於個人在物質上的依賴或從屬關係，致延緩了他們從身分制所專屬的思維習慣中解放出來。其結果就是這些階級相當程度的保留了一般的心智習性，其主要的表現正是擁有個人身分制的強烈意識，還有，敬神之心正是這類心智習性的一種特徵。

在擁有歐洲文化較為久遠的社團中，只要存在相當龐大具勤勞性格的中產階級，那世襲的有閒階級和大群的貧困人口對敬祀儀典的重視程度遠高於中產階級的平均數。可是有些國家，上述兩類具保守性格的群眾實際組成了其全部的人口。當該兩個階級處於壓倒優勢時，他們的旨趣就會形塑大眾情感，以致不讓微不足道的中產階級有任何可能出現性向分歧這樣一種地步，也就在整個社會強制採取敬神的態度。

當然，這裡的意思不應當被詮釋成，像這樣對敬祀儀典異常熱衷的社會或階級，勢將嚴格遵守那些已習於和此一宗教信條或彼一宗教信條有關的道德規範中的各種細部規定。大部分敬神的心智習性，不需要以嚴守十誡或習慣法的各種禁令來體現。確實，罪犯及行為放蕩的階級，如果有任何事情和一般民眾不一樣，那就是比較敬神並且更為坦率的表達，這已幾乎成為歐洲社會罪犯生活觀察者的陳腔濫調了。要想找出敬神態度相對較弱者，得從那些財力處於中等的階級和奉公守法的市民中去尋。舉凡對高階教義和儀式的優點極度肯定的人，會反駁這裡所說的一切，並認為下層階級游手好閒之輩的敬神之心是裝出來的，或充其量也不過是迷信的崇拜；這個論點毫無疑問是頗為正確，而且對其所要達到的目的而言，也是簡捷易懂又一語中的。超經濟、超心理的分辨，無論其立論對所要完成的目標是如何的有憑有據和如何的具決定性，但就目前所要研討的目標而論，必須予以強制性略而不談。

整個階級從敬祀儀典的習慣中解放出來的實際情況，可藉由晚近神職人員的抱怨來說明，教會正逐漸失去技術工人階級的共鳴，並且也逐漸失去對該階級的掌控。與此同時，通常被稱為中產階級的人，也同樣逐漸減退其對教會的熱誠，特別是該階級的成年男性，這項事實目前業已為人們所認同。凡此都是時下所公認的現象，稍為提起這些事例，似乎就足以證實前面所提出的通性論點。藉著大眾出席教會和教友的階級成份如此這樣的一般現象，或許對本文所推動的命題具有充份的說服力。但在今日較為先進的工業社會，其精神態度既有此變化，詳加追溯造成此項變化的各種特殊力量和各類事態演變的經過，也還是對這個目的有所助益的。且由此適足以說明各項經濟動機，是如何發揮其對人們思維習慣朝向庸俗化的影響。在這方面，美國社會理應作為一個特別足以令人信服的例證，因為該社會所受到的外界環境約束，少於任何具有同等重要的工業集團。

在去除例外狀況和偶爾脫離常態這些在所難免的現象後，美國目前的情勢或可簡略概述如下。舉凡在經濟效率或在智力方面，或兩者皆是處於劣勢的各個階級都特別敬神，幾乎是個通例，譬如說，像南方的黑人人口、大多數下層階級的外來人口、大多數鄉村人口，尤其是在那些教育、工業發展階段、或與社會其他成員工業接觸方面都有所落後的地區，更是如此。還有像那具有特殊化或世襲的貧困階級、或受隔離的罪犯或行為放蕩的階級這幾個碎裂團體的情形亦復如是；雖然在後面這個階級裡，其所持的敬神心智習性常流於對運氣抱著一種純樸的萬物有靈論信念和對薩滿黃教*儀式的功效深信不疑這種形式，多於正式皈依任何公認的教義這種形式。另一方面，技術工人階級卻是以擺脫那受人崇尚持神人同形同性論的教義和一切的敬祀儀典著稱。這個階級格外感受到現代有組織的產業所特有的智力上和精神上的壓力；這種壓力要求時時刻刻認清那非關人際、就事論事的事實演進順序中沒受扭曲的現象，及毫無保留的遵守因果律。與此同時，這個階級尚不至於處在衣食不足或操勞過度到毫無從事適應環境的餘力這一地步。

*譯者按：薩滿黃教（Shamanism）流行於亞洲北部、中部、美洲、非洲等處，是以信仰靈魂和與靈魂有交流的可能為基礎的一種宗教。

美國下層的或疑似的有閒階級——普通稱為中產階級——其情況則有些特殊。這個階級在敬神生活方面和歐洲的相應階級有所不同，但這種不同只是在程度上和方法上，而不在實質上。各個教會仍然得到該階級的財力支援；雖然這個階級最易於接受的各種教義總是缺少那麼點神人同形同性論的內容。與此同時，很多場合，或許不是那麼明顯，活動力強的中產階級宗教聚會，有成為以婦女及老弱的聚會為主的趨勢。中產階級的成年男性明顯缺乏敬神的熱情，雖然他們對其所賴以成長的公認教義綱領，仍保有很大程度的自我認同和尊崇。他們的日常生活是和產業生產工序有著相當密切的接觸。

這項特殊的性別分化，即把敬祀儀典委由婦女及其子女來代行的趨向，是由於，至少有一部分如此，中產階級的婦女相當程度上屬於一個（越位）有閒階級。各個下層、技術工人階級的婦女也是有同樣的情況，只不過程度上沒這麼明顯。她們是生活在由工業發展較早階段沿襲下來的身分制度之下，所以她們保有一種心情和思維習慣，使她們對各類事物一般總抱持遠古的觀點。與此同時，她們大都和產業生產工序的系統性關係，沒有如此直接到有強烈的傾向要放棄對現代工業目的早就過時的那些思維習慣這一地步。這也就是說，文明社會的婦女們，很大程度上由於其所處的經濟地位而帶有保守心態，婦女們這項特殊敬神之心正是該保守心態的一種特殊表現。對現代男人而言，父權制下的身分制關係絕非生活的主要特徵；然而在另一方面，對現代的婦女而言，尤其是對上層中產階級的婦女來說，她們囿於禮俗規定和經濟環境，被限制在「家居的領域」，致這項身分制關係，是生活中最真實和最具形成力的因素。由此遂產生一種心智習性，喜於從事敬祀儀典，也喜於常以個人身分制的觀點來詮釋各類事物。她將日常家居生活的邏輯和推理的程序套用到超自然的領域中來，她在這一系列的觀念中悠然自得和心曠神怡，而從男人角度看這些觀念，卻充滿著不可思議和愚不可及。

然而，該階級的男士們也不是毫無虔敬之心，雖然通常其虔敬之心不屬於積極或熱情澎湃那類。上層中產階級的男士們對敬祀儀典通常比技術工人階級的男士們採取更為心安理得的態度。這種情形或許有一部分可用所有論點對該階級的婦女們為真，則對該階級的男士們也同樣適用，只是程度上稍有不同來作解釋。他們是屬於一個受到相當庇護的階級；並且在他們婚姻生活中，和在他們使用僕役的習慣中所堅持的父權制下的身分制關係，或許在保留遠古心智習性上發揮了一點作用，也可能對其思維習慣所正在進行的庸俗化過程產生了延緩的影響。美國中產階級男性和經濟社會的各種關係，一般都頗為緊密和具強制力；雖然在此也得順帶提醒一下作為修正，他們的經濟活動也經常帶有幾分父權制或準掠奪型的性質。該階級中最具令譽並且在形塑其思維習慣上出力甚多的各種職位，就屬財務上的各種職位，有關這一議題在前面的章節已經討論過。這些職位充滿著專橫的命令和主從關係，並且具備和掠奪型詐欺有著千絲萬縷般關係的靈活手腕更是屢見不鮮。凡此種種皆屬於掠奪型蠻荒人的生活範圍，而這些蠻荒人是習於懷有敬神態度的。此外還有一點，敬祀儀典出於贏得令譽的理由，也給該階級增添喜好的份量。後面這項願採虔敬之心的誘因值得單獨討論，馬上就要提到。

在美國社會並沒有任何具影響力的世襲有閒階級，除非是在南方各州。該南方有閒階級對敬祀儀典頗為熱衷；遠甚於這個國家其他地區具有同等財力排行的任何階級。而南方所信奉的各種教義，比起北方相對立的教義要帶舊式風貌，這也是眾所周知的事實。與南方這種頗具古風的敬神生活這一現象相對立的，是該地區的工業發展也頗為落後。目前南方的工業組織，尤其是從以前到最近為止的這段期間的工業組織，比起整個美國社會的一般情況，在性質上還是較為原始。或許這種組織所使用的機械設備既貧乏又粗陋，有點近似手工業，並且統治和服從的成份居多。或許還值得一提的是，由於這個地區特殊的經濟環境，南方的民眾，白人和黑人皆然，他們較具虔敬之心和其生活方式是相關聯的，他們的生活方式從許多方面讓人憶起工業發展的蠻荒階段。這些民眾當中，饒具遠古性格的犯行，例如，像決鬥、口角、械鬥、酗酒、賽馬、鬥雞、賭博、男性的縱慾（黑白混血兒人數眾多足以為證），也是，而且一直都是，比其他地區的民眾更為猖獗，卻少受責難。此外，榮譽感的意識也特別的旺盛——運動家精神的一種表現和掠奪型生活的一個衍生物。

至於北方較為富裕的階級，美國有閒階級這個名詞所最能代表的意識，首先，很難說其具有世襲的敬神態度。該階級新近才崛起，在敬神態度方面，尚未足擁有蔚然成型可資傳衍的習慣，甚至連一種特別的家傳傳統也說不上。但，或許順便值得提出的是，該階級對某些公認的教義，也存在著至少在表面上、有時顯然也有幾分誠心去皈依的明顯趨勢。還有，這個階級每逢婚喪及類似隆重的慶典，總愛舉行特別帶有幾分宗教色彩的儀式以示莊嚴。這種依附於某一教義，有多少是真誠的回復到敬神的心智習性，和有多少是被列為，出於從國外的典型中借來榮譽規範，這樣一種外向型同化的目的，才做出保護型仿效的案例，頗難斷言。某些實質性敬神的偏好似乎發揮了作用，尤其是從上層階級信仰在發展過程中對儀式性敬祀儀典的某些特殊程度來研判的話。上層階級的信徒中，可以查覺到這樣一種傾向，他們大部分加入那些特別重視儀式和禮拜中使用美侖美奐配件的宗教信仰：並且各個以上層階級教友為主的教會，也都同樣有這樣一種傾向：寧願犧牲從禮拜中和敬祀儀典的用具中所顯露的智力特徵，也要注重儀式的形式。這類情形即使是那些在儀式和設備上相對發展較平實的教派，其所屬的教會也是如此。儀式型元素這種特殊發展，無疑有一部分是來自對炫耀性揮霍壯麗場面的一種偏愛，但也可能有一部分是為了展示信徒們某種敬神的態度。後面的說法要是確屬實情，則其表現的可是敬神習慣較為遠古的一種形式。當社會處於文化相對原始的階段和智力發展有所不足時，所有這樣的社會在敬神時，特別注重在敬祀儀典上出現壯麗場面。這是蠻荒文化一種格外顯著的特徵。蠻荒的敬祀儀典一直以來都是通過一切感官的接觸直接訴諸於情緒。而今日上層階級的各個教會回到這種以坦率、情感來訴求的趨勢是非常清楚的。這種情況也出現在那些以下層有閒階級和中產階級為忠實信徒的各種教派中，不過程度沒那麼明顯。回復的現象比比皆是，七彩繽紛的燈光和華麗場景的運用，符號、管絃音樂和香料的隨意使用等，並且甚至從「遊行聖歌」（processionals）、和眾人列隊在禮拜終了時演唱的「讚美歌」（recessionals）及豐富多樣的各種跪拜起伏的展開動作中，都可查覺出像聖舞之類那樣古老的禮拜餘興節目這種初期回復的現象。

這種講究壯麗敬祀儀典的回復現象並不侷限在上層階級的宗教信仰中，雖然它的確以最佳的範本和最高度的重現，出現在較高財力和社群的性向上。社會下層階級敬神的族群，像南方黑人和外來人口中落後份子，所信奉的宗教信仰當然也會顯現出喜好儀式、象徵和華麗效果的強烈傾向；這倒是可以從這些階級的祖先和其文化水準中推想出來。這些階級之所以盛行儀式和持神人同形同性論，主要不是來自回復現象，反而是從過去的連續發展延伸出來的。但有關儀式的進行和與敬神相關的各種特徵的採用，在發展的方向上也不是一成不變的。美國社會早期流行的各種教派，其初始所進行的儀式和所使用的道具也是極為簡單的；但隨著時間的遷移，這些教派以不同的程度，逐漸採用了許多他們過去所排斥的華麗成份，這都是大家耳熟能詳之事。大致說來，這方面的發展是與財富的成長和信徒們生活的舒緩有著密不可分的關係，並且在那些財富和聲譽上都位列顛峰的階級中，表現得最淋漓盡致。

有關敬神之心形成這種財力階層的原因，在前面討論思維習慣的階級差異時業已指出個大概，敬神之心的階級差異只不過是一般事物中的一種特別表現。下層中產階級這種對神祇忠誠的鬆懈，或可將其籠統稱為該階級孝心的衰微，主要見諸於從事機械式產業的城鎮人口中。一般說來，時至今日，不能在從事與工程師和機械師這類相近行業的階級中找到無可挑剔的孝心。這類機械式的行業算得上是一個現代的事務。早期的手工業者所追求的工業目標，和時下機械師所追求的，在性質上是類似的，卻在敬神之心的戒律下沒有類似的擇善固執。自從現代產業生產工序蔚為時尚以來，從事各個產業部門工作的人，在該行業知性力量薰陶之下，其習慣性活動已有了極大的改變；機械師這類人在其日常職務中所受到的薰陶，也會影響到他對其日常工作範圍以外議題所採取的思考方式和標準。一旦熟悉了目前高度組織和高度非關人際的產業生產工序，就會擾亂萬物有靈論的思維習慣。工人的職責正愈來愈走向僅就機械的、不涉情感的前後相關程序來進行判斷和監督。只要在生產程序中，個人是主要和典型的原始起動者；只要產業生產工序的刻板特徵，靠的是個別手工業者的靈巧和勁道；則以私人的動機和偏好來詮釋各種現象的習慣，就不會受到如此重大和持續不斷透過事件的干擾而趨於消失。但處於晚近已開發的產業生產工序當中，當生產程序所藉以啟動的各種原始動力和各種設計，都屬於非關人際、與個人無關的性質時，工人心智上所習以推理的根據和其通常理解各種現象的觀點，是那就事論事的前後因果關係的強制認識。如此一來，對工人的信仰生活方面所產生的結果，就是帶有染上不帶敬神觀念的懷疑主義之癖好。

這樣看來，敬神的心智習性似乎是在相對遠古的文化中取得了其最佳的發展；「敬神」這一詞彙，在此當然僅是以其在人類學上的意義來採用，除了指出有從事敬祀儀典傾向這個事實，並不隱含任何與精神態度特別有關的事務。同時，也可看出這種敬神態度也標誌著人類天性的一種類型，這個類型的天性和掠奪型生活型態較為調合，而不是和社會那晚近開發的、更具明確和系統性的工業生活進程相適應。這類天性很大程度上是遠古個人身分制的習慣性意識——一種統治和服從關係——的一種表現，也因此和掠奪型及平易相處型文化的生產架構相適應，卻和目前的生產架構格格不入。也要看到，現代社會中舉凡日常生活離產業的機械生產程序較遠，並且在其他層面上也是最保守的那些階級，持有這種習慣可謂根深柢固；而舉凡經常直接和現代產業生產工序息息相關，並且其思維習慣也因此受到工藝技術要求的拘束力所支配那些階級，則逐漸會把以萬物有靈觀詮釋各種現象和敬祀儀典所源自的對人的尊敬視如敝屣。此外，還可看到，這和目前的討論特別有關，現代社會中舉凡在財富和休閒上累積到最令人注目程度的那些階級，其敬神習慣在實施範圍和安排精巧方面日漸取得進步。於是乎有閒階級制度的作用，在這方面一如其在別的關係上，對人類天性的遠古類型和遠古文化中那些元素而言，是產生了保存、甚至重建的作用，這些天性和元素都是社會在工業進化到晚近的階段時所要予以消滅的。

第十三章

非歧視性利益的殘存

神人同形同性論的信仰連同其敬祀儀典的規章，在經濟上當務之急的壓力下和身分制體系的衰微中，隨著時日的流逝以愈來愈強的程度，處於分崩離析的境遇。在這類分崩離析的過程中，敬神的態度自會攙雜並融入某些其他各式各樣的動機和衝動，而這些動機和衝動卻不盡然出自神人同形同性論，也和私人臣服的習慣沾不上邊。這些與晚近敬祀生活的信仰習性相混的附帶衝動，並非全然和敬神態度，或和對各種現象的前後關係，持神人同形同性論的見解相一致。這些衝動的起因既不相同，其對敬祀生活方式所發揮的作用，自然不會朝同一方向進行。這些衝動以許多方式違反了臣服或越位生活的基本準繩，而這類準繩歸根究柢卻是敬祀儀典的規章及教會和祭司制度實質的基礎。正因為這些異類動機的存在，社會和工業上的身分制體系遂漸趨瓦解，而私人臣服的規範也失去源自於經久不變傳統的支持。這些外來的習俗和癖好侵蝕了該規範所掌控的行為領域，以致教會和祭司結構有一部分被轉化他用，如此一來在某種程度上，是和神職最活躍、最具特色發展時期所標榜的敬祀生活方式其旨趣大相逕庭的。

這些影響敬神形式晚近成長的異類動機，其中或許值得一提的是慈悲動機及社會和睦相處，或歡宴的動機；或者用更為廣泛的說法，就是人類團結及同情意識的不同表現。還有一點可以補充的是，即使有人準備放棄教會結構的實質內容，上述這些教會結構的外來用途，卻提供了保存其名稱和形式的物質條件。在這些形式上維持敬祀生活形態的各種動機中，最具特色且最為普及的異類元素，就是不帶虔誠之心，僅對周遭環境保持美學調和的意識，這是晚近禮拜的行為中，在去除其神人同形同性論內容後所殘存的意識。該意識在攙雜了臣服的動機後，對祭司制度的保存產生很好的作用。這項追求美學調和的意識或衝動，原本不具有經濟的屬性，但其對形塑個人在工業發展晚近階段所追求的各種經濟目的之心智習性，卻有頗為可觀的間接影響；該意識或衝動在這方面最顯而易見的影響，就是緩和了相當引人注目的走向自我關照的偏差；這項偏差是從身分制體系較早、且更具威力時期的傳統承襲而來的。該項追求美學調和衝動的經濟意義，和敬神態度的經濟意義似乎有點背道而馳；前者透過掙脫自我與非我的對照或對立，即使不能去除也會修正自我關照的偏差；而後者因其作為私人主從意識的表現，反而強化了這種對照，並堅持自我關照的利益和人類生活進程的各種利益之間普遍存在著分歧。

宗教生活這項非歧視性的殘餘——與環境或與一般生活進程共存共榮的意識——還有慈悲的衝動或愛好社交的衝動，普遍形成人們對經濟目的的思維習慣。不過所有這類癖好所起的作用都有點模糊不清，其效果更是難以詳細追查。可是，整個該類動機或性向的行為，和有閒階級制度各項業已形成的基本原則呈背道而馳之勢卻極為明顯。這項制度和在文化發展中與其相伴的各種神人同形同性論信仰所賴以成立的基礎，正是那帶歧視性對比的習性；而這種習性卻與此處所談的各種性向之運作格格不入。有閒階級生活方式的實質規範，是在時間和物質上進行炫耀性揮霍，並且脫離產業生產工序；而此處所提的各種特殊性向，就經濟面而言，則是強烈反對虛擲浪費及無所事事的生活態度，至於生活的進程，無論從經濟面向或從其他面向或狀態來考量，都有實際參與或融入其中的衝動。

這些性向和有利於這些性向施展時所帶來的，或這些性向居優勢時所形成的各種生活習慣，與有閒階級生活方式格格不入，是很明顯的事實；但有閒階級架構下的生活，從其進入發展的晚近階段來觀察，究竟是一直抑制這些性向或擺脫表現這些性向的思維習慣，就不是那麼明朗了。有閒階級生活方式的實證規律所要求的完全與此相反。有閒階級的架構，依其實證規律，透過示範作用和選擇性的剔除，在生活中每一個環節都以虛擲浪費和帶歧視性對比的規範，推向居於無所不在及定於一尊的地位為己任。然而在消極效果方面，有閒階級規律的走向卻不見得完全符合該架構的基本規範。有閒階級的規範，在限制人類活動以符合財力上的恰如其份方面，是堅持不得涉足工業生產的程序。那也就是說，這項規範禁止有閒階級從事社會上身無分文者所習於發揮專長那方面的行為。該禁令，尤其是對婦女並且特別針對進步工業社會上層階級和中上階級的婦女們，甚至連透過擔任財務職位以準掠奪型方法來進行財富累積的競逐程序都不得涉足。

財力或有閒階級文化，最初是以技藝的衝動這個競逐型變體啟其端，在其晚進的發展中，透過剔除以效率或甚至以財力排名來進行歧視性對比的習慣開始軟化了其自身的立場。在另一方面，有閒階級的成員，男女皆然，某種程度上都不須和其同儕從事競賽式鬥爭才能維持生計這項事實，不僅令該階級的成員得以存活成為可能，甚至在不具備有益於從競賽式鬥爭中取勝的各種性向時，亦能在其生活圈子裡悠然自得。也就是說，該階級成員的生計，在制度的最近和最高等級的發展下，並不依賴擁有和重覆操演那些成功的掠奪型人所特有的各種性向。因此，那些不具備這些性向的個人，其生存的機會在競爭機制下，身處有閒階級較高等級是會比身處一般大眾來得高。

前面有一章在討論遠古特質殘存的各種條件時，業已指出有閒階級的特殊地位，讓那些適應較早和過時的文化階級，其人類天性型態所特有的各種特質得以殘存，提供了格外有利的機會。該階級免受經濟上當務之急的煎熬，也因此得以置身事外於就經濟局勢進行調整的那股壓力所帶來的無情衝擊。那些有閒階級中，及在有閒階級的生活方式下，所殘存之令人回想起掠奪型文化的特質和類型，業已討論過。這些性向和習慣，在有閒階級制度下擁有格外有利的殘存機會。不光是有閒階級得到庇蔭的財力處境形成一個局勢，將有利於那類不具有現代工業進程操作上所需要的性向成份之個人的存活；而與此同時，有閒階級贏得聲譽的規範，還要求某些特定的掠奪型性向發揮引人注目的操作。這類讓掠奪型性向大展所長的職務，產生了擁有財富、門第、及免於參與生產工序的證明作用。這些掠奪型特質在有閒階級文化下得以持續存活，從消極方面是藉助該階級在生產上的豁免權，從積極方面則獲得有閒階級禮儀規範的認可。

至於具前掠奪型未開化文化特色的特質之存活，其情況就有點不一樣。有閒階級受到庇蔭的處境，固然有利於該類特質的存活；但愛好和平及敦親睦鄰的性向之發揮，並未獲得禮節準則肯定的認可。那些具有此類前掠奪型文化情懷氣質的個人，在有閒階級內的處境，比起具同樣稟賦的個人在該階級之外的處境要好得多，因為他們在該階級內毋需基於財力理由去扼殺那本屬於非競爭型生活的性向；但這類人仍受制於某些道德的約束迫使他們忽視這些傾向，因為在該階級內，禮節準則要求他們養成以掠奪型性向為基礎的生活習慣，只要講究身分制仍絲毫無損，也只要有閒階級還有比漫無目標及徒勞無功而旨在消磨時間卻屬非生產性活動的其他更好方面可以分心，只要沒有明顯背離有閒階級體面生活方式之虞。非掠奪型氣質出現在這種情況下的有閒階級內，只會被視為偶發性回復現象的一個案例。但隨著經濟發展的與時俱進、大型獵物的絕跡、戰事的式微、專權政府的沒落、及神職工作的衰微、迎合人類偏好行動、具榮耀性質、非生產性的各種宣洩口就會一一受阻。一旦這種情況發生，局勢就開始變化。人類生活要是在某方面得不到表現，必然會在另一方面求取表現；如果掠奪型宣洩口此路不通，自會找其他地方來遺懷。

前已提及，高度工業化社會中有閒階級的婦女，在免於財力壓力方面，遠比任何其他具規模的民間團體來得徹底。因此，婦女要比男士更能體現明顯的回復到非歧視性氣質實可預測。不過，有閒階級中也有男士在從事以某些不宜歸類為自我照顧的性向出發，且其目的不在進行歧視性區別的活動上，呈現出類型上和範圍上的可觀進展。舉例來說，很多男士對以財力調度和企圖心介入產業，並視其工作能完滿達成及呈現產業效能而表現出濃厚的興趣及引以為傲，甚至不在乎這一類型的各項改革所可能帶來的利潤。各類商業俱樂部和製造業團體，在產業效能進行非歧視性改進方面所做出的貢獻，也是耳熟能詳。

為數眾多的組織已出現從事有別於在生活上進行比出高下的目的之趨勢，這類活動的目的，多少帶有慈善性質或屬社會改造工程。這些組織通常具有準宗教或擬宗教性質，而參與者男女皆有。稍一思索，這些例子是拈手有之，不勝枚舉，但為了說明當下所談論的各種偏好之類別，並點出其特徵起見，引述某些較為明顯的實例或許有用。例如，像戒酒運動及各種類似的社會改革運動、監獄改造運動、教育普及運動、撲滅罪惡運動，和藉助仲裁、裁軍、或其他手段避免戰爭的運動；在某種程度上帶有上述色彩的，像大學服務社、鄰里互助會、各色各樣以基督青年會和基督青年進德會為代表的組織、義務縫紉團、社交俱樂部、藝術俱樂部，甚至商業俱樂部；加上稍具上述色彩的，像半公立性質以慈善、教育、或娛樂為目的的財團基金會，無論其成立是由富甲一方的個人或由財力較弱者集資所捐助——只要這些組織不具宗教性質的，皆列入其中。

當然，此處並非意味著上述這些努力是在完全出自其他不涉及自我照顧的動機下進行的。可以斷言的只有，一般情況下其他動機確實發揮作用，並且這類努力在現代工業生活的環境，要比在講究身分制原則的僵硬制度下，更為盛行得引人注目，此乃說明現代生活對攀比式生活方式的合理性已產生實質上的懷疑。從事上述這類工作的誘因中，常夾雜著與目的無關的各種各樣動機——類似自我照顧的動機，特別是進行歧視性區分的動機，已惡名昭彰到成為老掉牙的笑柄。許多表面上屬於無私的為大眾服務的工作，毫無疑問的在啟動和執行時主要都是為了提昇那些倡議者個人的聲望，或甚至增加其金錢的利得，上述那句話在該規範內實屬至理名言。為數不少這類組織或常設機構，其之所以成立，最主要的動機，很明顯的乃基於啟動這項工作的發起人和其贊助者帶歧視性的動機。後面這句話對那些諸如憑藉巨額和炫耀性開銷給執行者帶來殊榮的工作特別適用，例如，大學的創辦或公共圖書館或博物館的創建；還有就連參與顯然屬於上層階級組織之流的各種組織和各種運動這類更為司空見慣的工作，也同樣適用後面這句話。這類組織和運動藉由指出其成員和因這項改良工作而受惠的卑微對象間之對比，來印證其成員的財力聲譽，同時讓後者懷著感恩之心銘記他們優越的身分；就像，例如，時下正當紅的大學服務社。然而，儘管有如此多的減損看法，總還是留有某些非攀比式的動機。光憑藉由這種方法來追求突出或恰如其份的好名聲該項事實本身，就足以證明非攀比式、非歧視性的利益作為現代社會思維習慣的一項組成因素，是實際上發揮作用的，並且也被普遍意識到其合理性。

在所有此類基於非歧視性及非宗教性利益才予以推動的近代有閒階級活動中，有一點倒是值得注意的，那就是婦女比男士參與得更積極和更堅定——當然，需要巨額開銷的那類事業不算。婦女界在財力上處於依附地位，導致她們不能從事需要巨額開銷的事業。至於社會一般屬改良型的工作範圍，神職人員或敬神程度稍弱的教派中人，或已呈世俗化的各種教派的僧侶、牧師和婦女階級可都會攜手合作。這種情況和理論所推衍的相吻合。在其他的經濟關係方面，這些神職成員，是處於婦女階級和從事經濟追逐的男士階級之間的一種模糊地位。依照傳統還有禮節上盛行的觀點，神職成員和富裕階級的婦女兩者皆是處於越位有閒階級的位置；構成該兩個階級思維習慣的特定關係，就是臣服的關係——換句話說，以私人為依歸的經濟關係，以致該兩個階級有一種顯而易見、用人際關係而不是用因果脈絡，來詮釋各種現象的特殊傾向；禮儀規範嚴禁該兩個階級從事儀軌上視為不潔的圖利行為或生產職務，致使他們若要參與今日的工業生活進程成為道德上不可能的地步。這種儀軌上排斥庸俗類生產勞動的結果，就將現代婦女和神職人員階級很大一部分精力抽調到自我照顧以外的各種利益的服務上。禮儀準則杜絕了讓從事有目的行為的衝動得以表現的其他途徑。有閒階級婦女常久受制於不得從事有利於工業的各種活動，其結果就是表現技藝的衝動，不斷在商業活動以外的其他場合展露頭角。

上文業已指出，小康的婦女和神職人員其日常生活比起一般的男士，尤其是那些純粹從事現代工業職務的男士，其日常生活更具講究身分的色彩。因此，敬神的態度在該兩個階級中，比起現代社會芸芸眾生的男士來，要得到較佳的保存狀態。於是，這些越位有閒階級的成員，用在非圖利職務以求表現的很大一部分精力，可以預見的，必落在敬祀儀典和奉獻信仰的事業上。有一部分也就是上一章所曾討論過的，婦女對敬祀的過度偏愛。不過，現時所要格外關注的，反而是這種偏愛對形塑和賦予此處正在討論的各種非圖利型運動及組織其行為和不同目的之影響。各種組織不論其成立以何種經濟目的為宗旨，一旦賦予敬神色彩，就會立即降低該組織的效率。許多慈善的和以社會改造為職志的組織，雖旨在增進人民的利益，卻常將其注意力分散到人民在宗教和俗世的福利上。如果這些組織對人民的塵世利益予以同等的嚴肅對待和集中精力，則這些組織所從事的工作，其立即經濟價值毋庸置疑勢必比現時高出許多。當然，同理或許也可以這麼說，如果此處是適宜這樣說的話，為了宗教目的而進行社會改造的這類工程，要不是受到各種塵世動機和目標的干擾的話（其實這是司空見慣的），其立即效應或許更高。

此類非歧視性工程的經濟價值，在滲進宗教上的利益後自當有所減損。然而其他異類的動機也會減損這些工程的經濟價值，這些異類動機或多或少在廣泛的範圍內，阻擾著以技藝本能進行非攀比式表現的經濟走向。這句話真要細究下去更顯真實，當一一核查之後，甚至會發現，這類旨在對個人或階級進行社會改造的工程，如果以這些個人或階級生活上的滿足度或便利性來衡量的話，總體來說，是沒有什麼經濟價值的。例如，許多時下蔚為時尚、給大都市窮困民眾進行社會改造的努力，很大一部分是屬於文化使命的性質。它是藉由這種手段，企圖讓上層階級文化中某些特定因素能加速納入下層階級的日常生活方式中。例如，「安置服務社」所關切的一部分固然是旨在增進窮人的工業效能，並且教導窮人更恰當的運用手上的資金；但也有一部分至少同樣重要的是旨在持續的透過身教和言教，傳授上層階級在儀態和習俗禮節上相關的細節。這些禮儀的經濟內涵若經仔細推敲，通常就會發現都是屬於時間和財貨上的炫耀性揮霍。那些走出來教化窮人的好心人士一般都是刻意的、極端的一絲不苟，並且默默的堅守著儀態和生活的禮儀。這些好心人士通常過著模範式的生活，並且在日常消費的不同項目上，有著與生俱來的遵循儀軌潔癖。這種對時間和財貨消費正確思維習慣的傳授其文化或教化之功效，實不容低估；而且對那些習得此種更高尚、更可耀榜樣的個人而言，其經濟價值也是不可輕忽。在現存財力文化的氛圍下，個人的良好聲譽，從而也是個人的成就，在很大程度上是取決於其在行為舉止和消費模式方面的熟練度，凡此都標榜著時間和財貨的習慣性揮霍。至於就此種讓生活模式更具價值的訓練其隱而未顯的經濟意義而言，我們可以這麼說，其影響所及很大部分都屬於以代價較高或成效較差的方法來完成同樣的物質效果，而物質效果正是實際經濟價值的實體。文化的宣揚大都屬於一種新品味的傳授，或許稱之為一種新禮儀程序的傳授更為恰當，而這種禮儀程序，是被上層階級生活方式在有閒階級制定講究身分和財力禮節的原則指引下所採納的。這項新禮儀程序，藉由人們口中那些在生活上處於產業生產工序之外的成員所精心制定的規章，而強制滲入到下層階級生活方式中；並且這種強制性禮儀程序，決不能期望其會比原已在下層階級中風行的程序，更符合下層階級生活的當務之急，尤其不會比這些階級在現代工業生活壓力下所自行產生的禮儀程序更為適當。

上述所言，誠然不是質疑這套作為替代程序的禮儀，比其所要置換的禮儀來得合乎時宜該項事實。之所以有所疑惑，僅僅來自對這項更生工程在經濟上的得失有所懷疑——也就是說，此項變革所可能帶有相當把握、確定會產生的立即和物質層次上的影響，對經濟造成的得失權衡，若不是從個人的角度出發，而是著眼於集體生活上的便利時，則頗有疑慮。因此，若要評價此類改良的企圖在經濟上的得失，即使該企圖的目的是以經濟為主，並且在推動這項改良時不帶有自利或具歧視性的念頭，也不能從其表面價值來衡量該工程的成效。一切葉經完成的經濟改革，大都帶有在炫耀性揮霍方法上進行替換的性質。

然而，有關這類工程中各種不存私心動機的特性和推行中的各種規範——這會受到財力文化思維習慣特質的影響——尚有值得商榷之處；並且經過如此進一步的考量後，很可能得就原先得出的結論再度進行修正。正如前一章所曾指出的，博得聲譽或禮節的各種規範，在財力文化影響下堅持以精力上經常性的無謂消耗作為在財力上無可訾議生活的標誌。如此一來，非僅形成輕視實用職業的習尚，並且在那些參與組織旨在追求社會美譽的個人行動上，產生了更具決定性後果的指引作用。要求人們不應對生活中物質必需品的任何生產過程或細節過於嫻熟，以致會落入庸俗，這已是一種傳統。人們可以透過捐獻或參與管理委員會及類似機構，以令人景仰方式表現出對芸芸眾生福利定量的關懷。人們也可藉由設法提昇芸芸眾生的品味，和提供他們進行精神改造的機會，來表現對芸芸眾生文化福利普遍的和深層的關懷，從而更能令人稱頌。但人們不應輕意流露出對芸芸眾生生活的物質環境耳熟能詳，或對平民階級的思維習慣有親切的認識，以致將這些組織的精力最終導向具物質上實用的目標。不願承認對下層階級生活條件具有鉅細靡遺的過度親切體會，此種態度當然是因人而異，且顯露的程度也有別；但通常只要在當下所討論的任何一類組織集體出現這種態度，勢必深深影響到該組織行動的走向。這種亟欲擺脫被冠上對芸芸眾生生活瞭如指掌乃屬不體面的心態，藉由形塑任何類似組織的習尚及慣例的累積作用，會漸次背離該組織初始的動機，而偏愛博取美譽的某些指導原則，終究簡化成以財力厚薄論功效。職是之故，舉凡歷史悠久的組織，其增進下層階級生活上便利的原始動機，逐漸流入僅具表面上的意義，而該組織為芸芸眾生從事實際的工程則束之高閣。

上述有關各類組織從事非歧視性工程的功效之論述，同時適用於抱著相同動機由個人來從事這類工程的情況；不過當套用到個人時，要比套用在組織化的團體時多了些考量。採用有閒階級揮霍性支出及對卑俗生活了無接觸——無論是在生產面或消費面皆如此——來計算績效的習尚，對那些渴望從事某種公益工程的個人而言，必然是根深柢固的。個人要是忘了其級別，並將其精力轉用到俚俗的實用性上，社會的普遍意識——財力上合乎身分的禮節意識——會立即排斥其所進行的工程，而且把他糾正過來。這個論點從遺產的處理中可見一斑，許多富於公德心的人，為了在某些特定範圍內提昇人類生活便利的簡單目的（至少表面上如此），而捐出了遺產。這類遺產捐獻的標的，在目前最常見的是學校、圖書館、醫院、和為弱勢或不幸者而設的收容所。捐獻者在這類事例中所公開宣稱的目的，是在遺產中所指定的特別領域內改善人類的生活；但，在執行這項工程的過程中，就會湧現不少其他的動機，常與初始的動機不相契合，並且決定了很大一部分遺產最終撥在該特別用途上，這似乎已是千篇一律的規則。舉例來說，某些基金或許是為了建立棄兒收養所或傷患人士休養所而提撥的。基金開銷在這種情況下，竟還分流到尊榮性揮霍方面上，已到了令人瞠目結舌、甚至令人發噱的地步也是司空見慣。很大一部分的基金花在巍峨大樓的建造上，外表貼上不甚美觀卻所費不貲的石塊，並以奇型怪狀和不甚協調的圖案來紋飾，造型上採用城垛式的高牆和角樓，擁有宏偉的大門和要塞式的通道，在在令人聯想到某些野蠻的戰鬥方式。該建築物的內部也同樣展露深受炫耀式揮霍和掠奪型勳績各種規範的指引。細節不必詳談，僅舉窗戶為例，各種窗戶的佈置，旨在讓外面偶然路過者對其所顯示的雄厚財力留下深刻印象，而不是讓住在裡面的受益者感到方便或舒適，以符合該設置的表面目的；至於室內設置的細節，都是為了儘量迎合財力之美這項與目的無關卻屬強制性的要求而安排的。

當然，以上所言並不意謂捐獻者會覺得有什麼不對，或是說，如果由捐獻者親自接管的話，情況就會有所不同；看來，即使在捐獻者親自指揮的情況下——也就是說，該項工程是藉由親自撥款和監督來執行而非透過遺贈方式——其管理的目的和方法在這方面是不會有所差異的。就連那些受益者，或那些在舒適和虛榮上並不直接受惠的旁觀者，都不見得對基金的另一種處置方式會感到滿意。該項工程如果是以最經濟和有效的方式，直接運用手上的資金來符合該基金原始的、物質的目的這種態度來執行時，沒有人會對此感到舒適。所有利益相關人士，無論其利益是直接受惠的和自我關照的，甚至僅僅是憑空想像，都同意基金開銷應有很大一部分用在較高的或精神上的需求上，這些需求都沿自於在掠奪型勳績和財力揮霍上進行分出高下的習尚。凡此均旨在說明各種攀比式和財力上博取聲譽的規範，已深值於社會的普遍意識到即使是表面上完全基於非歧視性的利益，而從事的工程也無所迴避或逃逸的地步。

情況甚至可能演變成，作為提昇捐贈者（贊助者）良好聲譽手段的這項工程，固由於其帶有非分出高下的動機而益顯其尊榮德行；卻並不妨礙以分出高下的利害關係來指引該工程的開銷。這類非競賽式工程中，帶有強烈的源自各種攀比式或歧視性動機，在上述各項工程中都觸目可見而且還鉅細靡遺的展現出來。每當出現這類尊榮式細節時，一般都披上歸類為美學的、倫理的或經濟的理由來予以掩飾。這些衍生自財力文化各種標準和各種規範的特殊動機，會暗暗牽引著非分出高下性質的精力，轉向於不切實際卻不會困擾主其事者存心為善的意識或對其工作無實質成果而感到不安。這些影響在所有非歧視性、旨在從事向上提昇的工程中幾乎無所不在，而這些工程可是在富有階級公開生活方式中具有非常重要、並且還是非常引人注目的特徵。該現象的理論意涵已是如此清楚，尤其在另一章中還會對這一類型的工程之一——高級學府的創立——進行詳盡的討論；因此也就毋需對此多加舉例說明了。

在有閒階級處於受到庇蔭情況的氛圍下，似乎就出現這麼一種回復到那標誌著前掠奪型未開化文化特性屬非歧視型的各種衝動範圍的現象。這種回復現象包含技藝意識，和對懶慵及親善的偏愛兩方面。但在現代生活方式中，基於財力或帶分出高下取向的各種行為規範，卻阻撓了這些衝動的自由發揮；這類行為規範的無所不在，往往導引那些以非歧視性利益出發所做的努力，轉為替出自財力文化的具歧視性利益來服務。財力禮儀的各種規範，在目前討論的需要，可簡化為揮霍、華而不實和殘暴這些原則。合乎禮儀這些要求，在以往上提昇為職志的工程，一如其在別的類型行為一樣，都帶有強制性，並對任何工程各種舉措和管理細節產生選擇性監督的作用。這些合乎禮儀的規範，藉著在細節上起著指引和採納的方式，遂使得一切非歧視性的願望或努力徒勞無功。追求華而不實這種普遍性、非針對私人的、和無所謂的原則，勢將日復一日無時無刻不在阻撓著許多遺留前掠奪型性向並被歸類為技藝本能的有效表現；但該項原則的存在並不妨礙這些性向的傳衍，或足以遏止有股求取表現衝動的重覆出現。

財力文化在晚近和深一層的演進過程中，脫離生產工序以免遭社會惡評這項要求，竟被推展到包含嚴禁從事各種競爭型行業的地步。財力文化在這個進步階段，藉由對攀比式、掠奪型、或財務型職業價值的重視程度，比起對勤勞型或生產型職業價值來相對緩和，遂消極的有利於不帶歧視性偏好的養成。正如上文所曾指出的，類似這項不涉足為人類日常所需一切行業的要求，對上層階級婦女要比對其他任何階級來得嚴格，某些特定教派的神職人員或許被援引為該項法則的例外，然而此項例外常是表面多於實際。上層階級婦女之所以要比財力和社會等級相同的男士更要堅持過著毫無建樹的生活，就在於她們不僅僅是身為上等的有閒階級，而且還同時是身為越位有閒階級。她們之所以要徹底脫離實用型工作，是有其雙重理由的。

許多著名作家和著名演說家在論及社會結構和社會功能時，是反映了有識之士的普遍意識的，他們一再反覆指出並且恰當的說出：任何一個社會婦女所處的地位是這個社會所能達到文化水準的最明顯指標，或許還可以引申成，是這個社會任何一個階級在文化水準方面所能達到的最明顯指標。這個說法用在描述經濟發展階段比用在描述任何其他方面的發展進程更來得真實。與此同時，在任何社會當中或任何文化之下，婦女在眾所接受的生活方式中所被賦予的地位，多半是某些傳統的一種表現，這些傳統有些是由較早發展狀態的環境所形塑的，並且對於現存的經濟情勢已做了部分的調適，或對於氣質和思維習慣當前的急務進行了部分的調適，而這些氣質和思維習慣正是活在現代經濟情況下的婦女所不得不擁有的。

上文在廣泛討論經濟制度的演進時，尤其在論及越位休閒和服裝時，曾附帶提到，婦女在現代經濟架構中所處的地位和技藝的本能所暗藏的意涵大相逕庭，其間之差異和其徹底的程度，尤過於相同階級男士所處的地位。然而婦女的氣質中包含技藝本能很大一部分的特性：認同和平且排斥毫無建樹，也是有目共睹的事實。所以，各現代工業社會的婦女，對眾所認同的生活方式和經濟情況所追求的當務之急間的矛盾，展現出一種更為強烈的意識，絕非一種偶然的情事。

「婦女問題」的各種面向已清楚的指出，現代社會的婦女生活範圍，特別是在上流交際場合的婦女生活範圍，乃受制於早期發展階段中經濟環境所形成的一套普遍意識。時至今日，婦女的生活，就其民事、經濟及社會的涵義而言，都仍然被認為在本質上和正常情況下屬於一種越位的生活，這種生活的好壞榮辱，就事理來說，都是由某位擁有對該名婦女所有權或監護權的其他人士來承擔。因此，要是婦女本身的任何舉動違反了公認禮法的某項禁令，都會被認為立即反映到該婦女所屬的男士令譽上。任何人對有關婦女意志薄弱或性情乖僻這類觀點的討論，必然是眾說紛紜；但社會對這類事件畢竟會毫不遲疑的做出常識判斷，並且很少男士在這種情況下會對他們可能產生有損其監護權的意識這種合法性有所質疑。反過來，婦女相對而言，卻甚少因為與她生活息息相關的男士之惡行惡狀而蒙羞。

職是之故，美好的生活方式——也就是我們所熟悉的生活方式——指派給婦女一個從屬於男士活動的「領域」；任何逸出傳統上她所要信守義務的界限，就被認為不守婦道。如果問題牽涉到公民權利或參政權這方面時，我們對該類事務的普遍意識——也就是說，我們對該項論點在一般生活方式的邏輯論述——會如此認為，婦女不宜在政治團體中和法律之前，親自直接參與，而是透過她所從屬的家庭戶長居間代表。婦女熱衷於過著一種自我作主、自我中心的生活是不具女性魅力的；並且我們的普遍意識認為婦女直接參與社會的事務，不管是民事或實業方面，對社會秩序都是一種威脅，而社會秩序所表達的正是那曾在財力文化各項傳統的指引下形成的思維習慣。「所有這類『將婦女從男人的奴役狀態下解放出來』和類似之妖言惑眾的論點，藉著史坦頓*本身簡捷有力的語氣，就是『一派胡言』，當然是以逆反的用法來說的。兩性之間的社會關係是先天註定的。我們整個文明——指的是舉凡其中好的事務——都奠基在家庭上面。」所謂「家庭」是以男性為首的家園。這個見解是有關婦女身分的流行觀點，但通常會以更露骨的方式

*譯者按：史坦頓（Elizabeth Cady Stanton, 1815-1902）是美國婦女參政權運動的提倡者。

來呈現，不僅僅是在各個文明社會的一般男士中流傳，即使是在一般婦女界中也莫不如此看待。婦女對禮儀規章的各項要求有著極其敏銳的意識，並且即使許多婦女對禮法規定的各項細節有些不自在，卻很少婦女不承認，出於必要且藉由天條神授的現存道德秩序，將婦女放在附屬於男士的地位。總而言之，根據婦女自身對善與美的意識來看，婦女的生活實際上是，且在理論上也必須是，男士生活中第二順位的展現。

儘管這種對婦女地位而言何者為好且順應自然的意識深入人心，然而認為監護權和越位生活與好壞榮辱的歸屬整個安排有點不對的，這種情緒正在醞釀，也是可以感受得到的。或者至少認為這項安排縱然就其時空背景而言，也許是一種自然的演進和立意良善的安排，也有其顯而易見獨到的美學價值，但終究不能確切的滿足現代工業社會日常生活日漸增加的目的。甚至連那些本質上對傳統禮法具有冷靜且呵護意識，為數眾多受到良好教養的上層和中產階級婦女，這是一群將身分制關係視為基本和永恆正確的實體，她們的態度是保守的，通常也對這個問題在事物的實際情形和事物的應有狀態間發現細節上的某種落差。可是還有一群較不受拘束的現代婦女，由於年紀較輕、所受的教育或天生的氣質種種原因，對從蠻荒文化承襲下來的各種身分制傳統有某種程度的不認同，而且這群人中可能有著過度回復到自我表現和技藝本能的衝動——這都受到忿忿不平的意識影響以致高昂到難以平息。

在這場「新婦女」運動中——此乃對這些想要恢復婦女在前冰河期地位而進行盲目和零散努力的稱謂——至少有兩項元素可以識別出來，該兩項元素都屬於經濟性質。該兩項元素或動機都是以「解放」和「工作」兩個語義含糊的口號來表達。該兩個口號都被看作各自代表一種與忿忿不平的廣泛意識有關的想法。即使是那些看不出對今日現狀有任何真正抱怨理由的人們，也都認可上述情緒的蔓延。提倡對這種忿忿不平的意識應予以補正的想法，表現得最活躍和最頻繁的是來自工業發展最先進的社會中小康階級的婦女。換句話說，要求從一切身分制、監護制、或越位生活的關係中解放出來是帶點認真的；這種反叛情緒，以那些生活方式沿自身分制且極富越位生活色彩的婦女階級，還有出自其經濟發展已遠離該傳統體系所適應的環境之社會，表現得尤為激烈。解放的要求來自一群婦女，她們在良好聲譽的規範下和一切有實效的工作絕緣，並且也是命中注定得專心過著休閒生活和炫耀性消費的一群。

批評這項新婦女運動的人，有許多是誤解了該運動的動機。一位著名社會現象觀察家最近針對美國「新婦女」的案例，以略帶激動的語氣做了以下的總結：「她受到她丈夫的寵愛，她丈夫是世上最忠實和最認真工作的一群。……她所受的教育，還有幾乎在各方面都勝過她丈夫。她受到各方面無微不至的照顧和最多的注意。然而她還是不知足。……盎格魯－薩克遜的『新婦女』是新時代最荒謬的產物，並且注定成為這一世紀最糟透的失敗者。」這段陳述除了強烈的譴責外——或許言之成理——沒有什麼建議徒使婦女問題更加模糊不清。新婦女所忿忿不平的那些事務，正是該運動典型特性記述所引用作為她理應感到滿意的那些理由。她受到寵愛，並且獲准、或甚至被要求進行大量和炫耀性消費——為她丈夫或其他自然監護人進行越位消費。她可免於、或被禁止，從事粗鄙卻有實用性的工作——為的就是要執行越位休閒以維護她自然（財力上）——

——監護人的良好聲譽。這些差事是不自由的因襲標誌，並且還和人類從事具目的性之活動的衝動不相容。然而，婦女也是具有她自己那一份技藝本能的，並且有理由相信她所具有的那一份還不止於平均的一份，就此而言，生活的毫無建樹或支出上不求實效是令人厭煩的。她必須展開她的生命力來回應她所接觸到的經濟氛圍中直接、切身的刺激。對婦女來說，以她自己的方式來過自己的生活，並且比以第二順位更進一步的關係進入社會的產業生產工序，這類的衝動可能要比男士來得更強些。

婦女的地位只要始終和粗活工的地位相對應，一般來說她就會認份。她不單有些具體的、有目的的事情要做，同時她也沒有多餘的時間或心力，能讓來自遺傳、類似自我作主的人類偏好產生反抗式的堅持。等到女性普遍從事粗活工作的階段一過，毋需孜孜不倦就能擠身越位休閒，遂成為小康階級婦女眾所認同的工作，財力禮儀規範的例規勢力，要求她們做好節慶式徒勞無功的行禮如儀部分，遂將那些心性高傲的婦女長期隔絕，不讓她們在情緒上有傾向自我作主和「實用性領域」的機會。這種情形在財力文化的早期階段尤其如此，在那個時候，有閒階級的休閒仍在很大程度上屬於一種掠奪式活動，一種支配力的積極發揮，其中懷著要比出高下的具體目的，足以讓人問心無愧放手認真去將休閒當成一種職業。這種情況一直完好地沿續到今日，某些社會還能明顯看到相同的條件。就不同的個人而言，這種情況會視每個人對身分制意識的強烈度、還有該個人所秉承的技藝衝動的微弱度，就有不同程度的適用性。但一旦社會的經濟結構進展太快，已經和基於身分制所形成的生活方式格格不入到私人從屬關係已不被認為是唯一「自然的」人際關係時；在這種情況下，那些協調性較差的個人就會重燃從事有目的性活動的古老習性，以抗衡那掠奪型和財力文化給我們生活方式所帶來的較為晚近、相對膚淺、較為短暫的習慣和觀點。只要在掠奪型及準平易相處型原則薰陶下所形成的思維習慣與生活觀點，已不能密切和新近發展的經濟局勢相契合時，這套習慣和觀點就開始失去對該社會或對該階級的強制力。這種現象在現代各個社會的各個勤奮階級中已極其明顯；對他們而言，有閒階級生活方式，特別是有關身分制的元素，業已失去其大部分的約束力。這類情況也同樣可在上層階級中得到印證，雖然其表現的方式不盡相同。

衍生自掠奪型及準平易相處型文化的各種習性，都是該種族某些特定基本偏好及精神特質較為短暫的變體；這些偏好及精神特質是受到早期原始──類人猿平易相處型文化階段長期薰陶而成的，在那個階段所接觸的是較為單純和變化較少的物質環境，所過的是相較而言未曾分化的經濟生活。一旦藉由攀比式生活方法所增添的各種習慣，不復得到現存經濟當務之急的認可時，一個解構程序隨即展開，屆時那些晚近才開發及普遍性較弱的思維習慣，在某種程度上就要讓位給該種族一些較為久遠及滲透力較強的精神特質。

因此，就某種意識而言，新婦女運動標誌著向人類性格更為普遍型態的一種回復現象，或是說，向人類天性較少分化表現的一種回復現象，這種人類天性的型態可歸類為原始──類人猿，並且，如果就其顯著特質的本質而非就其形式來說，該人類天性的型態屬於一種或可稱之為次人類的文化階段。只要社會發展顯示了回復到經濟演化早期、未曾分化階段所特有的精神態度這種跡象時，現時所討論的這項專門運動或演化的特徵，必然和晚近社會發展的其他方面的運動，有著相同的特性記述。類似這種從歧視性利益的支配下回復到以往狀態的普遍趨勢，並非全然無跡可循，只不過是證據為數不多，而且也不是無懈可擊的令人信服。現代各個工業社會對身分制意識的普遍式微，可做為這方面的明證；此外，明顯查覺回歸到不認同人類生活毫無建樹，並且不認同類似的活動僅為了個人的利得，卻以集體利得作代價，或以其他社會團體利得作代價，都是具有同樣效果的明證。還有一項查覺得到的趨勢，那就是譴責將痛苦施加於他人，也質疑所有進行劫掠的企圖，即使這類帶歧視性利益的表達，對社會或曾對這種行為提出意見的個人，並沒有帶來物質上的損失。甚至可以這麼說，在現代各個工業社會中，男士一般、不帶激情的意識，都認為理想的人類性格是那有助於和平、親善、和經濟效率的性格，而不是那會帶來自私自利、權勢、欺詐和征服生活的性格。

有閒階級所發揮的影響，並非一直都是支持或反對恢復這項原始—類人猿的人類天性。光就給那些原始性質稟賦格外明顯的個人以生存機會而言，這個階級享受庇護的地位，直接有利於其成員免於財力鬥爭之累；不過間接上，藉著有閒階級炫耀性揮霍財貨和精力的規範，有閒階級的制度降低了全體民眾中這類個人的存活機會。揮霍無度的禮儀要求，將民眾剩餘的精力捲入比出高下的鬥爭中，使民眾再無餘力在非歧視性的生活方面有所展現。講究禮儀的規律所產生的迂迴、較不具體、精神上的效果，也是朝上述同一個方向在發揮，或許在達到同一目的上更見成效。禮儀生活的各種規範都是從帶歧視性比較這項原則的演繹而來，因此這些規範相應的就肩負起堅持抑制一切非歧視性的努力並且宣導自我關懷態度的工作。

第十四章

高深學養作為財力文化的一種表現

為了讓後世子孫能保有關於某些特定範疇的恰當思維習慣起見，一項學究式薰陶遂被社會的普遍意識所核可，並且納入眾所認同的生活方式裡面。在教師和各種學究式傳統的指引下所形成的思維習慣有其經濟價值——一種足以影響到個人實用性的價值——比起那由日常生活規律指引下所形成的思維習慣之類似經濟價值來，實不遑多讓。眾所認同的學究式方案和薰陶中，舉凡其任何特色可追溯到有閒階級的各項偏愛或財力績效規範的指引的，都被列入與該制度有關，至於該教育方案各項特徵所具有的任何經濟價值也都是該制度價值鉅細靡遺的表現。職是之故，教育系統中任何可溯源到有閒階級生活方式的各項特徵，無論是在薰陶的目的和方法上，抑或是在所傳授的知識本身其性質和範圍上，都是這裡要討論的題材。受到有閒階級理想的影響最明顯的莫過於學養本身，特別是那高深學養部分；又因為此處的目的不在於將財力文化對教育的影響用資料來進行詳盡的核實，只是旨在闡述有閒階級影響教育的方法和趨勢，所以這裡想要進行的僅是將高深學養中某些特別能符合本研究目的的顯著特徵作一回顧。

若就其起源和早期發展而論，學養和社會的敬祀功能有點密切相關，尤其是和超自然，有閒階級藉此自我彰顯的那一部分儀式更為密切。原始教派用來討好超自然力量的儀式，不是將社會的時間和精力用在對生產有利可圖的工作上。因此，這項儀式大都被歸類成給各種超自然能力執行的一種越位休閒，這類儀式和臣服的告白是被認為用來和各種自然力量溝通並獲得其恩寵的。早期的學養很大一部分是從敬祀某種超自然力量中獲得的知識和技巧。所以，早期的學養在性質上和從侍奉塵世主子所需的訓練極其類似。從原始社會的聖職教師所獲得的知識大都是屬於儀典和宗教儀式的知識；也即是說，以最為適當、最有效率、或最能獲得接受的方式去接近和禮敬各種超自然力量的知識。人們從中所學到的是如何令自己成為這些力量所不可或缺的一份子，如此一來，就可在某些事件的過程中令自己處於可以請求、或甚至要求這些力量進行調解的地位，或在任何已知的工程上請求、或甚至要求這些力量停止干預。贖罪是人們最終的目的，而達到這個目的大都依賴從對超自然力的臣服上獲得技巧。除了有效侍奉主子以外，其他元素似乎以後才逐漸成為聖職教士或薩滿黃教的教材。

聖職僕人所侍奉的是那游走於外在世界各種不可思議的力量，他所處的地位是在這些力量和未經教化的一般大眾間充當仲介者；由於他被授與超自然儀軌的知識，遂使他能獲准拜謁。正如經常發生在一般平民和其主子的仲介者身上那樣，無論主子是塵世或是超自然界，仲介者發現在掌握了具體的方法後，很容易令一般平民認為這些不可思議的力量會照他所要求的去做。如此一來，特定自然作用的知識，據此可用來解釋神奇效果，加上些許靈活的手法，不久就成為聖職人員知識中必不可少的一部分。這類的知識被當成是「不可知」的知識，並且由於該知識深奧難懂的性質，對聖職人員的目的有其實用性。學養，做為一種制度，其興起看來是起因於這一類知識，而其從原屬於幻術儀式和薩滿黃教式詐術的母體中分化出來的過程是相當緩慢且令人生厭，直到現在，即使是在最先進的高等神學院裡，這項分化的程序仍未完成。

學養中深奧難懂的元素，正如其在以往的時代一樣，為了要讓沒有知識的人印象深刻或甚至易於操弄，依然是一項極具吸引力和效力極佳的元素；大學者在一群目不識丁者心中的地位，大多是根據該學者與那些神秘力量的親密程度來衡量。就舉一個典型的例子來說，即使遲至本世紀的中葉，挪威的農民對那些像路德（Martin Luther）、麥蘭克呑（Philip Melanchthon）、皮德達斯（Peder Dass）這樣的神學博士，還有連近代的神學家如格倫維格（Nikolaj Frederik Severin Grundtvig）輩，他們的博學卓越成就，仍然出自本能的以妖術（Black Art）來定位。這批神學家加上一長串等次稍差的名人名單，已故和現存的皆然，都曾被冠以各種幻術大師的稱號；在這群善良民眾的理解中，位居神職人員之高位者必然精通魔幻法術和神秘科學。即使近在本國也有與此類似的情事，在大眾的理解中，這和飽學之士與不可知之間的密切關係多麼相似；這種情形同時也可用來粗略說明有閒階級生活對於認知方面關切的傾向。抱著這種信念的固然不限於有閒階級，但時下該階級的成員中對各種各類和形形色色的神秘科學感興趣的卻占了極大的比例。對那些其思維習慣不是透過與現代工業接觸才成形的人們而言，不可知的知識即使不是唯一的真知識，仍被認為是最根本的知識。

由此可見，學養在其初始之時就某種意義上原是神職越位有閒階級的副產品；並且，至少直到最近為止，高深學養就某層意義而言一直都是神職階級的副業或副產品。當系統化的知識內容日漸豐富之際，旋即就興起了秘傳知識和開放知識之別，這可追溯到教育史上極為久遠之前；如果要說這兩者的實質差異，其區別就是，前者所涵蓋的是根本不具經濟或生產效果的那種知識，而後者主要包括產業生產工序和自然現象的知識，這些經常是可轉供利於生活物質目的之用。這條分界線久而久之就變成高深學養和膚淺學養的標準界線，至少在一般民眾的理解中是如此認為。

所有原始社會的學究階級一般對形式規格、慣例、品位等級、儀式、禮服和學術用具都是極端吹毛求疵之輩，這一點可是意味深長，不僅足以證明學究階級和神職人員這個行業的緊密依附關係，並且可據此表明學究階級的活動大都屬於以儀態和教養著稱之炫耀性休閒的範疇。這樣一來，當然可以料想得到，並且也確實如此，高深學養在其發軔初期屬於一種有閒階級的職務——更確切的說屬於一種越位有閒階級的職務，是被雇傭來敬祀超自然有閒階級的。然而，這種對學術用具的偏愛適足以說明神職人員的任務和飽學之士的任務之間有更進一步的交會之點或延續之處。從其衍生的過程來看，學養和神職人員的任務大多是利用共鳴幻術的自然產物；所以這類形式上和儀式上的幻術工具理所當然就在原始社會學究階級中占有一席之地。儀式和道具在幻術的用途上有其神秘的功效；因此，它們之所以能做為幻術和科學早期發展階段的主要成份實肇因其所提供的便利，就如同人們對象徵主義純是出於熱愛那樣。

象徵儀式的功效，和透過傳統輔助道具的巧妙彩排以製造出共鳴效果來促動某些作為或達到某項目的這類的意識，當然出現在幻術表演比出現在科學，甚至是神秘科學的訓練中要來得明顯和重要得多。但，就我所知，舉凡對學術價值有真知卓見的人士，視科學的儀式型輔助物為無用之物的例子很少見。任何人稍微回顧我們文明中學術的歷史沿革，就會明白這些儀式型道具在晚近發展中所受到的重視及依賴。即使在今日，學術團體仍在沿用類似的事物，例如像學士帽和學士袍、各種入學考試、開學、畢業典禮，還有學位、榮銜及特殊禮遇的頒發等，在在顯示學術上帶有使命傳承的色彩。毫無疑問的，所有學術儀式、裝扮、神聖的開學典禮、透過按手禮來傳授特殊榮銜和德行及類似的特徵，其最接近的源頭就是神職儀典的慣例；但如果沿著此點往前追溯，就可查到專業神職階級本身在分化過程中使其一方面與巫師有別，另一方面與塵世主子的卑賤僕人不同，而確立其專業身分的源頭。這些慣例和其所依據的概念，若以其衍生過程和其心理內容而言，所歸屬的文化發展階段應不晚於愛斯基摩巫醫（angekok）和印地安人祈雨術士（rain-maker）的時代。這些慣例在敬祀儀典各個晚期階段和高等教育體制所處的地位，是人類天性發展過程中非常早期萬物有靈論型態的殘存。

我們很有把握的說，晚近和現時教育體制的這些儀式上特徵主要在高深、自由和古典的研究機構和學術等級才有其一席之地，而不在教育系統中低層次、技術型或實用型等級和部門。教育體制中較低層次和較不具名聲的那些部門即使具有這些特徵，很明顯是從較高等級處學來的，至少可以這麼說，如果沒有較高等級和古典等級的學術機構不斷起到示範的作用，在各種實用型學校中維持這些特質是不太可能。對那些較次一級和實用型學校和學者來說，採用和培育這些慣例純屬模仿——出於一種心願，即儘可能符合上等級別和階級所保持的學術聲譽標準，而後者是透過直系相傳的權利而合法取得這些附屬的特徵。

上述的分析甚至可更進一步推論仍不失公允。此類儀式上的殘存及回復現象以研究學術的學院表現得最為強烈和自動自發氣氛最濃厚，而這些學院主要負責神職人員及有閒階級的教育。因此，根據最近對大專院校生活的演進狀況所進行的回顧，應當發現，而事實上，情況也極為明顯，那些為了給各種下層階級傳授立時可用一類之知識而設的學校，只要有意轉向高深學養的研究機構時，其在儀式型慶典和裝備上還有各項精心規劃之學究式「功能」上的演進就會伴隨著這些學校的過渡期，從質樸的實用範疇轉移到高深、古典的領域。這些學校的初衷，以及他們在兩階段演進中的早期階段所應盡的責任就是讓勤奮階級的青年能適合投入工作。及至這些學校都有意邁入高深、古典學術的領域，他們主要的目的就變成給神職人員和有閒階級——或新興的有閒階級——的青年提供。在習慣上眾所認同、具榮譽性的範圍和方法下，進行物質型及非物質型消費的預習教育。這個快樂結局就普遍成為那些由「人民之友」所創，旨在協助奮鬥中的青年人的學校之宿命，並且這整個過渡過程通常，即使不是一成不變，都讓學校的生活往更注意儀式的方向幾近劃一的形式轉變。

就今日的學校生活而言，本國凡是以培育「人文科學」為宗旨的學校，對學術上的儀式一般都較為精緻。晚近成立的美國各個大專院校其校史紀錄所顯示的這層相互之間的關係比其他學校來得清晰。這項通則或許有許多例外，尤其是那些由素負聲譽和注意儀式的教會所創建的學校，他們一開始就屬於保守派和古典的範疇，或藉由捷徑直達正統地位；然而對那些在本世紀美國新興社區所成立的院校來說，一般的通則則適用於：該社區仍處於貧窮狀態，只要這些院校所招收的學生多具有勤奮節儉的習慣，還有那院校的生活方式對巫醫僅限懷舊而接納度不是那麼的高和確定的學校。但是，一旦社區的財富積累明顯增加，一旦這些學校的學員傾向從有閒階級中求，隨之而來的是對學究式儀式的堅持日益明朗，對服裝和各種社交及學術上的儀典愈來愈認同遠古型式。姑舉一例以說明，當支助美國中西部任一家院校的成員其財富增長之時，就會同時出現男穿晚禮服及女穿露胸禮服作為出席學術儀式或大學圈內社交禮儀盛季的專屬校服被認可之時——先出於容忍，往後就成強制的風尚。撇開進行這項工程的技術性困難不談，要想追溯這層相互之間的關係卻非什麼難事。同樣的情形也適用於學士帽及學士袍的風尚。

本區的許多院校在過去幾年採用學士帽及學士袍作為博學的表徵；若說，這類情事在早些時候很難出現，除非該社區的有閒階級情懷已發揮到足以支持以遠古觀點作為教育正當目的這股回復運動的強度，可算是公允的論點。這項學術儀式的特別措施，可說不僅僅投合有閒階級對事務恰當性的意識，也就是追求外表效果和酷愛古代象徵主義的遠古偏好；與此同時，還融入有閒階級生活方式中做為炫耀性揮霍的一個重要元素。從回復採用學士帽和學士袍的確切時日，以及它同時波及到如此之多的學校這種情形看來，似乎有相當一部分是由於那個時候社會曾激起一波認同和講究聲譽的隔代遺傳風潮所造成的。

此處還要提到一點，也許不盡然是離題，那就是這股奇特的回復現象從發生的時間點來看似乎和對其它方面同時萌芽某種眷念隔代遺傳的情懷及傳統蔚為風尚到達巔峰的時間點不謀而合。這波回復現象最原始的衝動可能來自於南北內戰給民眾帶來的心理上崩解效果。習於戰時生活的後果是產生了一系列掠奪型思維習慣，此時黨同異伐的意識在某種程度上取代了團結一致的意識；帶著歧視性的分別心排擠了追求平等、日常實用性的衝動。因為這些因素累積作用的結果，內戰之後的這一代人易於出現講究身分制元素的再度抬頭，不論是在社交場合和敬祀儀典的方式上及其他象徵或慶典的形式方面都可看到這種跡象。十九世紀的整個八〇年代，還有跡象不甚明顯的七〇年代，都可感受得到有一股逐漸增高的情懷，獨鍾準掠奪型商業習性、堅持身分制、持神人同形同性論和保守主義。這類蠻荒氣質更直接和露骨的表現，像法外行徑的再度猖獗還有特定「工業大班」所經營的那種明目張膽準掠奪型欺詐行業的變本加厲，在七〇年代的早期達到巔峰，到七〇年代末期已明顯的有所收斂。至於對神人同形同性論情緒的重燃似乎也是在八〇年代結束前就過了最澎湃的階段。但此處所談的學術儀式和裝配仍然是蠻荒型萬物有靈論意識較為迂迴和最玄奧難懂的表現；所以，它們的蔚為風尚和精緻化過程就只好在稍後的時日才慢慢的達到最有效的發揮。有理由相信，它們的全盛期現在已經過去了。除非再有新的戰爭經驗提供新的刺激，以及除非富裕階級的增加足以支應一切儀式，並且特別是那些以揮霍和刻意突顯身分等級為能事的那些慶典之開銷，否則晚近在學術的表徵和學術的儀典上所進行的改革及強化，大概會漸漸減弱。不過，採用學士帽和學士袍，及隨之而來種種對學究式禮儀的身體力行固然可說是由於這波戰後回復蠻荒主義的浪潮才浮現出來，但同樣毋庸置疑的，要不是有閒階級手中的財富已累積到足供推行此一波運動財力基礎所需，而這項運動擬將本國的院校提昇到有閒階級對高深學養之要求的話，則類似這種儀式上回復現象不大能對院校的生活方式有所影響。採用學士帽和學士袍是現代院校生活中具有令人矚目隔代遺傳特徵之一，同時，這還標誌著，這些院校無論在實際成就上，或在志趣上已徹頭徹尾成為有閒階級的常備組織。

教育制度和社會文化水準之間緊密關係有一個更進一步的明證或許值得一提，那就是近來工業大班頗有取代神職人員，擔任以培育高深學養為志業的院校領導人之趨勢。這種取代現象決不是已成定局或司空見慣。那些能將聖職任務和具有高度財力效能結合起來的人士是最受歡迎的教育機構領導人。還有一種類似卻不甚明顯的趨勢，就是將高深學養的傳授工作託付給財力方面有相當資格的人士。擁有管理才能及掌握推銷企圖心的技巧比以往更能勝任教學的工作。這種情形對那些與日常生活事務息息相關的學科尤其適用，並對那些僅以經濟為單一考量的社區所設立的學校格外真確。這種以財力效能部分取代聖職效能的現象和現代從炫耀性休閒往炫耀性消費作為博取名聲之主要手段的過渡是一種伴生的關係。這兩種事實的彼此相關性可說是顯而易見不需進一步的闡述。

學校和學究階級對婦女教育的態度足以顯示學術是用何種方式脫離神職人員和有閒階級特權的古老位置，與及其遠離的程度，它同時也指出真正飽學之士是採用何種途徑來接近現代的、經濟的或產業的，實事求是的觀點。高等學校和學術專業直到最近才不再是婦女的禁忌。這些常備組織從成立之初就是，並且大多數仍將是，專門為神職人員和有閒階級的教育而設的。

上文業已指出婦女是原始的附屬階級，並且在某種程度上，尤其是在有關她們名義上或儀式上的地位來說，她們直至現在仍然處於這樣的關係。過去一直有一種強烈的意識，認為讓婦女享受高深學養的特權（如參加希臘穀神祭典）勢必有損學術專業的尊嚴。所以，高等學校直到晚近，且幾乎全是在工業最先進的社會才開放給婦女自由入學。還有即使是處於現代工業社會當前急迫的情勢下，最有名和第一流的大學仍極端不願採取開放婦女自由入學的行動。這種階級價值的意識，也就是說，身分制的意識，一種依據智力的優勢來進行性別的尊榮分化的意識，在學術的貴族社團中鮮明的存在著。一般人總認為，婦女應該只能求取如下的知識之其中一項方為得宜，這些知識約可分類為兩個大項：（一）直接有助於提高執行家居服務的知識——家居範疇；（二）顯然可歸類在執行越位休閒項目下的類似準學術及準藝術的才藝和技巧。如果知識是以學習者自身生活的開展來體現，如果知識的汲取是出自學習者自身的認知興趣，沒有得到禮儀歸範的鼓勵，也不能回饋其主人因為其使用該知識或展示該知識而益增主人的享受或好名聲，則這類知識被認為是不具女人味。同樣，舉凡知識是用來證明休閒，而不是證明越位休閒的話，鮮少具有女人味。

為了評價高等學府和社區經濟生活之間的關係，上文所回顧的各種現象之所以重要，不在於它們本身具有頭等經濟後果這一事實，而在於它作為一般態度的指標。這些現象足以顯示學究階級出自本能對工業社會生活進程的態度和敵意。它們做為高深學養和學究階級為了產業目的所能達到的發展階段一個指標，也正因如此，當學究階級的學養和生活更直接影響到社區的經濟生活和經濟效能，並且也影響到其生活方式如何適應時代的要求時，上述的現象可以指引我們能從學究階段身上有何期待。上述那些儀式上的殘存所顯示的，即使不是反動的情懷，也是保守主義的盛行，瀰漫在培育傳統學養的高等學校之中。

除了做為一種保守態度的指標外，這些現象還提供同一方向的另一種特徵，但這可是比講求形式和儀式這些細微末節的兒戲傾向要有嚴重後果得多的徵兆。舉例來說，很大一部分的美國大專院校都隸屬於某些宗教派系，並且熱衷敬祀儀典。依理而言，這些學校的教職員既然精通各種科學方法和科學觀點理應擺脫萬物有靈的思維習慣；可是仍有相當比例的教職員自認眷戀著早期文化的儀典和神人同形同性論的信仰。這類宗教信仰熱忱的表白，無論從具法人資格的學校來說，還是從教學團隊的個別成員來說，毫無疑問，有很大程度上是種權宜之計和帶敷衍性質的；但高等學校畢竟存在著非常濃厚持神人同形同性論情懷的現象則不容懷疑。既然實情如此，就不由得認為這是一種具遠古、萬物有靈論的心智習性的表現。這種心智習性必然在教學中有某種程度的顯露出來，並且在這種程度上發揮形塑學生思維習慣的作用，使之帶有保守主義和回復現象；這種心智習慣從而阻礙學生在實事求是知識，諸如像能給產業目標帶來最好結果這方面的發展。

今日有名氣的學術高等學府最為風行的院校體育競賽活動也是具有相同的情形；並且，說實在的，體育競賽和院校的信仰態度，無論在心理基礎方面和訓練效果方面都有許多共同之處。不過，這種蠻荒氣質的表現所要歸因的對象主要以學生為首，而不能歸因於學校的校風；除非這些院校或院校的行政職員——有時候是會有這種情況的——積極的贊助和培養體育競賽的發展。院校的兄弟會的情況和院校的體育競賽的情形是很類似的，但卻有一點不同。後者主要僅僅是掠奪型衝動的一種展現；前者則是更為專屬於來自黨同伐異遺傳的表現，而黨同伐異是掠奪型蠻荒人氣質的一大特徵。學校的兄弟會活動和熱衷競賽活動之間存在密切關係也是值得注意的。在前面的章節中業已對競賽活動和賭博習性有所分析，所以在此毋需進一步討論體育競賽的訓練和黨派組織及活動的訓練有何經濟價值。

然而，所有這些學究階級生活方式的特徵，還有致力於保存高深學養的常備組織的特徵，大都純粹屬於附帶性。這些特徵很少被視為這些學校所標榜成立要進行教學和研究專業工作的有機元素。但這些徵兆式指標就可對其所執行任務的特性——從經濟觀點出發——還有對在這些指標的監督下認真推行的工作所要指引那些投入學校的年青人之傾向，做出推斷。從前面提供的考量所做出的推斷如下，根據學校的任務和學校的儀式所顯示的指標，高等學校可以預見是採取保守立場的；不過，這項推斷必須透過和實際執行任務的經濟特性進行比較，及透過對高等學校所受託保存的學養進行一番考察之後才能有所定奪。在這個標題之下，素被肯定的高等學府都被認為，直到最近，還是堅持保守的立場。這些高等學府對一切的創新都採取駁斥的態度。一項新的觀點，或一套新的知識論述，唯有在學校之外蔚為風氣之後才會被獎勵和接納，這已是個通例。該通例有許多例外，主要值得一提的是，那些不甚引人注目的創新，和那些對傳統觀點或傳統生活方式沒有任何實質影響的背離；例如，像數學物理科的細微事證，和對古典文藝的新銓證、及新注疏等，尤其像只帶有語言學或文學方面內涵的經典。除非是在狹義「人文科學」的範圍之內，而且除非人文科學的傳統觀點沒有被創新者觸及，否則素負盛名的學究階級和高等學府通常都會對所有的創新側目而視。科學理論中新的觀點、新的背離，尤其是那些涉及人類各種關係的理論，無論是在那一點上有所背離，在大學的教學體系中要想占有一蓆之地是非常的漫長，受到的待遇是勉強的容忍而不是誠摯的歡迎；至於那些孜孜不倦想拓展人類知識領域的人鮮少被他們同時代的學者所接受。高等學校對知識在方法上或內容上的重大進步一般都吝於獎勵，直至這些創新已過了其青年期而失去其大部分的功用之後——也就是說，遠在這些創新已成為新一代智力內容的平凡工具之後，而這新一代是在新學究式知識體系之外和新角度的薰陶下成長，並且在這環境下形塑了思維習慣。這句話就是晚近的寫實。對眼前的情況能適用到什麼程度可就難以斷定，因為當前的各種情況是不可能用這種具前瞻性眼光來觀察，從而對他們之間的關係求得比例的公正概念。

到目前為止，尚未提及小康階級的米西奈斯功能*，這項保護文藝的功能是研究文化及社會結構的發展那些作家和演說家最愛長篇累牘討論的主題。有閒階級的這項功能對高深學養和對知識及文化的傳播不是無足輕重的。這個階級透過這類贊助方式來促進學術的態度和程度都是大家耳熟能詳之事。演說家由於對此項話題瞭如指掌，常以生動有力的辭句來介紹這些事例，致聽者對此一文化要素的極度重要性深信不疑。然而，這些演說家是從文化利益或博取名聲利益的觀點，而不是從經濟利益的觀點來介紹這件事的。當從經濟觀點來理解，並且依產業的適用性來評價時，小康階級這項功能和小康階級成員對知識的態度頗堪玩味，值得在這個議題上詳加分析。

在對米西奈斯關係予以特性的描述當中，有一點應指出的是，如果從外在形式來考量，也就是純就經濟或產業關係來衡量。米西奈斯關係是一種身分制的關係。學者在贊助之下為他的贊助人執行了從事越位學術生活的職責，然後將特定的名聲歸他的贊助人所有，正如在為主人完成任何形式的越位休閒後，都將好名聲歸因於其主人的道理一樣。此外還有一點值得注意，從歷史事實的角度出發，通過米西奈斯（贊助）關係所增進的學術或維持的學術活動，大都是促進了對經典知識或人文科學方面的精通。而這類知識是傾向於降低而非提高該社會的產業效能。

現在可就有閒階級成員直接參與促進知識這一議題進一步闡述。體面生活的規範所起的作用，是將該階級中尋求表現的智力興趣，投放在古典和講究形式的學識上，而不是致力於，與社會產業生活有點關聯的各種科學上。有閒階級成員最常涉足於古典知識以外的領域，就屬法律、和政治的規律，尤其側重管理科學的規律。這些所謂的科學，實際上是指導有閒階級，在所有權的基礎上，執行管轄職務有關權謀的種種原理。因此，涉獵這些規律的興趣，通常不單純是出於智力的興趣或求知欲而已。這大都是出於該階級所處的統治地位為了當務之急而挑起的實際興趣。管轄的職能，從其起源來說，是一種掠奪型功能，完全屬於遠古有閒階級的一種生活方式。它是對人民實施統治和壓迫，而該階級就是從人民那取得維生物資（生活資料）的。所以，這類規律還有那構成規律內容的各種操作案例，對該階級而言，除了認知的問題之外，也頗具吸引力。只要管轄職能，不論在形式上或在實質上，繼續屬於一種所有權的職能，以上所述都可適用；尤有甚者，雖然有閒階級以所有權進行管轄的社會現在正逐漸式微，可是只要管轄的演進過程中，最遠古階段的傳統還能在現代社會的生活中延續下來，上述的言論仍能適用。

對那些將認知或智力的興趣居於主導地位的學術領域而言——正確來說就是所謂的科學——

*譯者按：米西奈斯（Maecenas）因保護詩人 Virgil 和 Horace 而揚名於世，是羅馬的文藝保護者。

情形或許有點不同，這不僅僅是由於有閒階級的態度不同，也是由於財力文化的整個趨向不同。知識的本身就是不帶隱藏的目的來發揮理解力的機能，理應由那些沒有迫切物質利益使其放棄追索的人士來探求，是可以意料得到的。有閒階級免於操勞的地位，理應給這個階級的成員自由發揮求知欲的機會，因此也自然而然會有非常大比例的學者、科學家、博學之士來自這個階級，並且從休閒生活的薰陶中引導出他們進行科學探討和思索的動機，就像許多作者信誓旦旦所指出的那樣。產生類似的結果確是可以期望的，不過，正如前文所曾充分討論過的，有閒階級生活方式中有些特徵，使這個階級的智力興趣，從構成各種科學內容著重在現象間的因果關係，轉移到別的主題上。作為有閒階級生活特有的思維習慣所著重的是私人統治的關係，和由此而衍生的有關學養、價值、功勳、品格等及類似的各種帶歧視性概念。構成科學主要題材的事務間因果關係是從這類的觀點上所看不見的。況且良好聲譽並不附著在對世俗事務有用的知識上。因此，理應引起有閒階級注意的，有可能是在財力或其它尊榮性功勳方面進行歧視性對比的興趣，而忽略了求知欲。即使求知欲興起，通常就會分心到徒負盛名卻毫無建樹的思索或探討上，而不是對科學知識的追求。這種情形，在學院式以外的大量系統化知識尚未列入學校的學科時，確實是神職人員和有閒階級學養的過去經歷。但，自從主從關係不再是社會生活進程的主導性和結構性因素以後，生活進程的其他特徵和其他觀點就強行列入學者的考量。

一個受過良好教養的休閒紳士應當，實際上也的確是，從私人關係的角度來看世界；當求知欲激發出來之後，他理應在這個基礎上將各種現象系統化。這對老派的紳士而言事情確是如此，因為在他們心目中，有閒階級的理想未從解構；他們的後代子孫只要是充份繼承上層階級的各種品德，也會持同樣的態度。然而形質遺傳的途徑是曲折沒有定向的，並不是每位紳士的兒子都是領有花園的。尤其是掠奪型征服者所特有的思維習慣要在他這一系的子孫中傳承下來是有點說不準的，其中也許只有最近的一兩道思維習慣能出現在有閒階級的薰陶裡。求知的性向中具有先天性或後天性強度的發生機率，明顯的以有閒階級、其祖先原屬下層階級或中產階級的成員為優──換句話說，就是那批繼承了勤奮階級所專屬的全部性向，和那批之所以能躋身有閒階級是因為擁有某些品性，這些品性在有閒階級生活方式初成之時的功用遠不如在今日的重要。但是，即使在這批新進有閒階級之外，也還有一群為數眾多的個人，其所擁有的歧視性的利益尚不足以構成他們的理論觀點，可是其對理論的癖好卻強到足以引領他們從事科學探索。

科學之所以能闖入高深學養的領域有一部分是靠有閒階級這批離經叛道的後裔，他們深受非私人關係晚近傳統的影響，並且繼承了人類性向中和身分制下所特有的氣質有顯著不同的一些特徵。然而高深學養中存在著科學知識這項異類分子有一部分且是頗大一部分得歸功於勤奮階級的成員，他們的處境已從容到足以將注意力轉移至維持日常生計之外的其他興趣上，他們所繼承的性向回復到身分制以前的狀態，以致帶歧視性和神人同形同性論的觀點並不能左右他們智力的演進。構成科學進步的有效力量大致不離這兩組人，而這兩組人中，以後面這一組人貢獻最多。就兩組人而言，他們不是像交通工具那樣做為知識的來源，最多也只不過是轉換的工具，即將思維習慣轉變成理論化的知識，而這些思維習慣是藉由與現代團體生活和機械型產業要求下的環境相契合而在社會上通行。

科學，從對於物理現象或社會現象的因果關係有明確認識這層意義來看，成為西方文化的一個特徵，是在西方社會的產業生產工序已實質成為機械設計的一個過程以後的事，人類在這個過程的職能對各種物質力量進行識別和評價。科學的蓬勃發展是和社會的產業生活順應科學的進展程度相一致，並且和產業利益支配社會生活的程度相一致。科學，尤其是科學理論，在人類生活和知識各個部門的進展，是和這些部門陸續與產業生產工序和經濟利益相契合的程度呈正比；或，還可以更正確的說，是和各個部門相繼擺脫私人關係或身分關係概念的支配，以及擺脫符合神人同形同性論並由尊崇價值所衍生之規範的支配，呈正比。

惟有當人類在和他們所處環境實際接觸中，迫於現代產業生活的要求，不得不以因果關係來進行認知時，人們才會以因果關係的條件，對環境的各種現象和他們親身接觸到的事務予以系統化。正如同高深學養在其登峰造極時做為煩瑣哲學（scholasticism）和擬古主義的精髓，曾是神職人員職能和休閒生活的副產品那樣，現代科學或可稱之為產業生產工序的副產品。通過這群人——探索者、博學之士、科學家、發明家、理論家——他們最值得稱頌的工作大都是在學校的庇蔭之外完成的，現代產業生活所強制形成的思維習慣得到有條理的表達和發揮，進而成為解決現象中因果關係的理論化科學。也正由於這種在學院範圍以外的科學思索，學校的學科才不時的在研究方法上和研究目的上起了變化。

談到學校的學科，這裡值得注意的是，初級小學和初級中學所提供的教學和高等學府所提供的教學，無論在實質上和目的上都有極其明顯的差別。這種從傳授而得的知識和學習得來的熟練度，在即時實用性上的差別或許很重要也值得關注，並且實際上已不時獲得注意；但雙方在學科中所偏愛的心智和精神傾向方面上有更為實質性的差別。這種在高等學術和低等學術在訓練上分道揚鑣的趨勢，從工業先進社會初級教育最近的發展中看得特別清楚。最近的初級教育所傳授的主要以訓練智力和體力上的熟練度或靈活度為導向，從非私人事務上進行理解和運用，著重在事務的原委而不在事務的尊崇影響。在早期的傳統下，初級教育當時也顯然屬於一種有閒階級的商品，現在大部分的初級小學仍然隨時採用競賽作為一種激勵勤勉的工具；然而當低等教育不再受教會傳統或軍隊傳統的指導時，這個社會在各級初階教育中即使這種以競賽作為權宜之計的情況也日漸減少。以上所言有相當程度的真實性，尤其是在精神方面更是如此，且以受到幼稚園教學方法和理想的影響那部分教育體系為最。

幼稚園養成教育這種特殊非歧視性的趨勢，和受其影響在初級教育中越出幼稚園本身範圍以外所產生的類似特性，應該和前面業已提過，在現代經濟情勢的氛圍下有閒階級婦女特殊的精神態度連在一起考量。幼稚園養成教育辦得最好的是在工業先進的社會裡——也就是說，最遠離父權制和教法上的理想之養成教育，這個社會有著一群為數眾多既有學識卻空閒的婦女，並且，由於受到產業生活解構式的影響和軍隊傳統及教會傳統已不復存在的情況下，身分制體系已呈衰微之勢。幼稚園的養成教育就是從這群環境優渥的婦女處得到道德上的支持。幼稚園的目標和教學方法格外得到這群婦女的歡心，因為她們被體面生活的財力規範壓得透不過氣。所以，幼稚園和在現代教育中所體現的幼稚園精神，與「新婦女運動」一起，都被視為對華而不實和帶歧視性較量的一種反抗，這種情況是婦女在有閒階級生活處在現代環境下，得直接面對這些學科而激發的。由此看來，有閒階級的制度透過迂迴的方式再度有利於非歧視性態度的成長，如此一來，或許會威脅到該制度本身的穩定性，甚至還會危害到該制度所憑藉的個人所有權制度。

近年來，大專院校在教學範圍內起了某些具體的變化。大體說來，這些變化來自將那些有利於民間和產業效能更具實事求是精神的學科部分取代人文科學——那些被認為是有利於傳統「文化」、性格、品味和理想的學科。換個說辭就是，那些有利於效率（最終指的是生產效率）的各個知識學科漸漸得勢，那些助長提高消費或降低產業效率，和助長與身分制體系相適應的性格類型的學科則落入下風。高等學校在這波教學方案的調適上，通常都偏於保守這一邊；高等學校每往前一步，在某種程度上都意味著一種讓步。科學被列入學生必修的學科，即使不能說是從下而上，也是從外而內。有一點應當指出的是，人文科學雖十分勉強地讓位給科學，卻一律十分適於用來形塑學生的性格使其符合傳統以自我為中心的消費方式；這是根據禮儀和卓越的傳統標準來從事真、善、美的享受和期待的消費方式，其顯著的特徵就是休閒——悠然自適（otium cum dignitate）。人文科學的代言人，以一種用他們自己所熟悉的遠古、高雅的觀點來做掩飾的言辭，來堅持「人是生來消費大地所產的果實」這句格言所隱含的理想。這種態度對於那些由有閒階級文化所形塑並且以此為基礎的學校而言是不足為奇的。

人們為了維持眾所接受的文化標準和文化方式絲毫無損而給自己找理由時，這些理由也同樣是遠古氣質和有閒階級生活理論的一些特徵。例如，正統古風的有閒階級所流行對生活、理想、清談、和打發時間及消費貨品的方法，習慣性期待所衍生而來的享受和傾向，被認為總比從對現代社會普通人的日常生活、知識和志向有所熟悉的情況下得出在上述各方面的享受和傾向都來得「高些」、「高貴些」、「有價值些」。凡是學術若其內涵純然是有關晚近的人和物的知識，在相比之下，則被冠以「低級」、「卑下」、「寒酸的」，——甚至有人用「次人類」的貶稱來形容這類有關人類和日常生活的實用型知識。

有閒階級人文科學的代言人這種主張似乎在本質上是說得通的。就事論事，由往日紳士對神人同形同性論、黨同伐異觀念、和悠然的自我陶醉等習慣性的期待所產生的喜悅和文化，或精神上的態度或心智習性；這些也可能由習於萬物有靈論的迷信及例如荷馬式英雄的殘酷成性而產生的，若是從美學的角度來考量，就會以從事務的實用型知識和近日對民間或工匠效率的期待所導出的各種相應結果來得合理。前面第一類提到的習性，毫無疑問的，在有關美學的或尊崇的價值方面是有其優點，所以，就「價值」方面而論自然也是較優，而「價值」正是進行比較時裁定的基礎。品味的規範，更特殊的是榮譽的規範，其內涵就事情的本質而言，是某個種族過去生活和環境合成的結果，透過遺傳或傳統延遞給後代；由於掠奪型、有閒階級的生活方式長期居於支配地位的事實，已深深形塑了該種族過去的思維習慣和觀點，這也是該生活方式對目前有關品味方面處在美學上合法支配地位的充分理由。就現時研究的目的來說，品味的規範是種族的習性，這是藉由長期習慣對事務的性質予以贊同或反對，養成品味對此事的好評或惡評而得的。如果其它事情維持不變，習慣形成愈久又不曾中斷的話，則由此形成的品味規範就愈具合理性。上述所言適用於進行有關價值或榮譽的判斷，遠比適用於品味的判斷，似乎更來得恰當。

不過，儘管人文科學的代言人貶抑新增學術的判斷，如何具有美學的合理性，以及推崇古典知識較為有價值並形成更真實的人類文化和性格這種主張，如何的堅強有力，都與現時要討論的課題無關。當前所要討論的問題是，這些學術的新部門及其在教育體系所持的觀點，對現代工業環境下有效率的集體生活究竟是利或是弊，其程度又如何——換言之，到底對進一步順利適應今日經濟局勢能產生多大的推進作用。這是一個經濟的問題，而不是一個美學的問題；有閒階級對學養的標準，這在高等學校對實用型知識的貶損態度上已表露無遺，以目前的研究需要，只能從這個觀點來予以評價。職此之故，使用那些類似「高貴」、「卑下」、「高級」、「低級」等等的性質形容詞，唯有在表示爭辯者的仇視態度和見解時才有意義；無關他們所辯解的是新的學養或舊的學養之價值。所有這些性質形容詞都是尊崇或貶抑的辭彙；也就是說，這些都是具歧視性對比的詞彙，歸根到柢都落入好名聲或壞名聲的範疇；換言之，這是屬於身分制下生活方式所特有的概念範圍；就是說，這些詞彙實質上是運動精神的表現——掠奪型和持萬物有靈論心智習性的表現；可說是，這些詞彙指出了遠古的觀點和遠古的生活理論，或許適用於萌發這些詞彙的掠奪型文化階段和當時的經濟組織，然而，若從比較廣義的經濟效益觀點來說，這些詞彙卻是不具適用性的落伍事物。

古典文藝，還有高等學府以無比的偏愛，執著於古典文藝在教育體系的特權地位，產生了形塑新世代學子的智力態度和降低其經濟效率的作用。其之所以起作用不僅是藉著明示人格的遠古理想，而且還透過對知識賦予好與壞的名聲來進行歧視。這個結果是經由兩種途徑達成：（一）藉著灌輸對實用型學識習慣性的反感（這是和榮耀型學識相比而言），並以此形塑初學者的品味到他深信唯獨，或幾乎唯獨，將其智力用在正常不會帶來產業或社會利得之事務上，才能從他的品味中找到喜悅這種地步；（二）透過消耗學習者的時間和精力在汲取沒用的知識上，除非這項學識已經因襲併入學者所必須具備的學養總和之中，並且因此影響了有用部門知識所使用的術語和措辭否則都屬沒用。除了這項用語上的困難外——這一點本身就是過去古典語風行的結果——例如，各種古代語言的知識對任一科學家或任一位不從事主要具語言學性質工作的學者來說，都沒有實際意義。當然所有上述所言對古典文藝的文化價值不置一詞，也沒有任何誹謗古典文藝的傳授，或誹謗這類研習給學生帶來的性格傾向這種意思。這個傾向似乎屬於毫無經濟適用性那一類，但這項事實——其實有點路人皆知不致困擾那些憑財富從古典知識中找到慰藉和力量的人士。對那些認為工藝技巧和高雅理想的修養比起來屬微不足道的人而言，古典學養會有損學習者工藝的性向這件事是不值一顧的：

Iam fides et pax et honos pudorque Priscus et neglecta redire virtus Audet

對於誠信、和平、榮譽廉恥心

所有往昔被人忽視的德行

勇敢的予以回復。

由於這種知識業已成為教育體系中最基本的要求，在這種情勢之下，對南歐某些廢棄不用的語言具有使用和理解的能力，不僅使那些有機會展現其在這方面成就的人感到喜悅，而且掌握這種知識同時會令他的聽眾，不論是門外漢或有學問的人，視其為飽學之士。汲取這類毫無實質用處的資訊，以目前來說都認為得花上好幾年，要是少了就會啟人疑竇，推定為學習過程過於急促和不夠紮實，也就帶有實用性強的流俗，這從相沿成習的嚴格學識和智力的標準看來是同樣的令人嫌棄。

這種情況就好比一名對材料或對工藝缺少專業判斷的買主在從事採購任何一件消費物品的情況。這位買主對該物品價值的估算主要是以那些裝飾部分及該物品的特點在完工後所呈現的奢華為根據，而這些裝飾部分及該物品的特點和該物品的真正實用性沒有直接的關連；他的推斷是認為，該物品實質上的價值和為了求售所添加的修飾費用之間存有某種難以確定的比例。同樣的推斷應用在嚴格學識上，一般人都認為嚴格學識是需要以古典文藝和人文科學的知識為內涵，以致芸芸學子得付出時間和精力的炫耀性揮霍來汲取這類知識。這項以少量炫耀性揮霍做為一切令人尊崇學識的附帶條件相沿成習的堅持，影響了我們對品味的規範和對學識適用性的規範，正如同，以相同的原則影響了我們對製成品適用性的判斷一樣。

自從炫耀性消費愈來愈取代炫耀性休閒作為博取聲譽的一種手段之後，學得廢棄不用的語言已不復像以前那樣成為一項必不可缺的要求，而其作為學識的明證這項魔力般的功效也連帶的受損，這可是一點不假。不過，即使如此，古典文藝並沒喪失其作為具學術聲望明證的絕對價值，因為要取得這項明證，學者只要能顯示擁有某種被習俗認為得耗時才能汲取的學識即可，這也是實情；古典文藝合乎這個目的有其極大的便利性。確實，古典文藝正由於能作為耗時耗力的明證，且由於古典文藝也具有為求支應得了這種揮霍證明必須具備雄厚財力的效用，才足以保證古典文藝在高深學養體系的特權地位，並令古典文藝被推崇為一切學養中最具尊崇的知識，也是毋庸置疑的。古典文藝比起其他的知識更符合有閒階級學養裝飾性的目的，也因此是贏得聲譽最有效的一種手段。

就這方面而言，古典文藝直到最近少有對手。它在歐洲大陸仍然沒有具威脅性的對手，然而，近年來，由於院校的田徑運動已取得被認可的地位而成為學術成就的一種公認領域，學養中這個部門——如果田徑運動可以任意被歸類為學養的話——在美英有閒階級教育中已首次成為古典文藝的對手。就有閒階級學養的目的來說，田徑運動比古典文藝具有明顯的優勢，因為要成功的做為一位運動員其先決條件不光是時間的消耗，也是金錢的消耗，同時還得擁有某種高度非生產性遠古的性格和氣質的特質。在德國的大學，田徑運動和以希臘字母命名的兄弟會，這個作為有閒階級學術性的職業，已在某種程度上由一種技巧性、分等級的銘酊大醉和一種敷衍了事的決鬥所取代。

有閒階級和其價值的標準——擬古主義和揮霍——與古典文藝納入高深學養的體系很難有什

麼關連；但高等學校之所以堅持保留古典文藝，和古典文藝仍然能具有高度的榮譽性，無疑是因為古典文藝和擬古主義及揮霍的要求是如此的相契合。

「古典文藝」，不論它是用來表示廢棄不用的語言，或指的是現行語言中已經廢棄或行將報廢的思維表達形式和措辭，抑或指的是已沒有多少適當性的學術活動或學術工具的其他品項，總是帶著揮霍性和遠古性的意義。因此，英語中的遠古成語被稱為「古典」英語。在討論嚴肅議題的一切談話和寫作中，使用「古典」英語是必不可缺的，甚至在極其家常、極其瑣碎的言談中，流利的使用「古典」英語也會贏得尊嚴。當然，最新的英語措辭形式是不會形諸文字的；有閒階級禮儀的意識要求用語帶擬古主義，即使是最不學無術或譁眾取寵的作家也心存此念而不敢越雷池一步。而另一方面，最高度和最約定俗成規格化的遠古措辭——極其獨特的——只能專門使用在某位神人同形同性的神祇和祂的子民之間的溝通上。這兩極端之間的折衷處就是有閒階級在對話和文學上的日常用語。

高雅的措辭，無論在寫作或言談中，都是博取聲譽最有效的一種手段。在討論任何議題的談話中，能確切知道慣例所所要求的古風到何種程度，是極其重要的。講道壇上和市井場合的語法是大異其趣；就後者而言，可以預想得到的，即使是最愛挑剔的人，也會允許使用較為新穎和傳神的字眼還有表達的轉折。刻意避免創造新詞語和避免使用新詞語是件值得尊崇的事，不僅僅是因為這表明發言者為了養成行將廢棄的言辭習慣所浪費的時間，更顯示發言者從孩提時就已經和熟悉行將廢棄成語的人們相處。這由此可見他出身有閒階級。高度純正的言辭是推論有好幾代不曾從事粗俗的實用型職業的證明；雖然這種證明對此點絕非如此地具結論性。

除了遠東地區以外，作為古典崇拜華而不實的最適當例子就算英語傳統的拼法了。在拼法上違反規律是極端惱人的一件事，任何作家一旦犯了這種錯誤在那些擁有真與美高度意識的人們眼中可就一文不名。英語的正字法滿足了炫耀性揮霍法則下有關博取聲譽各種規範的一切要求。這種正字法既遠古、累贅、又無效率；其學成過程消耗太多時間和精力；學得不到家又極容易被查覺。所以它是學識聲望的第一道考驗，也是最見效的考驗，完全符合正字法的典範是擁有無懈可擊學術生涯不可或缺的要求。

談到言辭純正這個題目，就像以擬古主義和揮霍的規範為基礎相沿成習的其他論點一樣，替這種慣例代言的人出自本能的採取一種辯解的態度。實際上，他們的主張是一絲不苟的使用古代和公認的語法來表達思想，比率直的使用口語英文的最新格式要適當得多、精準得多；可是今日的觀念用今日的俚語才能有效的表達可是眾所周知的。古典言辭有著尊貴的尊崇價值；它因身為有閒階級生活方式下眾所推崇的溝通方式，而博得注意和尊敬，古典言辭帶著針對的暗示使用這種語言者是免於勞務的。這種眾所推崇的語法其優點在於贏得聲譽；它之所以備受好評，是因為它的累贅和過時，也因此證明它是消耗時間才能學得並且證明使用者免於也毋須使用直截了當的話語。

Original Title"The Theory of the Leisure Class: An Economic Study of Institutions"

座標 102

有閒階級論 —— 一種制度的經濟研究

作者　范伯倫（Thorstein Veblen）
譯者　李華夏
責任編輯　歐陽瑩
封面設計　郭佳慈
電腦排版　宸遠彩藝

社長　郭重興
發行人暨出版總監　曾大福
出版　左岸文化
發行　遠足文化事業有限公司
231台北縣新店市中正路506號4樓
電話：（02）2218-1417
傳真：（02）2218-1142
客服專線：0800-221-029
E-Mail: service@sinobooks.com.tw
網站：http://www.sinobooks.com.tw
法律顧問　華洋國際專利商標事務所 蘇文生律師
印刷　成陽印刷股份有限公司
初版　2007年10月
定價　320元
ISBN　978-986-7174-54-3

國家圖書館出版品預行編目資料

有閒階級論——一種制度的經濟研究

范伯倫(Thorstein Veblen)著 ; 李華夏譯. -- 初版. -- 臺北縣新店市
: 左岸文化出版 : 遠足文化發行, 2007[民96]
面； 公分.（座標102）

譯自 : The theory of the leisure class : an economic study of institutions

1. 資產階級 2. 消費

546.16 95013257